QICHE MEIRONG

——Cheshen Qingjie Weihu Gangwei Jishu Peixun Jiaocai

汽车美容（第2版）

——车身清洁维护岗位技术培训教材

吴晋裕 编著

人民交通出版社股份有限公司
China Communications Press Co.,Ltd.

内 容 提 要

本书是交通行业汽车美容——车身清洁维护岗位技术培训教材，全书共分七章，主要内容包括：基础知识、汽车美容工具设备与用品、汽车外部清洁、车身漆面维护、汽车玻璃和玻璃灯具维护、汽车内部清洁维护、汽车美容兼业相关知识。

本书是交通行业汽车美容工培训教材，也可供广大汽车驾驶员进行汽车美容时参考使用。

图书在版编目（CIP）数据

汽车美容：车身清洁维护岗位技术培训教材 / 吴晋裕编著. — 2版. — 北京：人民交通出版社股份有限公司，2016.12

ISBN 978-7-114-13414-2

Ⅰ. ①汽… Ⅱ. ①吴… Ⅲ. ①汽车—车辆保养—岗位培训—教材 Ⅳ. ① U472

中国版本图书馆 CIP 数据核字（2016）第 255405 号

书　　名：汽车美容——车身清洁维护岗位技术培训教材（第2版）
著 作 者：吴晋裕
责任编辑：智景安　姚　旭
出版发行：人民交通出版社股份有限公司
地　　址：（100011）北京市朝阳区安定门外外馆斜街3号
网　　址：http://www.ccpress.com.cn
销售电话：（010）59757973
总 经 销：人民交通出版社股份有限公司发行部
经　　销：各地新华书店
印　　刷：北京鑫正大印刷有限公司
开　　本：787 × 1092　1/16
印　　张：13
字　　数：300千
版　　次：2001年7月　第1版　2016年12月　第2版
印　　次：2016年12月　第2版　第1次印刷　总第9次印刷
书　　号：ISBN 978-7-114-13414-2
定　　价：30.00元

前　言

2001年9月，交通部公路司在南京组织专家审定《汽车美容——车身清洁维护岗位技术培训教材》（第1版），后经人民交通出版社出版发行，作为交通行业汽车美容工专用培训教材。

光阴荏苒，一晃15年了，随着汽车美容技术、材料和设备的不断发展，也是时候对第1版教材进行修订了。

随着我国经济的持续高速发展，国民生活水平的普遍提高，汽车已经作为大众化消费品进入百姓生活，开车变成了人们普遍掌握的生活技能，随着人们消费观念的转变，汽车清洁维护和专业美容维护，已成为私家车主日常的消费内容。汽车美容知识和美容工培训教材，就显得越来越重要。

汽车美容所使用的产品，是采用高科技手段与优等化工原料制成，工艺技术和工具设备不断推陈出新，汽车美容借鉴了人类“美容养颜”的基本思想，被赋予仿生学的新内涵，正逐步形成现代意义的汽车美容行业。

新概念汽车美容，在操作上，针对汽车各部位材质，严格按照工序要求，采用专业的工具、产品和工艺技术，进行有针对性的清洁、维护和翻新等作业；在项目内容上，不只是简单的汽车打蜡、除渍、除臭、吸尘及车内外的清洁服务等常规美容维护，还包括利用专业美容系列产品和高科技装备，采用特殊的工艺和方法，对全车漆面还原、抛光、覆膜以及深浅划痕处理，对汽车内室、底盘、发动机舱和全车轮胎进行一系列维护，达到旧车变新、新车保值、延长使用寿命的目的。

“时间就是金钱，效率就是生命”。这也是汽车美容店生存和发展的硬道理。提高“车辆清洁度”和缩短“等待时间”是矛盾的对立面，汽车美容店需要通过精细化经营和科学管理，提高服务质量和作业效率，增加企业收益。

本教材的主要内容有：基础知识、汽车美容工具设备与用品、汽车外部清洁、车身漆面维护、汽车玻璃和玻璃灯具维护、汽车内部清洁维护、汽车美容兼业相关知识等。教材内容和章节安排注重系统性、逻辑性、实用性，通俗易懂。本书可以作为汽车美容工培训教材，通过培训能够使学员系统地掌握汽车美容理论知识和实际操作技能，也可以作为广大车主的参考资料，借以了解和熟悉汽车美容所涉及的全面知识，以便更好地对汽车进行日常维护。

本教材由吴晋裕编著，翁丽波、何青平、周福南、林文光、辛创文等同志协助收集和整理资料。深圳市工考办刘斌康高工，汽车维修工考专家李向浪、张木荣、陈建江、王兆海、刘浪坤等同志，在本教材编写过程中给予了大力支持和帮助。本教材参考了许多汽车维修与汽车美容方面的书籍、产品说明以及媒体资料，本教材由腾众 TENJOY 腾众工作室提供文字与技术支持，在此一并向他们表示衷心感谢！

由于作者水平有限且时间紧迫，书中内容难免有瑕疵，不足之处恳请广大读者批评指正。

编　者

2016年8月

目　　录

第一章　基础知识

第一节　汽车美容

一、概述

汽车美容是指由受过专业培训的技术工人，根据汽车内外各部位的不同构造和材质特性，使用针对性的维护产品和专业工具设备，按照相应工艺规范和操作规程，由表及里地进行细致、周全的维护，令汽车外观亮丽、漆面亮光保持长久、汽车室内清新整洁、轮胎气压维持正常等，是一种能够有效延长汽车及其附件使用寿命的作业。汽车美容从属于汽车维修行业范畴，本书中有关“汽车”与“机动车”名称的说法同属一个范畴，即汽车美容的对象——汽车。

图 1-1 为汽车车身漆面维护，是汽车美容作业项目之一。

图 1-1　汽车美容——漆面维护作业

汽车美容具有严格的系统性、规范性和专业性。所谓系统性就是着眼于汽车的自身特点，由表及里进行全面而细致的维护。所谓规范性就是每一道工序都有清晰且规范的技术要求。所谓专业性就是严格按照工序要求采用专业工具、专业产品和专业手段进行操作。

汽车美容是 20 世纪 90 年代中后期才发展起来的一种全新的服务模式。而今天的汽车美容，借鉴了人类“美容养颜”的基本思想，被赋予仿生学的新内涵，正逐步形成现代意义的汽车美容。新概念的汽车美容，在操作上，针对汽车各部位材质，严格按照工序要求，采用专业的工具、产品和工艺技术，进行有针对性的清洁、维护和翻新等作业；在项目内容上，不只是简单的汽车打蜡、除渍、除臭、吸尘及车内外的清洁服务等常规美容维护，还包括利用专业美容系列产品和高科技装备，采用特殊的工艺和方法，对全车漆面进行还原、抛光、覆膜以及深浅划痕处理，对汽车内室、底盘、发动机舱和全车轮胎进行一系列维护，达到旧车变新、新车保值、延长车辆使用寿命的目的。

二、汽车美容行业现状与趋势

我国2015年底汽车保有量为1.72亿辆，仍处于全民的汽车消费时代。目前，深圳市汽车保有量为300万辆，与之相关的汽车用品行业展现勃勃生机。汽车消费时代和城市化进程使得汽车用品行业发展极其迅速，市场规模增速惊人。有专家指出，随着目前大中城市越来越多的简单洗车站点发展成专业汽车美容中心，车用清洗上光剂市场前景广阔，汽车的美容维护已发展成为一个新兴产业。

洗车是最简单的汽车美容方法，但洗车并不就是用布洗洗抹抹那么简单。洗车目的有3种：一是纯冲洗；二是作为日常的打蜡上光的前处理；三是作为全面汽车美容即漆面翻新的前处理。不同目的，应选择不同的产品，这样才能有利于对汽车进行清洁。

随着我国居民收入水平的增长，汽车大规模地进入家庭，为汽车美容维护行业开辟了更广阔的市场。据不完全市场调查数据表明，60%以上的私人高档汽车车主有给汽车做外部美容维护的习惯；30%以上的私人低档车车主也开始形成了给汽车做美容维护的观念；公用高档汽车也定时进行外部美容维护；当然，不少私家车车主还是愿意在掌握基本汽车美容技术的情况下，自己进行汽车美容和维护。汽车美容业在我国有着巨大的市场发展空间。

我国汽车美容的迅速发展和一些已经存在的很成熟的经营模式，使近两年消费者的消费理念逐步成熟，比如，镀膜已成为汽车美容界最关注的话题，其内容包括有机硅镀膜、玻璃纤维镀膜、物理镀膜、电泳镀膜。从简单的洗车、打蜡，到封釉，再到镀膜、镀晶，汽车美容行业进入一个不断升级的阶段，汽车美容维护业的巨大前景也不断吸引商家进入，从而推动了整个市场的前进。汽车美容项目目前出现多样化、高端化的趋势，因此，有些企业推出“星级美容”的概念。汽车美容的高技术含量将使今后汽车美容业发展得更加迅速，美容项目的更新、美容技术的不断升级已经成为新的重要的课题。

按照加入世界贸易组织时的承诺，目前我国允许外资进入国内汽车服务贸易领域，于是国外的汽车美容服务连锁机构如雨后春笋般在我国涌现，国外一些汽车美容公司纷纷将产品投放我国市场，在全国范围内办起了连锁店，并造就了一支汽车美容大军，从业人数逐年增加，汽车美容业呈现出一片繁荣景象。

我国汽车美容市场蛋糕虽大，但市场竞争仍是十分的激烈。有资料显示，汽车美容行业的现状是消费者认识不成熟、企业经营不规范、缺乏专业人才、行业无标准等。绝大多数街面店先天缺乏科学管理、技术保障和正规的进货渠道。

汽车美容行业未来发展有三大方向：一是节能环保型全自动洗车，不但节能环保，还可以大大节省人工费用；二是经久耐用但不存在残留的汽车漆面覆膜材料，比如漆面镀晶系列；三是低毒高效绿色环保型消杀材料。

汽车美容未来趋势，就是提供人性化、个性化、网络化、智能化等适合大众特别是年轻人消费的汽车美容产品，针对人、围绕车、连着家，实现全场景连接，满足人的办公、娱乐、运动、健康生活之需。

三、汽车美容从业人员职业道德

（一）职业道德

调整人与人之间、人与社会之间关系的行为规范的总和称为道德。

职业道德是指同人们的职业活动联系的，具有自身职业特征的道德准则和规范，是职业范围内形成的特殊的道德。职业道德是所有从业人员在职业活动中应该遵守的行为准则，涵盖了从业人员与服务对象、职业与职工、职业与职业之间的关系。在内容方面，职业道德必须鲜明地表达职业义务、职业责任以及职业行为上的道德准则。在表现形式方面，职业道德往往比较具体、灵活、多样，可采用制度、守则、公约、承诺、誓言、条例，以及标语口号之类的形式。

职业道德的基本职能是调节职能。从调节范围来看，一方面，职业道德可以用来调节从业人员内部关系，加强职业、行业内部人员的凝聚力；另一方面，也可以用来调节从业人员与服务对象之间的关系，用来塑造本职业从业人员的形象。

在现实社会中，每一个从事一定职业的人，都应该遵守与本职业和本岗位的社会地位、功能、权利和义务相一致的道德准则和行为规范。

所有行业都应共同遵守的道德准则：爱岗敬业，诚实守信，办事公道，服务群众，奉献社会。

（二）职业道德共性

汽车美容属于汽车维修行业范畴。汽车维修职业道德规范是指汽车维修从业人员在汽车维修工作中必须遵循的职业道德准则和行为规范。它反映的是汽车维修职业与其他职业之间、汽车维修与社会之间、汽车维修职业内部职工之间最本质、最重要、最普遍的职业道德关系。

汽车维修职业道德范畴主要有汽车维修职业的义务和良心、汽车维修职业信誉和尊严、汽车维修职业责任和情感等几个方面。

1. 职业义务

汽车维修职业义务是指汽车维修从业人员在职业生活中所履行的道德义务。汽车维修从业人员自觉自愿地履行职业职责，这是一种道德行为，也是履行汽车维修职业义务的表现。

我国汽车维修职业的社会职责是：保持汽车技术状况良好，保证安全生产，充分发挥汽车的效能和降低运行消耗。汽车美容应该突出的是维护汽车清洁靓丽和车内空间整洁舒适。

与社会责任相联系，汽车美容从业人员应承当和履行的职业道德义务是：热爱汽车美容，献身汽车美容，确保道路运输车辆的车容车貌和车内空间整洁舒适，努力发展交通运输业。

2. 职业良心

汽车美容职业良心主要有两层含义。

（1）汽车美容从业人员内心对汽车美容业、对服务对象强烈的道德责任感。

（2）汽车美容从业人员依据汽车维修职业道德的基本要求进行自我评价的能力。汽车维修从业人员必须在职业活动中自觉培养职业良心，使职业行为更加符合社会主义道德要求。履行了职业义务并产生良好后果和影响，良心上会得到满足，否则，就会受到良心的谴责。

汽车维修职业责任是指汽车维修从业人员所承担的社会责任。具体地讲，汽车维修职业所承担的社会责任就是对汽车技术状况负责，对托修方负责。在汽车维修职业活动中，对学习掌握维修维护技术缺乏积极性，对汽车维修工作马马虎虎，以致出现汽车维修质量低劣等现象，就是缺乏汽车维修职业情感的具体反映。我国汽车维修职业道德的社会责任是：恢复和提高汽车技术状况，保证安全生产，充分发挥汽车的效能和降低运行消耗。汽车维修人员为社会提供的不是实物形态的产品，而是维修服务。

汽车维修从业人员的基本职业责任是：精工细作、完工及时、安全可靠、优质高效地向用户提供维修合格的车辆。

3. 职业信誉

汽车维修职业信誉包括汽车维修职业的信用和名誉，它表现为社会对汽车维修职业的信任感和汽车维修在社会生活中的声誉。

4. 职业尊严

汽车维修职业尊严是指社会或他人对汽车维修职业的尊重，也是指汽车维修从业人员对汽车维修职业的尊重和爱护。

5. 职业责任

汽车维修职业责任是指汽车维修从业人员所承担的社会责任，具体讲就是对汽车技术状况负责，对托修方负责。

6. 职业情感

正确地、圆满地履行汽车维修职业的责任，就必须具备高度的对人民负责的职业情感，自觉地维修汽车，为托修方服务。

汽车维修从业人员职业道德规范，是指汽车维修从业人员在汽车维修工作中必须遵循的职业道德准则和行为规范，主要内容就是爱岗敬业、诚实守信、办事公道、服务群众、奉献社会，这是每一位汽车维修从业人员都要自觉遵守的职业道德。

爱岗敬业。爱岗敬业是为人民服务思想和集体主义精神的具体体现，是社会主义职业道德规范的基础。爱岗是对人们工作态度的一种普遍要求。敬业就是用一种严肃的态度对待自己的工作。在工作实践中，爱岗敬业实际上是衡量一个从业人员是否合格、是否优秀的重要标准。

诚实守信。诚实守信是任何一个从业人员都应遵守的职业道德，也是行业树立形象的根本。诚实守信对于汽车维修从业人员的具体要求，主要体现在三个方面：一是严格执行国家、地方及行业相关汽车维修的法律、法规、规章、标准和规范，维护国家和汽车维修行业利益，对国家、行业做到诚实守信；二是重质量、重服务、重信誉，在企业管理、生产过程中建立和实施汽车维修质量保证体系，执行安全操作规程，按工艺规范正确完成维修作业项目，维护企业利益，对企业做到诚实守信；三是诚实劳动、合法经营，正确执行汽车维修工时定额和收费标准，不使用假冒伪劣汽车配件、维护托修方的利益，对消费者做到诚实守信。

办事公道。办事公道对汽车维修从业人员的具体要求：一是依法办事，严格按照汽车维修标准和规范，进行汽车维修作业，自觉维护工艺的严肃性，保证汽车维修质量；二是裁量公正，汽车维修质量检验、车辆技术评估的结论要公正、准确，维护消费者的合法权益，维护企业的声誉；三是尽职尽责，敢于依法管理、敢于承担责任、敢于承担风险，把严格管理建立在热爱本职工作的基础上，不怕困难、不回避矛盾，坚持原则，任劳任怨，以对党和国家、对行业、对人民高度负责的精神，恪尽职守，保证汽车维修质量和服务水平。

服务群众。服务群众对汽车维修从业人员的具体要求：要树立服务群众的观念，将群众观念落实到汽车维修职业活动中；钻研业务，具备为群众服务的技能。

（三）汽车维修行业行为规范公约

2003年，为加强汽车维修行业精神文明建设，建立汽车维修行业诚信机制，营造良好的汽车维修市场经济秩序，切实维护车辆所有人的合法权益，我国汽车维修行业协会制定了《全国汽车维修行业行为规范公约》，其主要内容为：守法经营，接受监督；诚信为本，公平竞争；尊重客户，热忱服务；弘扬职业道德，建设精神文明；规范操作，保证质量；文明生产，保护环境；自我管理，自我发展；科技兴业，开拓创新。

1. 守法经营，接受监督

遵守国家法律、法规和规章，端正经营行为，全面公开汽车维修作业规范、收费标准、监督电话；严格按照国家有关规定结算费用，依法开具发票。自觉接受行政监督、舆论监督、社会监督。

2. 诚信为本，公平竞争

坚持诚信为本，以优质服务、用户满意为宗旨参与市场竞争。签订并忠实履行汽车维修合同，不擅自减少作业项目，不使用假冒、伪劣配料，不做虚假广告宣传。

3. 尊重客户，热忱服务

牢固树立“质量第一，客户至上”的观念，从业人员持证上岗，亮牌服务，举止文明；建立客户档案，定期跟踪回访，主动征求意见；开展提醒服务，答复客户咨询，排除客户疑虑；努力满足客户要求，维护客户正当权益。

4. 弘扬职业道德，建设精神文明

发展企业文化，建立服务品牌。倡导爱岗敬业精神，树立团队合作意识。充分调动企业员工积极性，开创奋发向上的比、学、赶、帮新局面。开展服务规范化达标活动，树立行业新风尚。

5. 规范操作，保证质量

建立健全汽车维修质量保证体系，全面贯彻执行国家标准、行业标准和企业标准，认真做好汽车维修检验记录，按规定签发汽车维修出厂合格证，及时受理客户投诉，承担质量保证责任。

6. 文明生产，保护环境

搞好文明生产和安全生产，防止污染，保护环境，不断完善服务设施和服务功能，做到厂区整洁，环境优美，布局合理；实现作业现场安静；维修工具、机件、场地、人身清洁；工具、机件、油水不落地。

7. 自我管理，自我发展

自觉抵制非法行为，勇于同侵害行业利益的行为做斗争，捍卫行业合法权益：通过正常渠道反映企业的意见与要求，不断提升行业整体素质。

8. 科技兴业，开拓创新

确立科技兴业新思路，积极推广应用汽车维修新技术、新工艺、新材料、新设备；更新管理理念，优化企业管理，增强市场竞争能力；加强行业培训与交流，开展业内的横向联合与协作，加速行业技术进步。

四、汽车美容岗位职责

汽车美容岗位职责主要有以下几方面。

（1）能够独立完成汽车美容相关工作。

（2）保质保量完成上级制定的工作任务。

（3）活学活用，在平时的工作中不断总结从而提升自己的业务技能。

（4）贯彻执行5S标准。

（5）对待客户的车辆及其一切物品，都要妥善保管，做到原封不动，除工作需要以外不开启车内音响等设备。

（6）认真细致工作，不管是清洗、抛光打蜡、其他美容作业还是清洁整理。

（7）以认真负责的态度对待每一辆车。

（8）完成美容店下达的其他工作任务。

五、汽车美容项目内容与安全操作

（一）汽车美容作业项目

汽车美容作业项目繁多，具体作业项目的内容，依据施工单记载的具体内容而定。

（1）全车外部冲洗大块泥沙。

（2）全车外部清洗去油污、静电。

（3）深度清洗，新车则需要开蜡处理。

（4）漆面污物、沥青、鸟粪等处理。

（5）玻璃抛光增亮翻新。

（6）玻璃清洁、防雾处理、补充车窗玻璃防冻清洁剂。

（7）发动机表面清洁、翻新、发动机舱清洁维护。

（8）全车的除锈、防锈、防腐蚀处理。

（9）底盘清洁维护。

（10）漆面橘皮等特殊现象的处理。

（11）漆面一度抛光翻新，去除深度氧化层、轻划痕。

（12）漆面二度抛光翻新，去除太阳斑、纹。

（13）漆面增艳及其维护。

（14）漆面超级上釉、镀膜及其维护。

（15）保险杠装饰清洁翻新。

（16）车裙、挡泥板去杂质清洁维护。

（17）全车车灯及反光镜清洁抛光翻新。

（18）轮毂飞漆、焦油、氧化层的去除，增光翻新。

（19）轮胎清洁维护、修补更换、平衡。

（20）漆面深度划痕、局部创伤快速修复。

（21）车内室的全面除尘处理。

（22）车内室顶篷除污翻新。

（23）转向盘、仪表台清洁上光维护。

（24）置物区、烟缸、音响区清洁。

（25）冷气出风口清洁处理。

（26）全车电路系统清洁防潮、防老化维护。

（27）车门内侧的清洁翻新上光维护。

（28）真皮清洁、上光维护。

（29）车内丝绒表面的清洁、柔顺维护。

（30）行李舱除污清洁维护。

（31）车内室去异味、杀菌处理。

（32）全车电光、镀铬表面去除氧化层抛光翻新。

（33）全车检查。

普通洗车步骤依次为：低压冲水、喷洒洗洁泡沫、高压冲水、二次喷洒洗洁泡沫、全车外表揩抹、二次高压冲水、抹拭门框边和门旁板、车内清洁吸尘和整理、全车擦干水、检查和视情添加车窗清洗剂、检查轮胎气压，竣工巡检。

（二）其他个性化服务

（1）打蜡抛光。打蜡抛光步骤依次为：低压冲水、喷洒洗洁泡沫、高压冲水、二次喷洒洗洁泡沫、全车外表揩抹、二次高压冲水、修饰研磨或车窗玻璃除污、全车擦干水、全车漆面抛光打蜡、清洁除污、抹拭门框边和门旁板、车内清洁吸尘和整理、仪表台和座椅维护、检查和视情添加车窗清洗剂、检查轮胎气压、竣工巡检。

（2）其他服务，包括车内消毒杀菌、装饰装潢、轮胎维护等。

汽车美容项目及其安全操作规程将在后面章节再做详细介绍。

（三）保障安全

以汽车外部清洗为例，介绍其安全操作注意事项。

（1）保障被洗车的安全。

①在汽车外部清洗时，如被清洗的车是被动移动的，应注意牵引装置的可靠性和被洗车的稳定定位。如被清洗车是主动移动的，应注意行驶的车速和方向。

②无论何种清洗方式，在清洗时，都必须关闭车门、车窗、行李舱、发动机舱盖；收拢车门反光镜，有外置天线的还需另行拆下，并在交车前需确认其正确安装、调整物件复原妥当。

（2）保障环境安全。

①无论是清水清洗还是采用化学溶剂清洗，都存在清洗后的废水处理问题。通过清洗必然从车上洗下油泥和污物，因此应防止废水不经处理直接排入地面、车间、下水道，合理设置废水处理设施，让污泥沉淀、油水分离、水质中性，尽可能循环利用经过处理的水。

②若清洗后还要用麂皮、软布等擦干车身或打蜡处理的，还应注意这类材料的妥善存放。

（3）严格执行安全操作规程，确保清洗人员安全。

第二节　汽车美容相关法律法规

汽车维修经营活动中需要严格执行国家、地方及行业相关汽车维修的法律、法规、规章和规范。按照范围、作用归类，汽车维修相关法律、法规、规章体系可分为以下几类。

1. 一般性法律

企业经营中应遵守的一般性法律主要有《中华人民共和国消费者权益保护法》《中华人民共和国劳动法》《中华人民共和国劳动保护法》《中华人民共和国公司法》《中华人民共和国安全生产法》《中华人民共和国消防法》《中华人民共和国标准化法》《中华人民共和国产品质量法》《中华人民共和国计量法》《中华人民共和国合同法》等。

2. 环境保护法律

环境保护法律主要有《中华人民共和国大气污染防治法》《中华人民共和国固体废物污染环境防治法》《中华人民共和国水污染防治法》等。

3. 行业法规

《中华人民共和国道路交通安全法》《中华人民共和国道路交通安全法实施条例》《机动车维修管理规定》《汽车维修服务规范》《中华人民共和国道路运输条例》《道路运输车辆维护管理规定》《道路货物运输及站场管理规定》《道路旅客运输及站场管理规定》《道路危险货物运输管理规定》等。

4. 车辆技术与相关标准

车辆技术与相关标准有《汽车维护、检测、诊断技术规范》《汽车运行安全技术条件》

《汽车安全技术检验项目和方法》《营运车辆综合性能要求和检验方法》等。

5. 地方性法规与标准

《广东省交通厅关于加强道路运输车辆二级维护管理工作的通知》《广东省机动车排气污染防治条例》《深圳经济特区道路交通安全管理条例》《深圳经济特区机动车排气污染防治条例》《深圳经济特区在用机动车排气污染检测与强制维护实施办法》《深圳经济特区在用汽车排气污染防治维护技术规范》《深圳市营运车辆二级维护管理工作规范》等。

6. 法律法规要点节录

交通运输部已对《机动车维修管理规定》（交通运输部令 2015 年第 17 号）作了修改，自 2016 年 4 月 19 日起施行。《机动车维修管理规定》（交通运输部令 2016 年第 37 号）部分内容节录如下。

（1）机动车维修经营者应当依法经营，诚实信用，公平竞争，优质服务，落实安全生产主体责任和维修质量主体责任。

（2）鼓励机动车维修企业优先选用具备机动车检测维修国家职业资格的人员，并加强技术培训，提升从业人员素质。

（3）获得一类、二类汽车维修经营业务或者其他机动车维修经营业务许可的，可以从事相应车型的整车修理、总成修理、整车维护、小修、维修救援、专项修理和维修竣工检验工作；获得三类汽车维修经营业务（含汽车综合小修）、三类其他机动车维修经营业务许可的，可以分别从事汽车综合小修或者发动机维修、车身维修、电气系统维修、自动变速器维修、轮胎动平衡及修补、四轮定位检测调整、汽车润滑与维护、喷油泵和喷油器维修、曲轴修磨、汽缸镗磨、散热器维修、空调维修、汽车美容装潢、汽车玻璃安装及修复等汽车专项维修工作。具体有关经营项目按照《汽车维修业开业条件》（GB/T 16739）相关条款的规定执行。汽车美容快修属于三类汽车维修经营业务。

（4）从事三类维修业务的，按照其经营项目分别配备相应的机修、电气、钣金、涂漆的维修技术人员；从事汽车综合小修、发动机维修、车身维修、电气系统维修、自动变速器维修的，还应当配备技术负责人员和质量检验人员。各类技术人员的配备要求按照国家标准《汽车维修业开业条件》相关条款的规定执行。

（5）道路运输管理机构应当加强机动车维修从业人员管理，建立健全从业人员信用档案，加强从业人员诚信监管。机动车维修经营者应当加强从业人员从业行为管理，促进从业人员诚信、规范服务。

（6）汽车维修经营者应当使用规定的结算票据，并向托修方交付维修结算清单。维修结算清单中，工时费与材料费应分项计算。维修结算清单格式和内容由省级道路运输管理机构制定。汽车维修经营者不出具规定的结算票据和结算清单的，托修方有权拒绝支付费用。

（7）汽车维修经营者应当按照国家、行业或者地方的维修标准和规范进行维修。尚无标准或规范的，可参照汽车生产企业提供的维修手册、使用说明书和有关技术资料进行维修。

标准，是指对重复性事物和概念所做的统一规定。它以科学、技术和实践经验的综合成果为基础，经有关方面协商一致，由主管机构批准，以特定形式发布，作为共同遵守的准则和依据。汽车维修标准和技术规范是从事汽车维修作业活动技术准则，严格地贯彻执行与汽车维修相关的标准与规范，是保证维修质量的一般要求。多年来，我国的汽车维修行业已建立健全了汽车维修与检测方面的标准体系，主要标准有《汽车大修竣工出厂技术条件》《汽车发动机大修竣工技术条件》《汽车维修术语》《汽车修理质量检查评定标准——整车大修》《汽车修理质量检查评定标准——发动机大修》《汽车修理质量检查评定标准——车身大修》《汽车维护、检测、诊断工艺规范》《营运车辆综合性能要求和检验方法》《汽车修理技术标准》等。此外，北京、上海等发达地区还出台了一系列的地方标准。上述标准是规范汽车维修作业的基本条件，标准的实施对保证汽车维修质量具有重要的作用。

（8）汽车维修经营者对汽车进行二级维护、总成修理、整车修理的，应当建立汽车维修档案。汽车维修档案主要内容包括：维修合同、维修项目、具体维修人员及质量检验人员、检验单、竣工出厂合格证（副本）及结算清单等。汽车维修档案保存期为2年。

汽车维修实行竣工出厂质量保证期制度。汽车和危险货物运输车辆整车修理或者总成修理质量保证期为车辆行驶20000km或100日；二级维护质量保证期为车辆行驶5000km或者30日；一级维护、小修及专项修理质量保证期为车辆行驶2000km或者10日。其他汽车整车修理或者总成修理质量保证期为汽车行驶6000km或者60日；维护、小修及专项修理质量保证期为汽车行驶700km或者7日。质量保证期中行驶里程和日期指标，以先达到者为准。汽车维修质量保证期，从维修竣工出厂之日起计算。

第三节　安全卫生与环保

一、消防安全基础知识

（一）燃烧过程

如果得不到及时扑救，可燃物质着火后一般都会经历一个从小到大、逐步发展直至熄灭的过程。这个燃烧过程可分为初起阶段、发展阶段、猛烈阶段、下降阶段和熄灭阶段。

1. 初起阶段

初起阶段的着火面积比较小，燃烧速度比较慢，火焰也不高，向四周辐射的热量不多，烟雾和气体流动速度并不快，是扑救火灾的最佳时期。

2. 发展阶段

随着燃烧时间的延长，环境温度的升高，燃烧速度加快，火焰周围的可燃物质和建筑构件被迅速加热，气体对流也增强，燃烧面积逐渐扩大，火灾便进入燃烧发展时期，对扑救工作产生了一定的难度。

3. 猛烈阶段

由于燃烧时间继续延长，燃烧速度不断加快，燃烧面积迅速扩大，火场温度急剧上升，气体对流达到最快速度，辐射热也很强，燃烧进入了猛烈阶段。此时，建筑构件的承重能力急剧下降，随时都有坍塌的危险，扑救人员难于接近，扑救难度越来越大，损失也将相当惨重。

4. 下降阶段和熄灭阶段

当火灾进入下降阶段和熄灭阶段时，受灾物质已经所剩无几，灾情将达到最惨重的地步。

根据火灾发展的阶段性特点，要抓紧时机，正确运用灭火原理，恰当选择灭火器材，迅速采取扑救措施，有效控制火势，力争将火灾扑灭在初起阶段，最大限度地降低火灾造成的损失。

（二）灭火原理

灭火原理主要有冷却灭火、隔离灭火、窒息灭火和抑制灭火 4 种。

平时应根据保护对象燃烧需要满足的条件，利用一种或几种灭火原理，正确地配置各种灭火器材。一旦保护区域发生火灾，应在最短时间内利用预备的灭火器材和各种手段迅速采取有效的扑救措施：

（1）冷却灭火。冷却灭火是根据火场物质燃烧时必须达到一定温度这个条件，将灭火剂直接喷洒在燃烧着的物体上，使其温度降到燃点以下，达到停止燃烧的目的。例如，用消火栓喷水灭火，就是一种最常见的冷却法灭火。用二氧化碳灭火剂喷向火焰，受热后二氧化碳迅速汽化，能吸收并带走大量的热能，使燃烧区的温度很快降低，直至停止燃烧，利用的也是冷却灭火原理。用冷却灭火原理不仅可以直接扑灭起火物体火焰，还可以冷却火场中尚未燃烧的物体，防止其达到燃点而着火。

另外，在火灾发生之前，也可以应用冷却原理，采取相应措施，防止高温场所易燃物质起火或防止压力容器受热后压力增大发生爆炸而引起火灾。

（2）隔离灭火。隔离灭火是根据发生燃烧必须具备可燃物这个条件，将燃烧物与附近的可燃物隔离或分散开，造成无物可烧而使燃烧停止。这也是一种比较常用的灭火方法，适用于扑救各种固体、液体和气体火灾。利用隔离灭火原理的事例很多。例如，车间内发现汽车起火，在全力扑救的同时，将汽车奋力推出车间，推到空旷区域，防止危及车间内其他车辆和设施。利用隔离原理，还可以疏散危险物品，防止火灾恶化。当火灾已经无法扑灭时，还可利用隔离原理，将火场人员和贵重物资抢救至安全地带，尽可能降低受灾程度。

（3）窒息灭火。窒息灭火是根据可燃物质发生燃烧时，需要有含氧量足够的空气这个条件，用适当的措施来防止空气流入燃烧区，或者用惰性气体来稀释空气中的含氧浓度，使火源因缺氧以至断氧而熄灭。

这种灭火方法适用于扑救封闭性较强的空间或设备容器内的火灾，有时也可以用以扑灭小平面初起之火。例如，油桶内起火以后，可以喷射泡沫灭火剂，覆盖着火液面，使之窒息熄灭。又如，维修作业场所发生小面积火源，可立即用湿纱布、湿帆布、消防砂或整张白铁皮等难燃或不燃材料覆盖，使火焰缺氧而熄火。

（4）抑制灭火。抑制灭火是指把灭火剂喷向火焰，让其参与燃烧时的化学反应，使燃烧过程中产生的活性自由基快速消失，形成稳定分子或低活性自由基，进而使燃烧反应停止。

将BC干粉灭火剂射向燃烧物，当干粉与火焰接触后，可以吸收火焰中大量活性基团，使活性基团数量急剧减少，从而中断燃烧的连锁反应，达到灭火目的。

（三）火灾分类

1. 按火场物质的性质分类

根据我国现行规定，按照火场物质的性质，火灾分为A、B、C、D4种类型。

A类火灾：指固体物质火灾，且在燃烧时一般会产生灼热的余烬，如木材、棉麻、皮革、海绵、纸张等火灾。

B类火灾：指液体物质火灾和可熔化的固体物质火灾，如汽油、柴油、煤油、沥青、酒精等液体物质火灾以及橡胶制品、带电设备（主要是指带电线路等固体物质）火灾。

C类火灾：指气体物质火灾，如煤气、天然气、乙炔、氢气、氧气、氮气等火灾。

D类火灾：指金属物质火灾，如钾、钠、镁、钙、铝镁合金等火灾。

2. 按火灾受损等级分类

根据我国火灾统计管理规定，按照一次火灾事故造成的人员伤亡、受灾户数和直接财产损失，火灾分为特大火灾、重大火灾和一般火灾3个受损等级。

（1）特大火灾：死亡10人以上（含本数，下同）；重伤20人以上；死亡、重伤20人以上；受灾50户以上；直接经济损失100万元以上。

（2）重大火灾：死亡3人以上；重伤10人以上；死亡、重伤10人以上；受灾30户以上；直接经济损失30万元以上。

（3）不具有上述两类情形的火灾，为一般火灾。

（四）灭火剂及使用范围

扑救火灾主要利用各类灭火剂。

水是最常用的灭火剂。常用的灭火剂还有：干粉灭火剂、卤代烷灭火剂、二氧化碳灭火剂和泡沫灭火剂等。要注意，不同类型的灭火剂仅适用于不同类型的火灾。

1. 清水灭火器

用清水灭火器灭火时，先将灭火器直立放稳，然后摘去保险帽，用手掌拍击开启杆顶端，刺破二氧化碳储气瓶的密封片，清水便在二氧化碳气体压力的作用下从喷嘴喷出。此时，使用者立即用一只手提起灭火器头上的提环，用另一只手托住灭火器底圈，将喷射的水流对准燃烧最猛烈处喷射。随着喷射距离的缩短，使用者应逐步向燃烧物靠近，使水流始终喷射在燃烧处，直至扑灭。使用清水灭火器的过程中，切忌将灭火器颠倒或横卧，否则不能喷射。

2. 干粉灭火器

干粉灭火器有外挂储气瓶式和内置储气瓶或储压式两种。用外挂储气瓶式干粉灭火器灭火时，可在距燃烧处 5m 左右放下灭火器，然后一只手紧握喷射软管前端的喷嘴根部（如有间歇喷射阀，则握住间歇喷射阀的开启压把）。另一只手提起储气瓶上的开启提环（如果储气瓶的开启是手轮式的，则按逆时针方向旋开，并旋到最高位置），随即提起灭火器。当干粉喷出后，迅速对准火焰根部喷射直至全部扑灭。

用内置储气瓶或储压式干粉灭火器灭火时，可在距燃烧处 5m 左右放下灭火器，先将开启把上的保险销拔下，然后握住喷射软管前端喷嘴根部，另一只手将开启压把压下打开灭火器，对准火焰根部进行喷射灭火。在整个喷射过程中，应始终压住压柄，不能放开，否则会中断喷射。

用干粉灭火器扑救易燃液体火灾时，要注意以下几点：

（1）如在室外扑救，要注意风向，选择顺风方向喷射。

（2）如被扑救的液体火灾呈流淌燃烧时，应对准火焰根部，边移动边向左右扫射，直至扑灭。

（3）如果可燃液体在容器内燃烧，应注意不能将喷嘴直接对准液面喷射，防止喷流的冲击力使可燃液体溅出而扩大火势，造成灭火困难。而要对准火焰根部左右晃动扫射，使喷射出的干粉流覆盖整个容器开口表面，使之窒息熄灭。当火焰被赶出容器后，应继续喷射，直至将火焰全部扑灭。

（4）如果易燃液体在金属容器中燃烧时间过长，容器的壁温已高于被扑救可燃液体自燃点，极易造成灭火后又复燃的现象，此时要选择配合使用泡沫类灭火器，以取得更好的灭火效果。

3. 卤代烷灭火器

用卤代烷灭火器灭火时，在距燃烧处 5m 左右，放下灭火器，拔出保险销，一只手握住开启压把，另一只手握在喷射软管前端的喷嘴处（如灭火器无喷射软管，可一手握住开启压把，另一只手扶住灭火器底圈部分）。先将喷嘴对准燃烧处，用力握紧开启把，使灭火剂喷射。当被扑救可燃液体呈流淌状燃烧时，应对准火焰根部由近而远并左右扫射，向前快速推进，直至火焰全部扑灭。如果可燃液体在容器中燃烧，应对准火焰根部左右晃动扫射。火焰被赶出容器时，喷射流应跟着火焰扫射，直至把火焰全部扑灭。但应注意不能将喷流直接喷射在燃烧液面上，以防灭火剂的冲力将可燃液体冲出容器而扩大火势，造成灭火困难。如果扑救可燃固体物质初起表面火灾，应及时采取措施，阻止其可能发生的复燃。使用 1211 灭火器的过程中，切忌将灭火器颠倒或横卧，否则不能喷射。

4. 二氧化碳灭火器

用二氧化碳灭火器灭火时，在距燃烧物 5m 左右的地方放下灭火器，拔出保险销，一只手握住喇叭筒根部的手柄，另一只手紧握启闭阀的压把，对没有喷射软管的二氧化碳灭火器，应把喇叭筒往上扳 70°~90°。使用时，不能直接用手抓住喇叭筒外壁或金属连接管，以防手被冻伤。灭火时，当可燃液体呈流淌状燃烧时，使用者应将二氧化碳灭火剂的喷流由近而远向火焰喷射。如果可燃液体在容器内燃烧时，应将喇叭筒提起，从容器的一侧上部向燃烧的容器中喷射，但不能将二氧化碳喷流直接冲击可燃液面，以防可燃液体冲出容器而扩大火势，造成灭火困难。在室外使用二氧化碳灭火器时，应选择在上风方向喷射。在室内窄小空间使用时，用后操作者应迅速离开，以防窒息。

5. 泡沫灭火器

泡沫灭火器为倒置式起动灭火器。用泡沫灭火器灭火时，手提筒体上的提环，迅速奔赴火场，这时应注意不得使灭火器过分倾斜，更不可横拿或颠倒，以免两种药剂混合而提前喷出。当距离着火点 10m 左右时，即可将筒体颠倒过来，一只手紧握提环，另一只手扶住筒体的底圈，将射流对准燃烧物。在扑救可燃液体火灾时，如已呈流淌状燃烧，则将泡沫由近而远喷射，使泡沫完全覆盖在燃烧液面上；如在容器内燃烧，应将泡沫射向容器的内壁，使泡沫沿着内壁流淌，逐步覆盖着火液面，切忌直接对准液面喷射，以免由于射流的冲击，反而将燃烧的液体冲散或冲出容器，扩大燃烧范围。在扑救固体物质火灾时，应逐渐向燃烧区靠近，并始终将泡沫喷射在燃烧物上，直至扑灭。使用泡沫灭火器应始终保持倒置状态，否则会中断喷射。

6. 防火砂池与防火毡

主要用于扑救汽修行业的汽、柴油火灾初期，起隔离作用。

（五）危险品的分类

危险品指具有爆炸、易燃、毒害、感染、腐蚀、放射性等特性，在运输、储存、生产、经营、使用和处置中，容易造成人身伤亡、财产毁损和环境污染而需要特别防护的物质和物品。根据《危险货物分类和品名编号》，危险货物按照其危险性或最主要危险性分为 9 类，第 1 类爆炸品；第 2 类气体；第 3 类易燃液体；第 4 类易燃固体、易于自燃的物质、遇水放出易燃气体的物质；第 5 类氧化性物质和有机过氧化物；第 6 类毒性物质和感染性物质；第 7 类放射性物质；第 8 类腐蚀性物质；第 9 类杂项危险物质和物品，包括危害环境物质。

危险品的分类与标识，如表 1-1 所示。

危险品的分类与标识　　表 1-1

分类 / 区分		标　识	主要品名	分类 / 区分		标　识	主要品名
1	爆炸品	爆炸品 1	放烟筒、花炮、导火线等	2	非易燃无毒气体	不燃气体 2	消化器、压缩酸素、液体窒素、液体氨、非引火性烟雾气、冷冻用瓦斯类等
2	易燃气体	易燃气体 2	小型燃料瓦斯气瓶、抽烟用气体打火机、引火性烟雾气等		毒性气体	有毒气体 2	一氧化碳、氧化乙烯、液体氨等

续上表

分类 / 区分		标识	主要品名	分类 / 区分		标识	主要品名
3	易燃液体	易燃液体 3	汽油、油漆、印刷墨、香料、灯油、酒精、黏合剂等	6	毒性物质	有毒品 6	杀虫杀菌剂、消毒剂、染料、水银化合物、医药品等
4	易燃固体	易燃固体 4	安全火柴、硝纤象牙、金属粉末、磷、硫黄等		感染性物质	感染性物品 6	细菌、病毒、医药用废弃物等
	易于自燃的物质	自燃物品 4	活性炭、硫化钠、金属催化剂等	7	放射性物质	一级放射性物品 I 7	放射性物质
	遇水放出易燃气体的物质		钙、碳化物、镁、钡、碱土金属合金等	8	腐蚀性物质	腐蚀品 8	酸类、碱类、电池（内含电池液物质）等
5	氧化性物质	氧化剂 5.1	化学氧气发生器、盐素酸盐类、硫酸铵肥料等	9	杂项危险物质和物品	杂类 9	内燃机（车等）、少量化妆品等
	有机过氧化物	有机过氧化物 5.2	甲醇、树脂或封印催化剂等				

二、汽车美容企业消防要务

汽车美容企业，尤其是经常与危险物质打交道的危险货物运输车辆汽车美容企业，如果对防火工作掉以轻心，各类各级火灾随时都有可能发生。为了避免火警火灾，确保万无一失或万一发生火灾时充分降低灾害，汽车美容企业应掌握杜绝火种、保护重点对象、完善消防系统配置、制定消防预案并经常组织演练等要点，认真做好安全防火工作。

（一）杜绝火种

杜绝火种是消防工作重中之重，汽车美容企业一定要坚持“一把手”负责制，制定切实方案，防止火种的产生和蔓延。要针对产生火种的各种可能性，采取严格的预防措施。例如，安排安全人员轮流值班，坚持巡回检查和记录，及时消灭火种；指定吸烟和用火场所，禁止厂区出现游烟、野火；制作防火标志，禁止车库、油库、漆库、材料库等要害部位出现烟火；制定防火规范，不准随地焚烧垃圾废料，不准随地乱倒废油废渣，不准在油箱旁用火，不准私接乱用电设备，定期组织专业人员检查，整理恢复电气线路，及时修缮避雷设施。

（二）保护重点对象

汽车美容企业要根据自身情况，逐项列出可能发生火警火灾的重点部位，有的放矢地采取保护性预防措施。例如，汽油、涂料、各种化学制剂气雾剂、海绵塑料装潢材料等易爆易燃危险物品的存放场地，如遇有火种极易失火，应予重点保护，除禁止烟火以外，还要远离或拆除临近易燃建筑物；停车场、维修车间车辆较多，一旦发生火灾，极易发生混乱堵塞，应事先设置并随时疏通安全通道；其他有可能发生火警火灾的场所，均应配足相应的消防设施。

（三）完善消防系统配置

汽车美容企业的消防系统配置，至少应做到组织完善、道路畅通、设施齐全完好，并通过消防监督管理部门的检查考核。

1. 组织完善

要建立健全由企业负责人担任第一责任人的消防安全组织机构，按企业规模形成多级管理网络，确保消防安全无盲点。按车间、部门划分若干责任区域，指定区域责任人。企业每个成员都应明确分担本岗位的消防安全责任，随时保持高度的消防意识。要配置场地安全检查协调员，随时处理解决记录厂区安全事宜。

2. 道路畅通

道路畅通是指企业厂房、场地、工位设计时，应充分考虑安全通道，按规定设置安全门。维修、停车、堆放、办公作业时，应做到秩序井然，不要乱停乱放车辆，以免堵塞大门、道路。

3. 设施齐全

设施齐全完好是指应按数量充足、规格型号适当的原则配齐消防水栓、消防沙箱、消防水桶和灭火器等扑救设施。每件设施均应指定保管责任人，固定配置地点，不得经常性变动。设施醒目处要张贴“消防设施责任标志”，载明责任人姓名、设施名称、规格型号、配置地点、下次检查日期等内容。每半年要检查一次设施技术状况，灭火剂不足的应进行填充，有其他不符合要求的应送消防器材维修单位进行维修或更换。每次检查处理以后均应换贴标志或在原标志上做好检查处理记录。

（四）制定消防预案

汽车美容企业在做好杜绝火种、保护重点对象和完善消防系统配置的同时，还要结合自身情况，预见火警部位，分析火灾特点，提前制定消防预案，防患于未然。

1. 预见火警部位

汽车美容企业一般由办公用房、维修车间、材料仓库及停车场等组成，每个规模虽不很大，结构却比较复杂，应该仔细分析存在着火灾危险部位。

2. 分析火灾特点

汽车美容企业一旦发生火警火灾，将有以下特点：

（1）区域不定性。整个企业各个部位都有出现火警的危险性，任何时候都不能懈怠。

（2）类型综合性。有固体火灾、有液体火灾，包括可熔化的固体物质火灾，如轮胎等橡胶制品火灾和带电设备火灾，也有气体火灾等。

（3）危害严重性。如前所述，一个汽车油箱犹如一个炸弹，一经点燃，损失严重。汽车美容企业车辆多，场地紧，建筑与建筑、工间与工间离得不远，一旦失火，疏散困难，也将为灭火工作增加难度。

3. 制定消防预案

消防现场预案要按部门、按人员明确出现火警后的职责内容，包括谁指挥、谁值班、谁报警、谁断电、谁关气、谁扑救、谁机动、如何组织疏散、如何组织救援等职责以后，及时参与扑救，就近启用消防器材，奋力抑制、消灭火情，积极抢救弱势人员和重要物资，把火灾损失降到最低限度，这是火警现场每个人义不容辞的职责。

（五）开展消防演练

定期或不定期地组织消防演练是落实消防预案、提高消防能力、确保火灾损失降到最低限度的关键措施。汽车美容企业应结合自身情况，不失时机地组织开展消防演练活动。

1. 演练活动内容

演练活动的内容一般包括剖析火灾案例，宣贯预案内容，模拟火灾实况，人人动手操作。

2. 演练活动方式

演练的方式、途径有多种多样。例如，可利用安全活动时间，安排企业“消防通”宣讲方案，做示范，然后人人参与消防演习；可分期分批组织人员前往对外开放的消防技术推广站观摩实习；也可约请消防技术推广站专业人员上门培训辅导。

3. 演练活动目标

通过演练活动，要达到人人都会报警，人人都会操作，人人都会救护的目标。

三、安全管理

安全生产、预防为主的方针，历来是我国生产、生活的指导方针，国家对此一直十分重视。

汽车美容安全管理工作可以从安全组织机构、安全生产责任制、安全培训教育和持证上岗、安全检查等几方面着手。

（一）安全组织机构

任何要完成一定功能目标的活动，都必须有相应的组织作为保障。建立合理的安全生产管理组织机构是有效地进行安全生产指挥、检查、监督的组织保证。

不同行业、不同规模、不同性质的生产经营单位，安全生产管理组织形式也不完全相同。《中华人民共和国安全生产法》（以下简称《安全生产法》）主要以生产规模大小作为划分设置的依据，对于从业人员在300人以下的非矿山、建筑施工单位和危险物品生产、经营、储存的生产经营单位，如果本单位配备专职或者兼职的安全生产管理人员有困难，可委托具有国家规定的相关专业技术资格的工程技术人员提供安全生产管理服务。这是一种委托管理服务，生产经营单位与受委托提供安全生产管理服务的工程技术人员之间的关系，是一种服务合同关系，生产经营单位的安全生产责任不发生责任转移。也就是说，保证安全生产的责任仍由生产经营单位负责，受委托提供安全生产管理服务的工程技术人员只是依据服务合同约定提供安全生产管理服务。

汽车美容企业根据实际情况，设立汽车美容店专职或兼职安全员，协助汽车美容店负责人，在安全管理人员指导下，开展本汽车美容店的日常安全监督检查工作。

汽车美容企业应该完善其自身的安全生产组织机构。

（二）安全生产责任制

安全生产责任制度是指安全生产工作中的各责任主体所应履行的安全生产责任体系，是生产经营单位安全生产管理工作最基本的制度。

《安全生产法》对安全生产责任制度做了明确规定，确立了政府、生产经营单位或者负责管理公共设施及场所的单位、生产经营设备或者材料制造和供应者、业主负责人和员工的安全生产责任，并明确规定各级人民政府对本行政区域的安全生产工作负有领导责任，切实加强对安全生产工作的监督和管理。

《安全生产法》对安全生产责任制度的规定包括以下内容。

（1）生产经营单位应建立、健全本单位的安全生产责任制度。《安全生产法》第四条规定：“生产经营单位必须遵守本法和其他有关安全生产的法律、法规，加强安全生产管理，建立、健全安全生产责任制度，完善安全生产条件，确保安全生产。”

（2）单位负责人对本单位安全生产工作负全责。《安全生产法》第五条规定：“生产经营单位的主要负责人对本单位的安全生产工作全面负责。”

（3）从业人员要履行义务。《安全生产法》第六条规定：“从业人员应当依法履行安全生产方面的义务。”

（三）安全培训教育和持证上岗

通过安全教育，使企业的领导和职工提高安全生产的法律意识，文明生产的道德观念；树立安全生产常备不懈的责任感。使领导者摆正经济效益与安全生产的关系，促使领导对安全隐患的研究，安全措施的检查，安全基础设施的投入，搞好人、机、环境的优化匹配，抓好安全生产的事故预防工作。使企业职工遵章守纪，作业前加强对设备、设施的检查，不冒险作业；作业时注意观察人、机、环境的状态，及时发现安全隐患；作业后加强人、机、环境的维护。同时，促使企业职工加强专业生产安全基础知识，特殊作业安全生产知识及防火、防毒、防污染、防爆、防意外等知识的学习及自救的训练。

安全生产教育培训是生产经营单位为了提高从业人员安全技术水平和防范事故能力而进行的工作，是一项经常性的基础工作，是生产经营单位安全管理的一项重要内容，在生产经营单位安全管理中占有重要的地位，对于搞好本单位安全生产发挥重要的作用。从业人员是实现安全生产的关键，对安全生产起决定性的作用。通过对人施加和强化安全教育与培训，把安全政策法规与安全行为准则内化为人们的自觉行为规范，从根本上解决人的安全行为和安全意识问题，从而可降低事故率，确保生产的安全。

安全生产教育培训制度的内容包括以下几方面。

1. 生产经营单位主要负责人和管理人员的安全生产资格培训

《安全生产法》第二十条规定，生产经营单位的主要负责人和安全生产管理人员必须具备与本单位所从事的生产经营活动相应的安全生产知识和管理能力。

2. 从业人员的“三级”教育培训

即对新从业人员必须进行入厂教育、车间教育和班组教育，并经考试合格才许进入操作岗位。在实行“三级教育”时，只要符合“三新”条件都必须进行教育培训。“三新”的条件是：

①新入厂的从业人员。

②新调动工种的从业人员。

③采用新工艺、新技术、新材料或者使用新设备的从业人员。

3. 经常性安全生产教育培训

安全生产教育培训不能一劳永逸，必须经常不断地进行。经过安全生产教育培训已经掌握了的知识、技能，如果不经常使用，可能会逐渐淡忘；随着生产技术进步，生产状况变化，有新的安全知识、技能需要掌握；已经建立起来的对事故预防工作的浓厚兴趣，随着时间的推移会逐渐淡漠；在生产任务紧急情势下，已经树立起来的“安全第一”思想可能发生动摇，安全态度会发生变化。因此，必须开展经常性的安全教育。

（四）安全检查

安全检查的目的是对所制定的责任制、安全教育活动、安全生产制度、规程、规定落实程度和设备、设施安全状态及安全环境变化情况的检查。

安全检查有定期检查和日常检查两种。

定期检查着重检查安全教育和安全活动的效果和设备、设施安全状态，一般由安全管理部门牵头，有组织地进行。

日常检查着重于安全制度、规程、规定的落实程度的检查，一般指定专人或结合班组负责人在生产巡查时一并进行。

安全检查应作好安全检查记录，提出整改处置意见及整改处置的责任人，通过检查以期与个人的经济效益挂钩，并作为安全评审的依据。

安全检查是安全管理工作的重要内容，也是消除隐患、防止事故发生、改善劳动条件的重要手段。通过安全检查可以发现生产经营单位生产经营活动中的危险因素，以便有计划地制定纠正措施，保证生产的安全。安全检查涉及生产系统本身及其各个环节以及与生产有关的各个方面，包括不安全状态、潜在危险、人为因素等等，因此检查应力求系统化、完整化、不漏掉任何可能导致危险的关键因素。

检查及处理情况应当记录在案。安全检查制度的内容应包括以下几点。

（1）查证生产经营活动中所存在的危险隐患和缺陷。

（2）确定危险隐患和缺陷的存在状态。

（3）确定这些危险隐患和缺陷转化为事故的条件。

（4）制定危险隐患和缺陷的整改措施。

（5）落实危险隐患和缺陷的整改措施。

四、劳动保护

劳动保护，就是保护劳动者在生产过程的安全和健康。汽车美容企业同其他行业企业一样，在生产过程中均存在着不安全因素和有害物质，时刻威胁着从业人员的安全及健康，警钟长鸣、加强劳动安全保护，可以消除事故隐患，确保从业人员人身安全。

（一）电气设备

随着人们对电的认识的加深，电气事故的比例也在逐步减少，但电气事故仍不可忽视。

电气事故包括人身触电、设备烧毁、电气引起的火灾和爆炸、产品质量以及电击引起的二次人身事故等。

预防电气事故的措施，主要有以下两方面：

在技术措施上，采取屏障或围栏隔离电体，设置障碍以防无意触及或接近带电体，设置漏电保护装置，安装接地装置，保证电源接地线接地良好、及时更换裸露破损电源插头和插座等，此外还可以根据场所情况采用安全电压。

在组织措施上，建立健全规章制度、安全操作规程、电气安装规程等制度，进行安全用电的教育，加强进行安全检查和电气设备的巡查。

（二）机械设备

1. 机械设备事故

预防机械设备伤害事故也是汽车美容企业重要工作。

汽车美容企业由机械设备引起的事故主要有撞伤、飞溅、落体等。

机械设备事故主要原因，主要是企业对所用机械设备缺乏良好的管理，以及操作人员对机械设备事故的危害性重视程度不够。因此，汽车美容企业在防止人的失误的同时，还应加强机器设备的安全防护与管理，为操作人员准备安全的工具、设备，提供良好的通风防尘、排毒、照明、防噪的安全生产环境，使所有人员，包括非熟练工人，都能做到安全从容地进行作业。

2. 预防措施

（1）撞伤和飞溅。机械装置中的旋转运动、直接往复运动或者旋转—往复综合运动，都有可能使物体飞出伤人，为防止其出现不安全状态，应采取隔离和设置安全区的办法，将危害源用屏蔽的形式将其隔开，这也是解决问题的根本方法。

（2）落体。落体指的是位于操作者上方的物体由于某些诱因落下而发生的事故。

对于这类事故的预防，主要应注意以下几点。

①在起吊车辆和物品时，要注意检查起吊的绳索是否结实、起吊的部位是否合格、起吊的车辆或物品的上面是否有散落的零件和工具。如果有不安全因素，在起吊之前应予排除。在起吊的车辆和物品下面，不论何种原因都不能站人。

②在举升机举起的车辆上作业时，除了避免坠地事故外，在作业完成后还应详细检查是否遗留了零件或工具。在作业的同时要注意与车下作业的同事配合，切不可一人埋头干活，而忽视他人的安全。

（三）车辆

1. 车辆事故

车辆伤害的事故也是汽车美容企业中常见的事故，其主要原因就是美容工图省劲、走捷径、生产组织程序不合理及违章作业。

汽车美容由车辆引起的事故有：溜车、试车时发生的事故及设备失控导致的事故，此外，还要防止施工过程中飞溅的制动液及其他侵蚀性液体对汽车漆面和皮革表面造成损伤。

2. 预防措施

（1）防溜车。

溜车是指作业工人对停在坡道上的车辆，未使用驻车制动或驻车制动失灵，未在车轮前、后部垫三角木及未采取预防车辆下溜措施，引起的事故。

对于这类事故的预防主要应注意两点，一是不管车辆制动性能好坏，一定要在车轮前、后部垫三角木或采取其他防车辆下溜的措施；二是不能在车辆低下方作业或站立其他人员。

（2）当进行底盘作业把车辆起升到离开地面时，按安全操作规定，应在车身下面加设硬性支撑。

（3）在作业车间内人工移动车辆时，必须有专人指挥，并安排专门人员负责随时塞紧车轮，防止溜车伤人；人工移动车辆的指挥人员，必须首先熟悉车间内被移动车辆周围环境，并选择安全位置操作。

（4）严禁无相应类别正式驾驶执照的人员驾驶车辆。

（5）汽车进入车间作业时，必须先安装好座椅保护套、转向盘保护套、地毯保护套、翼子板漆面保护套等保护防护措施装置。

（四）防暑降温

中暑是高温环境下发生的急性疾病，汽车美容企业特别是一些中小汽车美容企业由于厂房简陋，车间通风不良，有的企业甚至露天作业，从而可能导致工人中暑。采取防暑降温措施对保护工人的身心健康非常必要，具体措施有以下几点。

1. 加强领导是搞好防暑降温工作的关键

每年入暑之前，要制定防暑降温的计划和落实具体措施，及早做好防暑降温设备的维修、安装的准备工作。

2. 制定合理的劳动休息制度

要适当调整夏季作息时间，尽可能缩短持续劳动时间、增加工间休息次数、延长午休时间等。

3. 合理设计工艺与工序流程

合理设计工艺与工序流程、改进生产设备和操作方法，是改善高温作业劳动条件的根本措施。

4. 通风降温

通风有自然通风和机械强制通风，在自然通风不能满足降温的情况下，可采用机械通风，其设备主要有工业空调、风扇、喷雾风扇与空气淋浴等。

5. 加强医疗预防工作

每年入暑前，要做好工人的体格检查。凡有心血管系统器质性疾病、持久性高血压、溃疡病，活动性肺结核、肺气肿、支气管哮喘，肝、肾疾病，明显的内分泌病、中枢神经系统器质性疾病，重病后恢复期及体弱者，皆不宜从事高温作业。

6. 加强个人防护

高温作业的工人应正确使用工作服、帽、防护眼镜、手套等个人防护用品。

7. 供给合理饮料和补充营养

夏季应供给合乎卫生要求的清凉饮料、含盐饮料，补充的水盐量取决于出汗量和食物中的含盐量。在高温环境下劳动时，能量消耗增加，最好能补充适当的蛋白质、钙及人体所需的各类维生素，这样可以减少体内糖类和蛋白的消耗，减轻疲劳，提高工作效率。

（五）汽车排放污染物

汽车排放污染物有一氧化碳、碳氢化合物、氮氧化物、铅化物和微粒等有害介质，它们会对人体健康造成危害。汽车美容企业应采取必要的措施加以防护。

（1）安装良好的通风防尘、排毒设备，减少车间内汽车排放污染物浓度。

（2）尽量不在车间内调试发动机，假如需要的话应在通风良好的情况下进行。

（3）安装汽车尾气强制抽排系统。

（六）防滑跌

为了贯彻执行“四不落地”规定要求，汽车美容作业需要配备必要的作业台或专用油盆，防止作业现场到处是油、水和泥污，从而导致工人在作业时滑倒跌伤。为了防止此类事故的发生，采取必要的防护措施。

（1）根据工艺技术要求，添置必要的作业台、专用油盆和清洗设备。

（2）制定安全操作规程，加强对维修人员的技能培训，落实“四不落地”。

（3）坚持车间卫生打扫制度，保持作业现场干净、整洁、卫生。

（4）使用耐油性好的合成橡胶制作的防滑靴、鞋。

（5）车辆通道上不应堆放工具和废弃、待换的零部件及其他物件。

（七）防烫伤

汽车维修操作中的人体烫伤，一般发生在下列情况。

（1）发动机温度过高，冷却系水箱“开锅”，操作人员打开水箱盖时被喷射出的蒸汽烫伤。

（2）拆卸发生高温故障的零部件（如汽缸盖、制动鼓、排气管等）时灼伤皮肤。

（3）检查和排除运行性故障时，裸露皮肤接触到较高温的部件（如汽缸体、排气管等）被烫伤。

（4）身体接触蓄电池电解液等被灼伤。

预防此类事故，主要是加强个人防护，注意安全操作要领。

（1）在车辆维修时，对于水温过高的发动机，不得在水泵未停转的情况下不加防护地直接开启水箱盖。

（2）尽量避免对刚熄火、零件温度尚未降低下来的车辆进行美容或维修作业。

（3）作业时按规定穿戴防护用品，不得随意抚摸车身表面和将身体依靠在待作业的车身上。

（4）避免身体直接接触蓄电池电解液、防冻液等化学品。

个人防护用品在预防职业危害因素的综合措施中，属于第一级预防部分，当劳动条件尚不能从设备上改善时，这是主要的防护手段。

（八）防止噪声危害

汽车美容作业中有些噪声危害严重，如抛光作业，可以考虑将抛光作业车间与其他作业车间隔离，减小噪声的危害。抛光工人可以使用吸收、降低噪声能量的防护装备，如耳塞、耳罩等。

（九）个人防护用品

为对作业人员进行保护，汽车美容作业时应使用适当的防护用品。

1. 面部防护用品

在生产过程中，有些作业能使面部、特别是眼部受到各种伤害，所以必须采取措施对面部加以防护。汽车美容企业的面部防护，大致采用下列的防护用品。

（1）护目镜。为了防止飞来的物质颗粒、碎屑、火花、飞溅、热流、熔融金属、有害光线等对眼睛造成伤害，应戴护目镜。

（2）防护面罩。为了防止金属屑及酸、碱等腐蚀性液体等有害飞溅损伤面部，应戴防护面罩，钣金工在电焊时，应戴电焊工用面罩。

2. 听觉防护用品

操作人员长时间在 90dB（A）以上或短时间在 115dB（A）的环境中工作，对听觉就会产生危害。为了排除由此而引起的伤害，一般要使用噪声防护用品，如耳塞、耳罩、防声棉、防噪声帽等，常用的是耳塞和耳罩。

（1）耳塞。耳塞是在耳道插入塞子来防止声波侵入的防护用品，是以柔软的橡胶或塑料经模压制作而成。按其形状的不同可分为伞形耳塞和柱形耳塞两种，每种又分大、中、小三号。使用时应挑选适合自己耳道大小的耳塞。耳塞的平均隔声量为15~25dB。耳塞的优点是隔声量大、体积小、便于携带和保存、价格便宜。缺点是佩戴时间长了不舒服，有时还会引起耳道疼痛。

棉花球耳塞是最简单的防噪声用品，它是将棉花卷成锥状塞入耳道，隔声量只有10dB左右，用石蜡或甘油浸透的棉花所捏成的耳塞，其隔声量为15~20dB，但使用时不如棉花方便、舒适。棉球耳塞的优点是重量轻、价廉、佩戴舒适，缺点是这种耳塞只能使用一次。

还有一种防声棉耳塞，它是由超细玻璃棉经过化学软化处理后制成的。其隔声量比棉花大得多，中频隔声量达15dB，高频隔声量可达20~40dB。它的缺点是易碎，耐揉性不好。

（2）耳罩。耳罩是盖住整个耳朵以阻止声波进入外耳的杯状听觉防护用品，耳罩的结构主要由外壳、密封垫圈、内衬吸声材料和弓架组成。耳罩的外壳一般用硬质材料（如硬塑料、金属板、硬橡胶）制作，内衬用泡沫塑料制作。与颅面接触的一圈，要采用软材料（如泡沫塑料、海绵橡胶）衬垫，以便与皮肤密贴而又无触痛感，耳罩的平均隔声量一般为15~30dB。

一般来说，对于频率为250Hz以上的声波，耳罩的隔声效果好，而对于低频声波，则耳塞的效果较好。但是，对人体的影响一般是高频噪声危害大。

3. 身体的防护

肥大的衣服、未扣上的衬衣袖子、悬摆的领带、首饰及将衬衣悬在外面，这在汽车美容作业都是非常危险的。

工作时需要穿上棉质防静电工作服。而脏的、被溶剂浸渍的衣服会积存一些化学物质，贴近到皮肤时就会导致疼痛发炎或皮疹。一定要穿长袖工作服以保证安全。在汽车美容作业中，上身应穿着暗扣夹克衫，皮带不外露或是用围裙加以保护。

4. 呼吸防护器

在汽车美容作业现场，存在着有害气体、蒸气、烟、雾、浮游微粒等，它们会通过人们的呼吸给人体带来危害，应使用呼吸防护器。

呼吸防护器包括防尘口罩、防毒口罩或防毒面具等。

为防御各种粉尘、烟或雾等质量较大的有害物质的口罩称为防尘口罩。为防止有害气体、蒸气和气流胶经呼吸道进入人体的口罩称为防毒口罩。汽车美容企业的作业人员应根据各工种直接接触的有害物质，选用正确的呼吸防护器。

5. 手的防护用品

人们进行生产作业时主要是用双手操作，手经常处于危险之中，使用防护手套对手部能起到保护作用，防止对手的伤害。

防护手套应尽量不妨碍手的功能，使作业能顺利进行。为了尽量发挥手的功能，所使用的手套必须要有相应的形状。

操作人员若使用手套时有被机械缠住或夹住的危险，则这种场合禁止使用手套。

（1）防化学物品手套。手接触化学物品或者溅上物品飞沫，就有受到被药品烧伤的危险，对化学物品有过敏史的人也需要使用防化学药品手套。所使用的手套，必须根据所涉及的物品种类，对制作手套材料的性质，如抗磨损性、耐穿透性、耐热性、柔软性等，进行研究之后，选择使用。

为了便于握住器皿，应采用五指手套。另外，手套上如果有气孔，物品就会由此而渗入手套内。检查的方法是，在使用之前，应从手套口吹入空气。使它稍微鼓胀起来，再从手套口开始折叠，看有无漏气现象。这样，就能很快地知道手套的好坏。

（2）电气作业手套。触电事故主要是由于手接触带电体时，电流通过人体所引起的危害，为了防止这种事故的发生，首先应该安装漏电保护开关。在电气作业时，戴上绝缘手套，增大手与电气间的绝缘程度是极其重要的措施，防止触电事故还可以穿鞋并且保持脚下干爽，或者站到绝缘的矮木凳上作业。

（3）搬运物料手套。在搬运或装卸物料时脚趾或手指最易受伤，为了防止这类工伤事故，在作业时，操作人员，除了穿上安全鞋、系上围裙和护腿外，还应戴上结实的手套。手套要干燥、无油脂和污腻，以免搬动物料时滑脱。

6. 脚的防护用品

在汽车美容作业中，脚是处于作业姿势的最低部位，如果脚没有站稳，就可能因某种原因而发生事故。在操作时，脚的安全是极为重要的。要达到这一目的，就必须穿上适合于作业条件的安全鞋、安全靴等。

五、卫生、安全与环保

汽车美容企业在进行美容、抛光等作业时会产生生产噪声，在车辆测试时存在车辆尾气的排放、运行噪声，对生产环境产生影响；在作业中往往因作业者接触易燃品、化学品、有毒品等影响人们身心健康；为维护企业职工的利益，汽车美容企业有责任针对影响人们身体健康的因素，在职工的卫生、保健、三防方面采取保护措施，并配备必要的设施。这些措施和设施的充分性、可靠性，是衡量汽车美容环境保护是否良好的重要一环。

（一）卫生保健

（1）根据汽车美容作业的特点，对于一般的操作人员，应告知其个人应佩戴的卫生保健用品的使用范围、更新周期，并保证用品的质量和定期供给。这些卫生保健用品包括肥皂、毛巾、防护膏、防护帽、防护衣、防护鞋、防护手套、防护眼镜、口罩等。

（2）根据特殊工种规定作业时应发放、佩戴的特殊卫生、保健用品。这些卫生保健用品有呼吸防护器、听觉防护器、特殊的眼镜、面罩、衣服、鞋、帽、手套等防护用品。

（3）作业现场应配备适当、有效的医疗用品、药品、用具。

（二）“三防”措施

“三防”即防火、防毒、防爆。

1. 防火

汽车美容企业因常使用汽油、柴油、油漆、有机溶剂、气雾剂等易燃易爆品，作业中又可能采用电动工具、电气设备，属火灾易发性企业，因此必须采取充分的防火措施，配备必要的消防设备、防火设施，主要包括如下几点。

（1）应根据企业的规模和作业特点及重点保护对象设置防火点。

（2）应根据各防火点的防火特点确定防火设施、设备，防火器材及沙箱、水桶、板斧等防火工具。

（3）各防火点应确定设施、设备、器材、工具的保管负责人，防火用品放置地点不得经常变动，防火点应张贴鲜明的防火标志和防火设施、设备、器材、工具的操作方法、使用注意事项。

（4）应制定并落实防火设施、设备、器材、工具的检查周期，使用、维护周期，对不符合要求的设备、器材，应按消防部门的规定定点修理或更换。

（5）应杜绝火源隐患。

（6）应规定作业区内的消防安全通道，并张贴标志，保证通道清洁畅通。

（7）组织业余消防队伍，制定落实消防训练计划，应让人人都会使用消防设施、设备、器材。

2. 防毒

在汽车发动机维修运行试验时均要排放CO、HC、NO_x、SO_x等有毒物质，汽车美容作业中常使用一些有毒化学物品调制成的汽车美容用品，作业中更换的滤芯、机件、电池、储罐，擦拭有毒残液的废布、废纱等废弃物等也会有有毒物质渗出散布。

为此，汽车美容企业必须采取充分的防毒措施或配置必要的防毒设备，主要包括以下几点。

（1）企业应规定避免在同一时间对有毒废气排放浓度高的多辆车的发动和运行。对发动机单机台架试验应在专设的试验间内进行，试验间应通风良好并设置有效的排气、通风装置或设施。

（2）应设置废弃物分类存放的设施，设施周围应整洁并有加盖或封闭措施。应根据政府部门规定，及时处置废弃物。

3.防爆

汽车美容作业场所中的易燃油料、易燃物品、气雾剂等，都存在易爆的隐患，必须采取必要的防爆措施。

（1）易燃油料、易燃物品应设专用的仓库，仓库保持通风、干燥、洁净、低温状态，安装和使用防爆照明及开关装置，有条件时可以配备通风降温设备。

（2）制定并落实电气设备、供电导线绝缘性的检查周期，及时更换绝缘程度差的导线。

（3）制定作业区清洁卫生管理制度，尤其应规定作业后对废弃物灰尘的及时清理要求，减少静电滋生隐患。

（4）必要时应划定易燃、易爆运输车辆修理的作业区，制定作业区内动用明火的管理规定。

（三）“三废”处理

所谓三废是指作业过程中产生的废水、废气、废渣，它们会对环境造成污染，解决好三废的处理，是汽车美容企业的一项重要工作。

1. 废水的处理

（1）废水的来源。汽车美容废水的来源主要是由洗车过程中产生的污水。

（2）废水的排放控制。按照国标《工业废水最高容许排放浓度》中的要求，洗车的废水处理后，其浓度值必须符合环保水务部门的规定。

（3）废水处理。生产废水含有酸、碱、溶剂、树脂、颜料、填料、重金属、乳化剂以及其他污染物，这些物质的排放将造成水质污染，因此必须经过净化处理，使之符合工业废水允许排放浓度和地面水水质卫生要求。

工业废水中有害物质最高允许排放浓度分为两大类。第一类指能在环境或动物体内蓄积，对人体健康产生长远影响的有害物质如汞、铅化合物等。第二类指其长远影响小于第一类的有害物质。

工业废水处理分为三级：一级处理，用机械方法或简单化学方法进行的预处理，可使废水中的悬浮物或胶状物沉淀下来，并能初步中和酸碱度；二级处理，主要目的是解决可分解或氧化的有机溶解物或部分悬浮固体的污染问题，常采用生化处理或添加凝聚剂使固体悬浮物凝聚分离，二级处理能极大地改善水质，绝大部分可以达到排放标准；三级处理，亦称深度处理，主要是用来对付难以分解的有机物和溶液中的无机物，处理方法有活性炭吸附法、离子交换法、电渗析法、反渗透法和化学氧化法等。通过三级处理可使废水水质合乎规定的水质标准。

汽车美容废水采用一级处理方法，即采用三级沉淀池进行沉淀处理。使用中，应经常撇除污水处理池中的油脂油污，并定期将沉淀池中的泥污沉积物清除干净。三级沉淀池的构造将在第二章的设备设施再做介绍。

2. 废气的处理

（1）废气的来源。汽车美容作业通常不会出现废气排放超标。进行汽车修复涂装时，涂料中的有机溶剂都将成为蒸气，是废气的主要来源。此外，在喷涂过程中，废气中含有一定数量的涂料颗粒（漆雾），直径为20~200μm。而在烘干室内除产生溶剂蒸气外，在成膜过程中，还会有涂料各单体成分的热分解及反应生成物等。

（2）废气的处理方法。对废气的处理方法有直接燃烧法、催化燃烧法、吸收法和活性炭吸附法等。

①直接燃烧法：将喷涂和烘干过程产生的废气直接用火燃烧的一种方法，使废气燃烧分解为二氧化碳和水。虽处理彻底，但燃料消耗大，对喷涂室排出的低浓度、大风量

的废气如此处理不经济。

②催化燃烧法：利用催化剂使废气中的有机溶剂发生氧化燃烧，生成高温干净的气体，并可利用它再去干燥涂层或加热空气，但结构复杂、投资高，一般用于新车生产的烘干室废气处理。

③吸收处理法：利用液体作为吸收剂，使废气中的有害成分在液体中被吸收的一种方法，在液体中必须添加乳化剂。这种处理方法能得到较好的效果，是喷涂室排出废气净化的常用方法。

④吸附处理法：选用高效的吸附剂，如活性炭、活性氧化铝、硅胶等，将有机溶剂吸附，使废气达到排放标准。

3. 废渣的处理

废渣的来源主要有以下几个方面。

（1）表面处理后的沉渣物。

（2）清理汽车后的废弃物。

（3）因材料变质而产生的废料。

（4）废水处理过程中的沉渣等。

废渣的处理多采用焚烧法。在焚烧废渣时，要防止二次综合污染和防止产生火灾事故。此外，还可通过对垃圾、废渣进行分类后，交由环卫部门处理。

总之，三废治理不仅可以减少汽车维修维护作业造成的环境污染，而且还可以达到综合利用的目的，有助于提高企业经济效益。

第四节　汽车基本知识

一、现代汽车类型

现代汽车类型分为：轿车、客车、货车、牵引车和汽车列车、特种车、工矿自卸车、农用车、越野汽车等。

汽车美容从业人员需要熟悉汽车构造与维修相关知识，已有大量教材读本可供学习，本教材仅对汽车构造作简明扼要的介绍。

二、汽车构造简介

汽车总体构造包括：发动机、底盘、车身和电气设备四大部分。

（一）发动机

发动机是汽车上结构最复杂、故障率最高的一个总成。它的性能好坏对汽车的经济性、动力性及汽车大修间隔里程具有决定性的影响。发动机是产生动力的机器，故常称“发动机是汽车的心脏”。它通过燃料在其内部燃烧，将热能转化为机械动力驱使汽车行驶，这种能量的转化主要是靠活塞的往复运动完成的，所以叫作往复活塞式内燃发动机。

发动机是由汽缸体、汽缸盖、活塞、活塞销、连杆、曲轴、飞轮等主要机件组成的。

根据所用的燃料不同，常见的发动机可分为汽油发动机（简称汽油机）和柴油发动机（简称柴油机）两种。汽油机以汽油为燃料，柴油机以柴油为燃料。近年来，由于世界能源紧缺和对环保要求的不断提高，人们十分重视发动机代用燃料的研究，甲醇、乙醇、液化石油气等在发动机上已得到应用，故又有甲醇、乙醇、液化石油气发动机。而在一些汽车发动机上，则同时以汽油和液化石油气作为燃料，称双燃料发动机。

目前，政府大力倡导使用节能环保电动汽车。

（二）底盘和车身部分

底盘的作用是支承、安装汽车发动机及其各部件、总成，形成汽车的整体造型，并接受发动机的动力，使汽车产生运动，保证正常行驶。

底盘由传动系、行驶系、转向系和制动系四部分组成。

车身部分包括非承载式车身和承载式车身两大类。

1. 非承载式车身

非承载式车身的汽车有刚性车架，又称底盘大梁架。这种车架一般都是矩形或者梯形的，布置在车身的最底部，平时是看不到的。现在的非承载式车身车型比较少，多数是货车、专业越野车之类，车架承载着整个车体，发动机、悬架和车身都安装在车架上。这种结构的最大优点就是车身强度高，钢架能够提供很强的车身刚性，也有利于提高安全性，对于载重车和越野车来说这一点非常重要。另外，驾驶过这种车的人应该有所体会，悬架对路面颠簸的反馈在车内的感觉要轻微很多，这是因为有些车的车身和底盘之间采用降低振动的方法连接在一起，所以在走颠簸路面时更平稳舒适一些。

2. 承载式车身

对于家用车来说，非承载式车身最大的问题就是车身质量太大，因而随着汽车技术的发展，人们取消了非承载式结构中独立的刚性车架，整个车身成为一个单体结构，这就是承载式车身。

承载式车身的部件按照功能可以大致分为两种：车身覆盖件和结构件。

所谓覆盖件，就是覆盖在车身表面的部件，基本上从车外看到的部分都属于覆盖件，例如车门、车顶、翼子板等等，它们通常起到美观和遮风挡雨的作用，一般都用厚度不超过 1mm 的钢板冲压而成，平时所说的某辆车钢板的薄厚就是指这些部位。实际上这些部位对于车身强度的影响很有限，不能从车身覆盖件的薄厚来判断一辆车的碰撞安全性。当然，较厚的钢板在抵御轻度剐蹭方面还是要更强一些。

承载式车身所谓的“梁”，它的学名应该叫作车身结构件。车身结构件隐藏在车身覆盖件之下，对车身起到支撑和抗冲击的作用，分布在车身各处的钢梁是车身结构件的一种，它由钢板围成一个闭合断面结构，钢板的厚度和材质规格都要比车身覆盖件高很多，而且为了在碰撞时有效吸收撞击能量，这些钢梁还会将不同强度的钢材焊接在一起，形成有效的溃缩吸能区。还有一些钢梁不一定是闭合断面结构，它们在尽量轻量化的原则下被设计成各种不同形状以承受特定方向上的力。

承载式车身最大优点莫过于重量轻，而且重心较低，车内空间利用率也比非承载式车身结构更高，所以在家用轿车领域已经取代了非承载式车身结构。但承载式车身的抗扭刚性和承载能力相对较弱，所以在越野车和载重货车领域，非承载式车身的应用较多。

（三）电气设备部分

汽车电气系统是汽车的重要组成部分之一，其性能好坏直接影响汽车的动力性、经济性、可靠性、安全性、舒适性以及排放等性能。汽车电气系统是现代汽车发展水平的一个重要标志，其科技含量已成为衡量现代汽车档次的重要指标之一。随着科技的发展，集成电路和微型电子计算机在汽车上的广泛应用，电气的数量在增加、功率在增大，产品的质量、性能在提高，结构更趋于完善。

1. 汽车电气系统的组成

现代汽车所装备的电气系统，按其用途可大致归纳并划分为下面四部分。

（1）电源系统。电源系统包括蓄电池、发电机及其调节器。前两者是并联工作，发电机是主电源，蓄电池是辅助电源。发电机调节器的作用是在发电机转速升高时，自动调节发电机的输出电压使之保持稳定。

（2）用电系统。汽车上用电系统大致可分为以下几类。

①起动系：主要机件是起动机，其任务是起动发动机。

②点火系：它是汽油发动机的组成部分，包括电子点火系统或传统点火系统的全部组件。其任务是产生高压电火花，按发动机的工作顺序点燃汽缸内的可燃混合气。

③照明系统：包括车内外各种照明灯以及保证夜间安全行车所必需的灯光，其中以前照明灯最为重要。军用车辆还增设了防空照明。

④信号系统：包括电喇叭、蜂鸣器、闪光器及各种信号灯等，主要用来保证安全行车所必需的信号。

⑤电子控制系统：主要指由微机控制的装置，包括电子控制点火装置、电子控制燃油喷射装置、电子控制防抱死制动装置、电子控制自动变速装置等，分别用来提高汽车的动力性、经济性、安全性、排气净化和操纵自动化等性能。

⑥辅助电气：包括电动刮水器、低温起动预热装置、空调器、音像设备、点烟器、防盗装置、玻璃升降器、座椅调节器等。辅助电气有日益增多的趋势，主要向舒适、娱乐、保障安全方面发展。

（3）检测系统。包括各种检测仪表如电压表、电流表、水温表、油压表、燃油表、车速里程表、发动机转速表和轮胎压力监测等各种报警灯，用来监测发动机和其他装置的工作情况。

（4）配电系统。配电系统包括中央接线盒、电路开关、保险装置、插接件和导线等，以保证线路工作的可靠性和安全性。

2. 汽车电气系统特点

汽车电气系统具有以下四个特点。

（1）低压。汽车电系的额定电压有 12V、24V 两种，汽油车普遍采用 12V 电系，而柴油车多采用 24V 电系。电气产品额定运行端电压，对发电装置 12V 电系为 14V；对 24V 电系为 28V。对用电设备电压在 0.9~1.25 倍额定电压范围内变动时应能正常工作。

（2）直流。汽车电系采用直流是因为起动发动机的起动机，为直流串激式电动机，其工作时必须由蓄电池供电，而蓄电池消耗电能后又必须用直流电来充电。

（3）单线制。单线制是指从电源到用电设备只用一根电线连接，而另一根导线则由金属部分如车体、发动机等代替作为电气回路的接线方式，具有节省导线、简化线路、方便安装检修、电气元件不需与车体绝缘等优点而得到广泛采用。但在个别情况下，也采用双线制。

（4）负极搭铁。采用单线制时，蓄电池的负极必须用导线接到车体上，称为负极搭铁，这是国家标准规定的，也是交流发电机正常工作的必要条件。

三、车身材料简介

以轿车为例，车身是轿车的重要组成部分，它构成了乘员的乘坐空间和乘坐环境，其外表展示了整车的造型艺术性。因此，车身材料既要满足车身设计、生产制造、装配、维护方面的要求，还要满足使用、安全等方面的要求，即满足强度、刚度、耐腐蚀、拔延性以及可焊接，易加工成型等方面的要求，所以轿车车身用材料种类较多。

（一）车身用材料的分类

车身用材料大致可分为大类：金属材料和非金属材料。

（1）金属材料。包括钢板、铸铁等重金属材料和铝、镁、钛等轻金属及其合成材料，泡沫金属等材料。

钢板在轿车车身重量中占的比例很大：20 世纪 80 年代以前生产的轿车中，钢材占整个车身自重比例为 60% ~67%，近几年来随着轻金属材料和非金属材料的普遍采用，钢板所占车身总重的比例已下降到 55% ~60%。但高强度钢板的使用却由 20 世纪 80 年代的占车身总重的 3% ~5%。上升到现在的 10% 以上。这是因为高强度钢板代替普通钢板使用时，可大大减轻汽车的自重。

（2）非金属材料。包括工程塑料、纤维、树脂、玻璃、橡胶、非金属泡沫材料、非金属复合材料等。

（二）轻金属材料的种类及使用比例

轿车车身使用的轻金属材料种类有铜板、铝合金、镁合金和钛合金等。

镁合金和钛合金 20 世纪 90 年代在轿车上就已开始使用，但在车身上用量所占比例很小。

铝及铝金在轿车车身上的应用越来越多，其所占汽车自重的比例也越来越高，20 世纪 80 年代，铝及其合金在轿车车身上的使用比例（占车身自重的百分比）为 3.6% ~5%，90 年代后使用比例上升到 7.5% ~10%，近年来铝及其合金在轿车车身上的应用已经越来越多。

（三）非金属材料的种类和使用比例

车身用非金属材料，包括塑料、纤维材料、复合材料、玻璃、橡胶等，近年来在车身自重中所占比例明显提高，这些材料占车身总重的25%左右（玻璃除外）。此外，还出现了所谓的“全塑料车身”。

第五节　汽车漆面基础知识

一、漆面基本知识

了解汽车漆面结构、漆面生成、漆面修补涂装以及漆面缺陷等知识，有助于汽车美容工更好地完成汽车车身漆面的清洁维护各项工作。

汽车面漆层的组成主要包括以下三种结构：实色单膜漆面、底色加清漆罩光漆面、打底色加特殊效果色外加清漆罩光漆面（分别简称单膜结构、双膜结构、多膜结构）。

1. 单膜结构

单膜结构是指在车皮基质的上面涂上一层彩色或者黑白色的面漆，涂膜干固后形成镜面光泽，表面没有清漆层保护。

2. 双膜结构

在底漆整理完备的车皮表面，喷涂一层具有金属光泽或者各种色彩的底色层，然后再喷涂一层清漆层罩光，漆面干固后，清漆层展示的是镜面光泽，而色彩效果则由底色层呈现。清漆层有一定的厚度和较强的隔离能力，能够阻止太阳紫外线对油漆层的侵蚀。当在汽车表面抛光时，不会带走任何颜色，原因是只在清漆层面上作业。

3. 多膜结构

现在的人们对色彩的要求越来越高，为了顺应时代步伐，涂料制造商和汽车制造商陆续推出了珍珠、玛瑙、宝石般的泛彩色——多膜面漆应运而生。首层是配套性的打底实色漆，即为确定漆面色调；中间层是半透明的特殊效果漆，体现的是泛彩、变色龙般色彩效果；表层是清烘漆。同理，漆面干固后，清漆层展示的是镜面光泽，色调由首层确定，色彩效果则由中间层决定，中间层的喷涂厚度对色彩效果的艳丽程度影响很大。当从不同角度或者不同的光线底下，去观看汽车时，汽车漆面的颜色会随之改变，宛如欣赏阳光下的珍珠表面，绚丽多彩。

不论是单膜结构、双膜结构，还是多膜结构的汽车面漆层，漆膜厚度都不可能太厚，随着漆膜表面的老化、摩擦、磨损，以及打蜡抛光的研磨损耗，漆膜厚度只会变得越来越薄。这样就存在矛盾：倘若不做维护，随着时间的推移，漆面会老化失光；经常洗车的话，漆面会磨花；过度打蜡抛光的话，漆膜会变得越来越薄，终究会被磨穿而导致全车漆面翻新。

二、新车涂装概要

（一）涂装前的清洗和磷化处理

1. 磷化处理前的清洗

首先浸泡：将成形后的车身置于40~50℃的水中浸泡。

其次冲洗：用同样水温的水进行冲洗，去除附着在车身上的污物。

再次除油：将清洗干净的车身浸没在含有弱碱性的除油剂中，或用碱浴喷淋于车身，去除车身上的油污。

最后再次冲洗：用水将除油干净的车身再次冲洗干净，去除残留的碱性除油剂。

2. 磷化处理

浸没式磷化处理：首先将车身浸没入磷酸肽溶胶中，磷酸肽在车身钢板表面形成凝胶状表层。然后将车身浸入由磷酸锌、磷酸和加速剂形成的处理溶剂中，使车身钢板表面形成磷化层。

3. 磷化处理后的清洗、干燥（电泳底漆前处理）

首先将经过磷化的车身用大量的水清洗；然后用纯水冲洗车身，为电泳底漆去除残留的、阻碍电泳底漆附着的多余磷酸锌离子；最后将车身在加温炉内加温，以干燥清洗残留的水渍。

（二）电泳涂装底漆

1. 电泳底漆

经过加温干燥的车身全部浸入装满电泳底漆的电泳池中，此时车身和电泳池中的涂料被加以相当高的直流电压（通常为200~300V，车身与电泳池中的涂料极性不同），涂料中的离子在电动势的作用下聚积于车身表面。电泳分为阴极电泳和阳极电泳两种，所使用的电泳涂料为水溶性涂料。电泳涂装不仅能使车身外表面得到良好的保护，而且还能使其车身结构中的一些腔体内壁也都得到很好的涂装保护。

2. 沥干电泳底漆

将电泳涂装完毕的车身吊入倾斜架，使车身上多余的电泳底漆由车身表面和结构腔体中流出。

3. 冲洗

用大量的水冲洗经过倾斜架的车身，冲洗掉附着不牢的电泳底漆。

4. 加温干燥

将水洗过的车身送入烘烤炉，加温至120℃以上，并保持25~40min，使沉积在金属表面的底漆干燥固化。

（三）车身内外密封剂和车底保护涂料的涂装

在电泳底漆涂装完毕后，进行车身焊点、接缝部位密封剂和车身底盘部位防撞减振涂料的涂装。

1. 涂装密封剂

车身上需要进行密封剂涂装的部位主要有车门外蒙皮与车门框架的卷边、发动机和行李舱盖蒙皮与框架的卷边、框架与蒙皮的接触部位、底盘框架板材连接部位的焊点和焊缝。

车身密封剂一般是在进行底盘防撞涂料涂装前，使用无气泵压胶枪或手动胶枪进行涂装。根据涂装部位的特点，有些部位要人工操作，有些部位可以使用机器人施工。

2. 涂装防撞减振涂料的部位

底盘需涂装防撞减振涂料的部位主要是轮胎槽腔、乘员舱底面等部位。这些部位容易受到沙石的撞击。

在进行完密封剂的涂装后，用遮盖材料将不需要涂装防撞减振材料的部位遮盖、遮挡底盘上的通孔和安装定位孔。然后根据部位的不同，用人工或机械喷涂防撞材料。

（四）中涂漆涂装

中涂漆涂装是在车身内外密封剂和车底保护涂料涂装完毕后进行的重要涂装过程，其作用是增强底漆与面漆之间的附着力、提高面漆的机械强度、保证面漆表面的平整度。

1. 使用静电喷涂方法涂装中涂漆

车身内外全部由机械臂自动喷涂完成，为提高喷涂速度、减少涂料的浪费，大多数汽车制造厂使用自动静电喷涂。

2. 涂装后静置

进行完中涂漆涂装后的车身需要静置一段时间，让车身表面涂料内的溶剂蒸发出一部分。

3. 加温干燥

经过静置的车身进入烘干炉加温至120~140℃，保持20~30min使涂层充分干燥。此时涂层厚度大约为40μm。

4. 中涂漆涂装完毕后的打磨

中涂漆经过加温干燥后需要进行打磨，去除涂层表面的杂质和粗糙物。

（五）面漆涂装

面漆涂装决定车身表面涂层的最终效果，面漆涂装的好与坏对产品质量的好与坏起重要作用。

1. 涂装前的遮盖

新车制造过程中，多采用人工方式在面漆喷涂前对不需喷涂面漆或一些有特殊要求的部位进行遮蔽，避免在喷涂面漆过程中被污染。

2. 涂装前的清洁

面漆涂装是整个涂装过程的最终体现，可以说面漆涂装质量的好与坏直接关系到涂装全部过程的成败。因此，面漆涂装前的清洁工作，在某种意义上讲，要比前面工序所进行的清洗或清洁更加彻底和全面。

3. 面漆的初次涂装

汽车车身上有很多部位是机械喷涂不能达到的部位。由于机械喷涂只适合喷涂较大的表面和能够使用机械臂进行喷涂的部位，因此大多数汽车制造厂家在进行机械（或自动）喷涂面漆之前利用人工喷涂那些机械臂不能喷涂的部位。此时的人工面漆涂装可以称为面漆的初次涂装或面漆预涂装。

4. 面漆涂装

在进行完面漆预涂装之后，大多数汽车制造厂使用自动喷涂设备进行高速、大面积的整体喷涂，此时自动喷涂设备多为程序控制的机械臂。为减少涂料浪费和污染，喷涂方法多采用静电喷涂，所使用喷涂设备的雾化类型有压力雾化型、空气雾化型和旋杯雾化型。

5. 面漆的干燥

喷涂完面漆的车身在室温条件下静置7~10min，以便于面漆中的溶剂有足够的挥发时间，防止由于突然加温使溶剂大量快速挥发，造成涂膜破裂。当涂膜中所含溶剂已经充分挥发后，就可以将涂装好的车身送进高温烘烤炉中，并将温度逐渐提高到120~150℃，然后保持20~30min。当车身涂膜已经基本干燥后，就可以进入最终质量检验工序了。

6. 外观质量检验

面漆是整个涂层最外面的一层，当面漆喷涂完毕并干燥后，需要对整个涂装质量有一个总体的检验，并对整个涂装过程进行总体评价。主要目视检查面漆表面有无划痕、灰尘颗粒、针孔、气泡。而对整个涂层的附着力、硬度等指标的检测只进行抽样检测。

新车涂装是汽车制造厂家在车辆生产制造过程中的重要环节，新车涂装工艺水平的高低、新车涂装质量的好与坏直接关系到所制造车辆的销售情况。

新车的涂装费用在整个新车制造成本中所占的比例达到10%~20%，因此新车涂装工艺直接关系到车辆的制造成本和最终售价。

现代大批量生产的小轿车大多采用自动流水线生产，涂装过程自动化程度高、速度快、产量大，所采用的涂料、工艺过程都和汽车修补涂装有相当大的差别。大型车辆的生产，所选用的涂料、工艺方法更接近于汽车修补涂装。

三、修补涂装概要

（一）汽车涂料简介

汽车涂料是指涂装在轿车等各类车辆的车身及零部件上的涂料，通常是指新车用的高温烘烤型涂料和汽车修补涂装用的双组分涂料及辅助材料。

汽车修补涂装用的双组分涂料的主要成膜物质，使用最多的是热固性丙烯酸树脂或改性丙烯酸树脂。热固性丙烯酸树脂涂料必须加入固化剂——聚异氰酸酯树脂，才能发生交联反应而固化。

目前，有关方面正在大力推广使用环保水性涂料。在各种涂料配套的汽车涂装工艺体系中，只有采用了水性中涂、水性底色漆的体系，再与双组分高固体分罩光清漆、水性罩光清漆或粉末罩光清漆配套使用，才能使有机溶剂排放量达到环保要求。

汽车修补涂装的涂料主要分为以下几大类。

1. 底涂涂料

底涂涂料包括各种类型和用途的原子灰、防锈底漆、磷化底漆等。

2. 中涂涂料

汽车用中涂漆俗称二道浆，就是用于汽车底漆涂层和面漆涂层之间的涂料。中涂涂料要求既能牢固地附着在底漆表面上，又能容易地与它上面的面漆涂层相结合，起着重要的承上启下的作用。中涂除了要求与其上下涂层有良好的附着力和结合力，同时还要有良好的力学性能，能提供与面漆相适应的保护性能；中涂还应具有填平性，以消除被涂物表面的洞眼、纹路等，从而制成平整的表面，使涂饰面漆后得到平整、丰满的涂层，提高整个漆膜的鲜映性和丰满度，以提高整个涂层的装饰性；还应具有良好的打磨性，打磨后能得到平整光滑的表面。

中涂涂料包括封底漆、单组分填充底漆、双组分填充底漆和填眼漆灰等等。

3. 面涂涂料

汽车面涂涂料俗称面漆，可以使汽车五颜六色、焕然一新，它是汽车整个涂层中最后一层涂料，在整个涂层中发挥着主要的装饰和保护作用，决定了涂层的耐久性能和外观等。

汽车面漆是整个漆膜的最外一层，这就要求面漆具有比底层涂料更完善的性能。首先耐候性是面漆的一项重要指标，要求面漆在极端温变湿变、风雪雨雹的气候条件下不变色、不失光、不起泡和不开裂。面漆涂装后的外观更重要，要求漆膜外观丰满、无橘皮、流平好、鲜映性好，从而使汽车车身具有高质量的色调和外形。另外，面漆还应具有足够的硬度、抗石击性、耐化学品性、耐污性和防腐等性能，使汽车外观在各种条件下保持不变。

汽车修补面漆一般按照以下两种方法进行分类。

（1）按面漆的类型分类，目前汽车常用的修补用面漆有以下 3 种。

①挥发性面漆类。主要是硝基外用磁漆和改性热塑性丙烯酸树脂漆类两种，后者性能较佳。

②双组分低温烤漆。常用的是丙烯酸树脂涂料，此外还有氨基树脂涂料等。

③底色漆类。目前，常用的底色漆的基料（主要成膜物质）是丙烯酸树脂，这类漆涂膜不具有光泽，其表面还必须罩以清烘漆（亦属双组分涂料）后才能获得良好的效果。

底色漆属于目前使用最广的面漆涂料，其涂装方法又分双膜（包括实色、金属底色）和三膜（珍珠漆和玛瑙漆等）两种类型。

金属漆，全称是金属闪光底色漆，它的主要功能是着色、遮盖和装饰作用。金属闪光底色漆的涂膜在阳光照耀下具有鲜艳的金属光泽和闪光感，给整个汽车增添诱人的色彩。

目前，国内汽车修补涂装大多采用溶剂型闪光底色漆，而在深圳等发达地区，已经大量使用水性底色漆。至于珍珠色、玛瑙色等面漆，需按照“打底色 + 珍珠或玛瑙漆 + 清烘漆”三道工序进行涂装，俗称“三膜”涂装技术，工序复杂，而漆膜最后展现的是一种色彩效果，此类漆面高级轿车的修补难于操作，汽车美容技工不可轻率从事。

（2）按面漆涂料颜色分类，可分为以下 3 种。

①实色漆。目前，汽车修补涂料的实色漆为双组分型，也称二液型，是一种交联固化反应型低温烘烤类涂料。

②底色漆。前面已介绍过，底色漆属目前使用最广泛的修补面漆，有两方面原因。

A. 易容操作。底色漆喷涂后“指触干燥”时间很短，一般在喷涂后静置 10~20min，即可对漆膜做重新填补砂眼（用漆灰）和打磨等处理，以及进行套色——在车身喷涂彩色饰条时的放线和贴防涂胶纸带等工作。

B. 目前，绝大部分轿车都是金属漆面，对这类车进行修补时，只能采用底色漆来处理。

此外，目前不少实色面漆轿车制造时就采用了底色漆双膜涂装技术，而且绝大部分涂料生产厂家如新劲 ,ICI、PPG、杜邦、鹦鹉、施必快、银箭、保利来等涂料生产厂商，都提供实色面漆采用底色双膜涂装的工艺技术，极大地提高了实色漆轿车的漆面亮丽效果。用一种通俗的比喻来说，就如彩色相片再过塑，既好看又耐用。

③清烘漆。清烘漆自身不具有色彩，是一种透明的罩光用面漆涂料。其喷涂方法与双组分实色面漆相同。

（二）汽车修补涂装技术规范

1. 汽车修补涂装方法

前面已经介绍了汽车修补涂料包括底涂、中涂和面涂涂料 3 大类。

汽车修补涂料有液状和膏状两种状态。汽车修补涂装方法包括刷涂法、刮涂法和喷涂法 3 大类。

（1）刷涂法。刷涂法是指用毛刷或者布团，蘸着浓度调配适中的液状涂料，进行刷涂或擦涂的作业，分次作业时需要一定的时间间隔，可以一种涂料涂刷多层，也可以分次涂刷多种涂料。

刷涂法所得涂膜厚薄不均，目前极少采用。

（2）刮涂法。膏状涂料一般采用刮涂法施工。

刮涂的工具是刮板，材质有弹簧钢片、塑料板、木板和硬质橡胶板等等。

原子灰（泥子）采用多板刮成法刮涂成膜，技法讲究首层刮“实”，中间可以刮涂多次但需刮“平”，末遍刮涂讲究刮“滑”。

填眼漆灰采用“一板成”法，一来修补漆面的砂眼小而少，二来漆灰是单组分涂料厚涂无益。技法是用刮板刮取少许漆灰，在砂眼部位准确刮涂薄层，视情况需要可以重叠少部分地刮涂下一板。

（3）喷涂法。喷涂法主要是指采用压缩空气喷枪喷涂法。喷涂法是汽车修补涂装最常用的技法，但实际操作因人而异，或者因不同材质涂料以及不同的施工黏度，其喷涂方法也不尽相同。

2. 修补涂装技术规范

修补涂装采用压缩空气喷涂，包括以下几个方面。

（1）涂料的配兑和使用黏度：根据涂料生产厂家提供的产品使用说明进行配兑，目前通常使用由涂料生产厂家提供的调漆刻度尺，一般都可以获得喷涂标准黏度。在添加固化剂、稀释剂或其他辅助材料时，最好结合气候温度湿度及工作环境等具体情况，选择使用快干、标准或慢干辅料。

（2）涂料喷出量，全车涂装为250~700mL/min；部分修补为100~200mL/min。

（3）喷幅宽度：20~30cm。

（4）喷涂距离：全车涂装为25~35cm；部分修补为15~25cm。

（5）空气压力：全车涂装为0.3~0.5MPa；部分修补为0.15~0.3MPa。

（6）运枪速度：20~30cm/s。

（7）喷幅重叠量：1/3~1/2喷幅宽度。

（8）喷涂角度：垂直于被涂面。

（9）使用喷枪：全车涂装时，使用吸索式枪或中置式大杯倒壶（重力式）喷枪；部分补修时，使用侧置式倒壶喷枪。

（10）喷枪嘴口径：全车涂装为1.5~1.8mm；部分修补为1.2~1.5mm。

（11）涂装姿势：主要运用腕关节，结合手臂和身体移动。

（12）每遍喷涂之间的时间间隔:5~10min。

（13）转换工序时的静置时间：10~20min。

没有经验的喷漆工容易犯下述几种喷涂错误。

（1）倾斜，指漆工将喷枪向下倾斜。因为喷枪与喷涂平面不相垂直，因此会导致喷雾过多，喷涂发干，以及橘皮。

（2）曲线运动，指漆工移动喷枪的轨迹与喷涂平面不平行。在曲线行程的两头，喷枪距离喷涂平面比行程中间远。其后果是漆膜不均匀，局部喷涂过厚，以及橘皮。

（3）移动速度不均匀。如果移动速度太快，涂料就不会均匀地覆盖喷涂表面。如果移动速度太慢，就会产生流挂。

（4）重叠不正确。不正确的重叠会导致漆膜厚度不均匀、颜色的对比度也不均匀，以及流挂。

（5）喷雾过多。每一行程之前或之后操作扳机失误，会导致在每一行程的开始和结束处涂层过厚。

（6）覆盖不正确。扣扳机时间不当是另一个常见的错误。在边缘部分如果扣扳机不当，会导致漆膜厚度不均匀。

3. 喷涂操作要领

（1）喷涂时应将喷枪与喷涂表面之间的距离始终保持在20cm左右，直观地表述为，叉开五指时大拇指与小指之间的距离。如果湿度大，有必要减小距离。但切记，如果喷涂距离过短，喷涂气流的速度就较高，从而会使涂层出现波纹。如果距离过长，就会有过多的溶剂被蒸发，导致涂层出现橘皮或发干，并会影响颜色的效果。使用延缓蒸发的稀释剂，则喷涂时喷枪的位置不太重要，但如果喷涂距离太近就会导致流涂现象。喷涂距离过长，就会导致涂料的浪费，因为会形成飘散的喷雾。

（2）应水平持枪并与喷涂表面垂直。如果喷枪角度不正确，做弧线形摇摆喷涂，则将导致漆膜不均匀。这在实际中不可能完全避免，但操作时应特别小心。在喷涂车顶这样的平整表面时，喷枪应垂直向下。

（3）喷涂时，喷枪应先打开扳机第一级空气开关，然后再运枪并扣下扳机的第二级涂料开关，而关机之前应先松开涂料扳机开关。这样才能平稳过渡，防止大起大落。

（4）喷涂时喷枪不要做弧线摆动，喷枪的运动不要呈曲线形，否则会造成漆膜不均匀。喷涂时唯一可以转动的情况是进行局部喷涂时要求边缘处比中间薄时。

（5）移动喷枪的速度应保持匀速，每秒运行 20~30cm。喷枪移动过快，会导致涂层过薄，而喷枪移动过慢，会出现流涂的现象。速度必须稳定，否则就会导致涂层不均匀。不要停在一个地方喷涂，否则涂层就会下滴形成流挂。

（6）喷枪走到头时应松开扳机，然后在开始往回走时再扣下扳机。也就是说，掉头时应先松开扳机再扣下扳机。这样有利于避免流涂，减少多余的喷雾，以及节省涂料。

扣扳机的正确操作分为四个步骤。

①先从遮盖纸上开始行走，扣下扳机一半（第一级），仅放出空气。

②当走到喷涂表面的边缘时，完全扣下扳机，喷出涂料。

③当走到另一头时，松开扳机一半。

④掉头前再往前走几厘米，然后重复上述操作。

（7）像边角这些难喷涂的部位应先喷涂。直接对准这些部位，以使两侧平面喷涂均匀。喷涂距离应比一般的稍近些，或将喷雾控制旋钮旋进少许。如果离得较近，则移动速度应快一些，以使漆膜厚度保持一般。喷涂完所有边角后，就该开始喷涂平面或接近平面的部件。

（8）喷涂表面非常窄的时候，应更换喷涂图案较小的喷枪或空气帽，或将气压、喷涂量和喷幅都适当调小。

（9）一般而言，喷涂从最顶部开始，例如车顶部。喷枪嘴应与该平面的顶部持平，从车顶的一侧起喷，至中央部位交接，操作者转移到车的另一侧从中间开始继续喷涂。

（10）掉头时，喷枪嘴应对准上一行程的较低位置。喷涂面积应有 1/3~1/2 与上一行程重叠。

（11）全车连续喷涂时应和上一次喷涂过的区域有部分湿重叠。操作时应小心避免造成驳口处厚涂或流挂。

（12）持续来回操作，每次走到头应松开扳机，并降低喷幅一半的距离。

（13）最后一趟应使喷雾的一半低于已喷涂平面。对车门而言，喷雾的下一半就是喷射空了。

（14）上述步骤是针对单涂层的。对于双涂层，即重复上述操作。在两个涂层之间应有一段快速蒸发的时间，即溶剂蒸发以使涂层稍微变干的所需时间，一般为 5~10min。

这时，可以观察到涂层外表稍微变哑光。实色漆的喷涂通常为2~3个单涂层，而银底色漆需喷涂两个单涂层后再施喷一次雾状喷涂，间隔10~20min静置时间后，再喷涂两个单涂层的清烘漆。

4. 喷枪简介

空气喷枪按涂料的供应方式分为三种类型：①负压供料式；②自重供料式；③压力供料式。

空气喷枪三种基本类型对比，见表1-2。

空气喷枪三种基本类型对比表　　表1-2

类　型	供料方式	优　点	缺　点
负压供料式（吸索式）	储料杯装在喷嘴的下面，依靠虹吸作用供应涂料	喷枪操作稳定。填充储料杯及更换涂料容易	不适于喷涂水平表面，并且由于涂料的黏稠度会发生变化，涂料的喷涂量不稳定。储料杯的体积比自重供料式喷枪的要大，容易导致漆工过早疲劳
自重供料式（重力式）	储料装在喷嘴的上方，依靠自重和虹吸的作用供应涂料	因为涂料的黏稠度不会发生变化，喷涂量稳定。喷枪的位置可根据喷涂件的配置改变	因为储料杯装在喷嘴的上方，对喷枪的稳定性会产生不利的影响。储料杯的容积过小，不适于大表面的喷涂工作
压力供料式	涂料由高压储料罐或压缩空气泵加压	喷涂大表面时中途可以不用填充涂料。也使用于黏稠度高的涂料	不适于喷涂小表面，更换涂料和清洗喷枪需要耗费一定的时间

负压供料式（又称吸索式或虹吸式）空气喷枪，俗称吊壶枪，是现在车身喷涂车间使用最为广泛的类型。涂料装在与枪体相连的1L容积的涂料杯内。当部分压开喷枪扳机时，空气阀打开，空气涌进枪内。当空气从空气帽的开口处喷出时，涂料喷嘴处就产生局部真空。进一步压下喷枪扳机时，涂料针阀从涂料喷嘴撤出，真空将涂料从杯内吸出，进入涂料进口，并从打开的涂料喷嘴喷出。外界空气从涂料杯的空气孔进入，补上被吸走的涂料的位置。这也是杯盖上的进气孔必须保持畅通的原因。

喷枪使用与维护等方面的知识可以参考有关汽车涂装工艺技术读本，在此不再赘述。

四、漆面鉴别

（一）车身漆面的类型

1. 根据车身漆面的形成条件划分

（1）原厂漆面。新车涂膜经过120℃以上高温烘烤，在涂膜干燥过程中经过熔融和二次流平，涂膜干固后具有镜面光泽，并且膜质坚硬。此外，由于新车在全自动化生产线上完成涂装，环境洁净无粉尘污染，亦保证了新车漆面洁净无瑕疵。

（2）修补漆面。汽车原厂装漆面因意外碰撞受损坏后，为了恢复其外貌和装饰效果，采用压缩空气喷涂方法进行修补。因修补部位、修补面积、修补涂料的选用以及技工操作技术水平的不同，修补漆面的质量存在诸多变数，漆面质量或多或少存在瑕疵，只要认真观察，就可以发现修补漆面纹理不均一、有压缩空气喷涂时漆雾落点留下的痕迹（严重者呈橘纹状），以及局部漆面可能存在尘粒等。

2. 根据车身漆面劣化程度划分

（1）全新漆面，即经过“新车整备”获得的漆面，以及全车翻新获得的漆面。通常来说，新车一经投入使用，就必须按期进行汽车美容专业维护，而不规范、非专业的洗车和打蜡不但省不了钱，反而会加速车身漆面的老化或者造成漆面意外伤害。

（2）轻微损伤漆面。只要汽车在使用、在行走，就免不了“沦落风尘”，受到外界的伤害，在漆面表层形成氧化层或哑光、老化。这些轻微损伤包括：紫外线对汽车漆面的伤害、有害气体对汽车漆面的伤害、酸雨及盐碱气候对漆面的伤害，制动盘与摩擦片磨损产生的粉尘以及道路粉尘对汽车漆面的伤害等。这些有害因素对汽车漆面的早期损伤是轻微的，通过专业的美容维护，可以有效去除哑光、氧化层和交通膜，恢复汽车洁亮如新的效果。

（3）擦伤的漆面，指对汽车漆面造成损伤，但这种损伤仅仅伤及漆面的外观，而车身钣金面未变形、漆面亦无刮花划痕。被擦伤的漆面经修饰研磨或用砂蜡研磨后，可进行抛光处理来恢复原貌。

（4）刮花的漆面，指漆面不但被外物擦伤，而且刮花的划痕深入漆膜。刮花的漆面可采用点修补或笔修补的方法先修补，然后再抛光。划痕深且长，或大面积的划痕，则应采用修补涂装的方法进行处理。

（5）碰撞伤的漆面，该部分钣金面受损变形，需先进行钣金修复，然后再做修补涂装。

（6）劣质老化漆面，指漆面因材质等原因，经日晒雨淋而严重老化，发白、褪色或龟裂。这种漆面须先清除，然后进行重新涂装。

部分漆面缺陷，如图 1-2 所示。

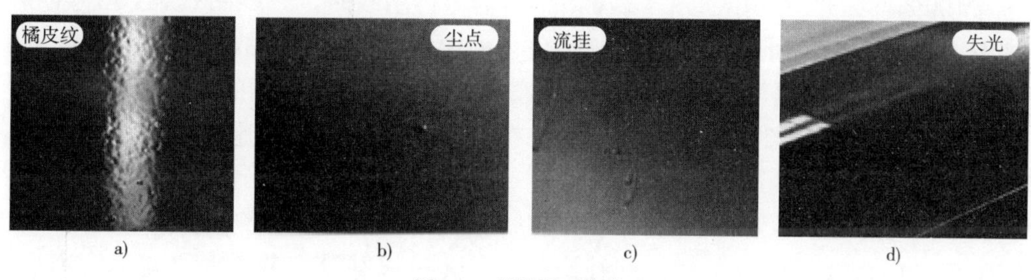

图 1-2　部分漆面缺陷

3. 根据车身面漆漆膜构成划分

（1）单膜漆面。新车涂装和修补涂装的涂膜构成相似，由里及外分为底涂、中涂和面漆三部分。单膜漆面是指面漆由一种材质的涂料，按工艺规范分 2~3 次涂布，然后进行干燥处理而获得的涂膜。通常素色（又称实色），即黑、白、红、黄、奶白、浅黄等不掺和闪光材料（如铝粉、云母等）的各色涂料，多采用单膜喷涂技法。

（2）双膜或三膜漆面。金属底色面漆及珍珠幻彩面漆涂装成膜后，涂膜表面没有洁亮的光泽感，其表面还必须另外涂装透明清漆罩光，才能显出其幻彩的色效果。而有的珍珠底色漆由于其遮盖力差，在喷涂之前，还必须先喷涂材质相同、颜色相称但遮盖力好的素色漆，故称“三膜”。这类漆面的最外层是透明层，有如彩色相片烫压了一层透明塑料薄膜，既能保持色彩鲜艳持久，又能耐磨不变花，即保色保光亮性能明显优于单膜漆面，其美容作业的操作性和效果较佳。

（3）局部修补的驳口处漆面。车身漆面进行局部修补时，为了减小新旧涂膜的颜色差异，均需采用驳口渐淡喷涂技法。因此，驳口区域修补喷涂获得的新涂膜渐变稀薄地过渡到旧涂膜区域，在进行美容维护时应特别仔细辨认并格外小心维护，以免意外造成漆面破损。

（二）汽车漆面的鉴别

由于使用材质不同，导致不同的汽车漆面性能迥异。新车采用高温烘烤，其漆膜光亮、坚硬，性能最佳。其次是双组分低温烤漆，最差的要数挥发性单组分涂料，其漆面短则一周（如硝基漆），长则不过一个月就要抛光一次才有光泽。

不同汽车漆面对其日常接触的物质，如汽油、有机溶剂、硅油、机油等敏感程度亦有所不同。

总之，漆面性质关系到车身抛光效果，涉及抛光用材的取舍。

因此，汽车美容技工必须掌握鉴别漆面的方法，在进行打蜡抛光时，首先要知道旧漆膜所用的涂料是什么类型，其劣化的状态如何等，这也是进行美容作业的一个重要环节。

进行汽车美容作业时，正确鉴别旧漆膜能够避免在美容作业中施工不顺利，或者交车后客户投诉事件的发生。对此需要研判以下几项。

1. 漆面的类型

漆面的类型是清漆层还是实色漆层？

首先判断漆面是否是清漆层：找一块不显眼的漆面，然后选择一小块漆面进行试验。先拿一条100%棉绒布或毛巾将汽车表面清洁干净，再用砂蜡、菜瓜布或者2000号旧砂纸，加力画圈式擦拭，如果研磨渣是车漆的颜色，说明漆面是实色单膜型的；如果研磨渣是半透明粉白色的，漆面是清漆层。白色实色漆面的研磨渣是不透明的白色。

从正面、顺光和侧光不同角度，仔细地检查车身漆面，判断这辆车是不是做过修补涂装。

观察车身的细节，如车门手柄、锁孔周边、车门两侧和车窗下侧，如果发现漆面粗糙，或者阴阳色，那么该车肯定是经过修补涂装的。经过修补涂装的漆面，就怕一不小心把掩饰喷涂的过渡区域抛光磨穿，如果磨穿则必须重新修补涂装，得不偿失。

2. 漆面的厚度和硬度

在进行车身漆面抛光时，必须先判断表层漆膜的厚度，通常清漆层厚度约为0.2mm。漆膜厚度唯一精确的测量方法，就是使用电子光学测量仪，如果没有这种仪器，那只有靠经验来判断。

漆面的硬度关系到抛光效果，而敏感的漆面和未干固的漆面无法达完美效果。漆面硬度的判定方法是触觉判断，方法是用手指按压，压力依次由轻微到重，分别为食指指触、拇指按压、拇指重压、拇指指甲轻压或轻划、拇指指甲重压，漆面抛光以拇指指甲重压时无痕迹为可行。

3. 漆面的瑕疵和污染物

进行漆面类型的判断时，同时需要鉴别一下漆面瑕疵的污染情况，以便决定使用哪些最理想的汽车漆面维护产品。

（1）视觉判断。视觉检查瑕疵，利用不同的光源如自然光、荧光灯和其他人造光源来帮助判断，也可以借助放大镜来检查漆面瑕疵等。

（2）表层污染物。汽车表面的污染物，有灰尘、污物、路面污垢、树脂、沥青、焦油、工业微尘、水痕、新鲜鸟粪等。

（3）深层污染物。通常是较大的、难以清洗掉的深入到漆层里面的污染，如酸雨、划痕、氧化层、涡纹、裂痕、斑点等。

4. 漆面损伤程度

（1）可恢复漆面缺陷。包括哑光、氧化膜、油污、鸟粪沥青等顽固污渍、漆面轻微擦痕，可通过擦拭或修饰研磨除去污物。

（2）不可恢复漆面缺陷。包括涂膜本身缺陷如咬底、起皱、流涂、漆面刮穿及漆面碰损，唯有修补涂装方可修复。

5. 旧漆膜的辨别

旧漆膜的辨别方法，见表 1-3。

旧漆膜的辨别方法 表 1-3

旧漆膜辨别法	外观法	溶剂法	加热法	漆膜硬度法	硝化棉检出液法
氨基醇酸系	橘皮面	不溶	无变化	H~2H	无变化
聚丙烯酸酯系	橘皮面	不溶	变化	H~2H	无变化
喷漆系	抛光后的表面状态	溶	稍微软化	F~H	变青紫色
NC 变性丙烯酸酯喷漆系	抛光后的表面状态	溶	稍微软化	F~H	变青紫色
CAB 变性丙烯酸酯喷漆系	抛光后的表面状态	溶	软化	F~H	无变化
双组分丙烯酸酯漆系	抛光后的表面状态	难溶	无变化	H~2H	稍微变青紫色
丙烯酸氨基甲酸酯系	橘皮面	不溶	无变化	H~2H	无变化

①溶剂法。取白碎布醮满喷漆用的稀释剂后，擦拭漆膜，检视布团是否沾上溶解后的颜色来判断。有时外观上辨别出是烤漆涂膜，但由于烘干不良也会出现颜色溶解现象，最好确认一下。

②加热法。用 P2000 砂纸将旧漆膜抛光，去除漆面光泽，然后加热到 80℃以上观察漆膜是否会软化（呈现光泽）来判断。

③漆膜硬度法。如图 1-3 所示，将铅笔照图中所示方法推压，漆膜损伤时，涂膜硬度应降一级。

④硝化棉检定液法。用硝化棉检定液（二苯胺 1g ＋浓硫酸 100mL）滴 1 滴在旧漆膜上，观察是否会变色。

由于检定液中含有硫酸，具有危险性，市面上没有销售，自行配制时应特别小心。

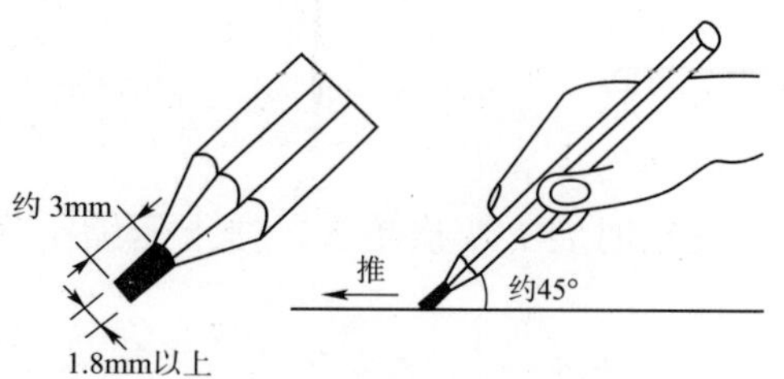

图 1-3 漆膜硬度法

第二章　汽车美容工具设备与用品

第一节　汽车美容用具

汽车美容用具有清洁用具、除锈用具、研磨用具、打蜡抛光用具、涂装用具、贴膜用具、连接用具、其他用具、安全防护用具等等。

一、清洁用具

汽车美容清洁用具主要有：抹布类、刷类、喷水壶、水桶、空气清洁枪、除尘黏布、砂纸等。

1. 抹布类

抹布是汽车美容作业最常使用的工具之一。抹布包括毛巾、棉绒布、车巾、洗车海绵、麂皮、洗车手套、浴巾，布拖把等。

抹布需选用 100% 纯棉毛巾或汗衫布，亦可使用天然麂皮或人造麂皮，吸水效果好，使用安全。任何人造纤维布料都不宜使用，一来吸水力差，另一方面容易产生静电、吸附尘粒，造成漆面划伤。

洗车手套用于擦洗车身，洗车手套上的绒毛可容纳灰尘，使漆面免于划伤。

洗车海绵用于擦洗车身，吸水性能好。

每次使用后，都须将抹布洗干净，有条件的话清洗时加入适量的纤维柔顺剂则效果更佳。

2. 刷类

刷类包括各种形状的鬃毛刷、牙刷以及其他材料制成的刷具。毛刷现多作为清洁用具，极少部分的上涂，以画笔来点修补。另外，也可作为作业后容器、喷枪的清洗，以及隙缝的清扫等用。

3. 喷水壶

喷水壶是手工清洁汽车内室、绒毛座椅及贴防太阳膜时的必备工具。最好选用可调整喷水形状（由小水柱到喷雾）的喷水壶。

4. 空气清洁枪

使用时装上快换接头，接上压缩空气，将本身边、缝及小隙部位的水分和残渣彻底吹干净。

5. 旧砂纸

砂纸既是研磨用品，又可以利用旧的高标号水砂纸的背面来擦拭车窗玻璃，去除附着在玻璃上的顽固污渍如鸟粪。

6. 除尘黏布

在喷涂面漆之前的最后一道工序，是用除尘黏布抹除被涂面上的灰尘、飞絮，此外在喷涂底色漆时，每遍喷涂之前，都必须使用除尘黏布将上一次喷涂留下的浮漆尘抹除。

7. 附件

附件包括水桶、工作围裙、防滑防水鞋、软胶水管和涂料过滤漏斗等。

二、除锈用具

汽车美容除锈用具主要有：金属丝刷、钢卷丝团、铲刀、锉刀、砂纸、砂布、砂轮机 / 角磨机等。

1. 金属丝刷

包括钢丝刷、铜丝刷和不锈钢丝刷等。用来擦刷车身锈蚀部位及脚垫等物件的泥污黏着物。

2. 铲刀

用于铲除车身锈蚀部位的浮渣或毛刺等。

3. 除锈研磨绒轮

主要功能包括除锈、除漆和清洁。它的绒丝使用全新概念的布满研削磨料的塑料弹簧，可塑性强、柔软度佳。使用时塑料弹簧的磨削端不断“折断”，确保磨削刃口常新、具良好的研磨效果，同时又能有效地控制切削力度，令被研磨表面光洁度较高。举例来说，使用这种除锈研磨绒轮，可以去除易拉罐表面的漆面，而易拉罐仍完好无损。

4. 其他工具和用品

包括手砂轮机、砂布、砂纸等，均可用来除锈作业。

三、研磨用具

百洁布、水磨砂纸、砂布、砥板、研磨机、干磨圆形砂纸等。

1. 百洁布

又称抹洁布、菜瓜布，分粗磨和细磨两种。细型百洁布的磨削力与1800号水砂纸相似，但前者仅去除漆面光泽，而磨削量比后者小得多。百洁布使用时可加水研磨，亦可蘸适量清洁除油剂进行研磨，既能去光又能除油脱脂。

2. 砥板

砥板用于垫裹砂纸以方便打磨，通常用硬木方块制作，板厚约 20mm、宽约 80mm，长度分 280mm 和 140mm 两种规格（分别为砂纸的长度全长和一半），亦有用硬橡胶制成的产品供选用。此外，涂膜上的尘粒及流涂漆点等小缺陷的修饰研磨，其砥板可用麻将牌。打磨方向如图 2-1 所示。

3. 磨料

汽车美容工必须选择合适的砂纸，采用正确的打磨方法，才能获得最佳的生产效率、材料使用效率和理想的表面涂层效果。

砂纸的磨粒是根据其硬度、韧度、耐摩擦热的性能、破碎特性以及其颗粒的形状来进行选择的。

使用时还应根据所用涂敷磨料来选择。现代的涂敷磨料在构造上是利用附着剂将磨粒黏结到一块柔形或半刚性的背衬上。因此，特定工作中应选择合适的磨粒、附着剂与可用背衬的组合。

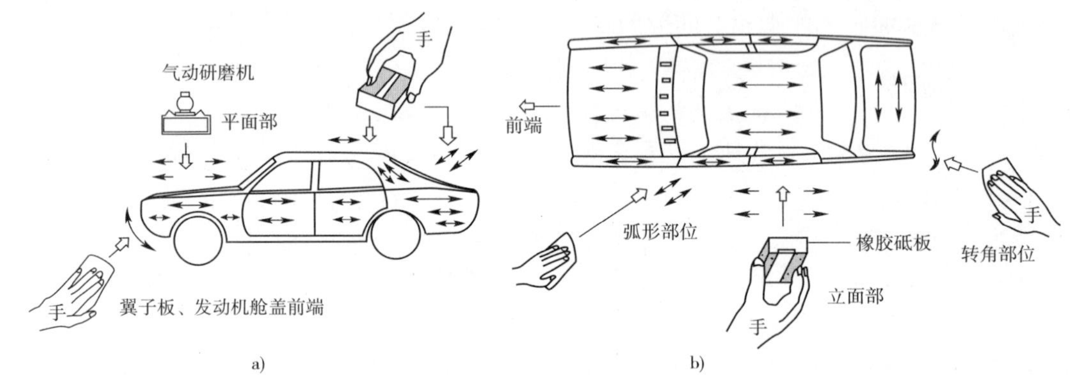

图 2-1　打磨方向示意图

（1）磨料的分类。大多数涂料经销单位都准备有两类磨料：金刚砂磨料和氧化铝磨料。

金刚砂是一种非常锐利的，穿透速度极高的磨料，通常用于打磨薄边和软材料的干打磨，例如旧涂层、玻璃纤维和泥子等。在打磨硬表面时，金刚砂磨粒容易破裂和钝化。

氧化铝是一种非常坚韧的楔形磨料，能很好地防止破裂和钝化。传统上，一般使用粗磨料打磨受损的金属、清除旧涂层，以及使塑性泥子成形。大量的实验已经表明，在现代化的喷涂系统中，氧化铝制的砂纸和砂轮的性能比金刚砂制的更优越。如今，油漆工大都使用氧化铝磨料。氧化铝与金刚砂相比其耐久性更好，从而可以保证在打磨较硬的涂层表面时砂纸或砂轮的边缘不会过早磨损和钝化，延长使用寿命。部分磨料产品见图 2-2。

a)

b)

图 2-2　部分磨料产品

随着技术的进步，已经开发出了第三种磨料，即锆铝，该产品的应用范围越来越广泛。

与传统磨料相比，锆铝具有独特的自磨刃性，因此在打磨工作过程中，这种磨料可以不断地提供新的刀口，从而可以减少劳动力，提高工具的工作效率和有效寿命。

另外，锆铝工作时产生的热量比其他磨料都少的特性非常重要，而在清理原厂透明涂层时更为重要，因为打磨这些比较硬的表面涂层时会产生更多的热量。带着高温工作的砂轮或砂纸的负载会迅速增加，而被打磨的材料也会迅速变软并堆积在磨料上。自磨刃特性大大减小了打磨所需的压力，而且也减小了材料的消耗，并提高了表面涂层的质量。因此，在不断增加的大量汽车车身修理和整修操作中，与传统的氧化铝及金刚砂相比，锆铝磨料被认为是比较节省费用的选择。

（2）砂纸编号。砂纸的粗糙面称为打磨面。磨粒的大小从粗到细分得非常详细，并用数字加以排序。数值越小，磨粒越粗糙；使用编号越大的磨料，获得的打磨面光滑度也越大。

例如：24~80 号磨粒用于清除旧涂层；而 320 号、360 号或 400 号磨粒则用于打磨需重新喷涂的旧涂层的光泽，极细和超细的砂纸主要用于打磨颜色涂层。

而所谓抛光砂纸，如 1200 号、1500 号、2000 号以及 3000 号磨粒，是用于解决基层与透明层组合涂层的问题，以及作为修饰研磨用，用于打磨机或研磨机上清除涂层。

砂纸目数参照见表 2-1。

砂纸目数参照表　　表 2-1

欧洲标准	日本标准	美国标准	欧洲标准	日本标准	美国标准
P16~P120	16~120	16~120	P400	500	320
P150	~	150	P500		
P180	150	180	P600	600	360
P220	180	220	P800		400
	220			800	
	240		P1000	1000	500
	280		P1200		600
P240	320		P1500	1200	800
P280		240	P2000	1500	1200
P320	360		P2500	2000	1500
P360	400	280			

选择砂纸的重要性：

①选择合适的砂纸打磨可以减少打磨时间。

②缩短抛光时间。

③减少蜡的用量。

④提高整体的工作效率。

（3）砂纸种类。

①闭式砂纸。闭式砂纸是一种表面磨粒完全盖在衬板打磨面的产品。

闭式砂纸产品一般用于湿打磨，通常可获得更细的打磨效果。

②开式砂纸。开式涂层制品是一种磨粒只覆盖衬板表面 50% 或 70% 的产品。

对较软的材料而言，如旧涂层、泥子、二道浆、塑料和铝等，一般选用开式砂纸进行打磨。这里存在磨料过早加载的问题，包括闭式砂纸和开式砂纸，许多衬板材料在制造时都涂上了一层硬脂酸锌溶液，以进一步防止砂纸过早加载，从而延长其使用寿命。这对一般用于打磨旧涂层、底层填实涂料和泥子的细粒砂纸而言，尤为重要。进行上述打磨时，由于产生的热量和磨料的加载，材料容易变软。此外，像锆铝这样的新型磨料，使用树脂黏结剂固定，由于磨削速度快且产生的热量少，在汽车维修行业中的使用越来越普遍。换句话说，这种磨料在变软和加载之前，就能磨穿表面涂层、底漆层和塑性腻子。使用没有硬脂酸锌涂层的磨料进行打磨，可以减少空气中的有害灰尘。

使用磨料应注意下列几点。

①决不能使用边缘有裂缝、开口或过度磨损的研磨轮。只要发现有一点儿不合适，就不要使用。

②纤维研磨轮应当平整地固定在衬板上，超出衬板不能大于6mm。

③在慢速抛光机上使用纸轮时，转速最好不要超过3000r/min。

④砂轮卷曲则说明存放不正确，在恢复其形状之前不能使用，常温保存则可以防止砂轮卷曲。

⑤在研磨时，应始终保持合适的通风状况，特别应避免圆盘式研磨器产生的灰尘及烟雾，必须严格按照研磨设备的使用说明和安全操作规程进行操作。

4. 研磨机

一般用于研磨旧漆膜、泥子以及金属材料等的除锈等方面，将砂纸装在挡板上进行圆运动或来回运动研磨，有电动式及气动式。

（1）圆盘式研磨机。高速单式旋转，用在旧漆膜的剥离及原子灰的粗磨等。

（2）轨道式研磨机。轨道运动为单式旋转，用在钣金补灰、聚酯补灰的磨落及磨匀作业。

（3）双动式研磨机。圆以公转运动方式旋转，用在呈现出毛边、钣金补灰、聚酯补灰的磨落及磨匀等作业。

（4）直式研磨机。单纯的徘徊运动，用在钣金补灰的磨落与磨匀、呈现线条与平面等作业。

研磨机如图2-3所示，右侧为电动式带环保吸尘的研磨机，可以选配研磨头，也可以作为吸尘机使用。

四、打蜡抛光用具

打蜡抛光用具包括软棉布团、抛光机、研磨盘、还原盘、羊毛抛光盘、海绵抛光盘等。

1. 棉布团

棉布团必须选用100%纯棉布，棉质如背心、汗衫的边角料，或使用纯棉质小毛巾。

2. 抛光机

抛光机的形式类似于圆盘式研磨机，用于漆面抛光。它是在圆盘上装上羊毛、毛巾、法蓝绒、海绵等抛光布，以单式旋转运动抛光漆面的机器，电动式速度多为可调，还有气动式。

五、涂装用具

涂装用具只在修补场合使用，包括刮刀、原子灰调炼盘、毛刷、毛笔、排笔、喷枪和喷绘枪等。

图 2-3　研磨机

1. 刮刀

在刮涂原子灰、漆灰时，需使用刮刀。刮刀有木刮刀、树脂刮刀、橡胶刮刀及弹簧钢片刮刀等。依涂布面积、部位，来挑选刮刀的种类、形状、大小，分别使用。木刮刀、树脂刮刀适合一般补涂用。橡胶刮刀有弹性，适合弯曲面的补涂之用，在贴车窗玻璃太阳膜时亦用于刮压驱除膜内残留空气。弹簧钢片刮刀除了用于刮涂原子灰漆灰之外，还可用于轻轻刮除车窗玻璃上附着的污物。

2. 原子灰调炼盘

原子灰调炼盘的形状，可以选用大小如 A4 纸的平板，也可选用四周为矮边的方形盒，其材质可用木板或金属板件制作。

3. 喷枪

喷枪是涂装必不可少的工具，汽车修补涂装主要使用重力式和吸索式两种形式的喷枪。

喷涂细长的车身装饰线条时，可以使用小型倒壶枪或者使用喷画笔（美术喷枪）。

4. 其他工具和用品

包括各色压力罐装手喷漆、各色修补笔、毛刷、铲刀、调漆比例尺、30cm 不锈钢直尺、盛涂料用的直底铁罐等。

六、贴膜用具

专用贴膜刀、烤膜专用刮板、小型角刮板、弹性金属刮板、加长塑料刮板、贴膜迷你喷壶、车身贴膜专用工具、高级贴膜套装工具、贴膜专用冷热风机、塑料贴膜刮板、钢制刮片、贴膜专用润滑液、双电源测试灯箱、太阳膜膜本、太阳膜展架等。

七、连接用具

包括用电、用水和压缩空气的连接用具。具体分为电线、移动式防摔电插座，球阀开关，高压软管、水龙头、水管卷盘架，压缩空气软管、管接头、快换接头等，选用必须以安全、环保为前提。

使用移动式防摔电插座延接电线时，必须扣一个结或者使用拉伸缓解扣，如图 2-4 所示。

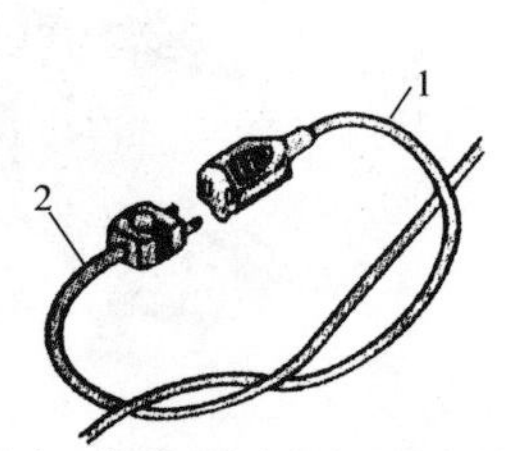

a) 打结可防止工作时延接线与电源线意外的脱离

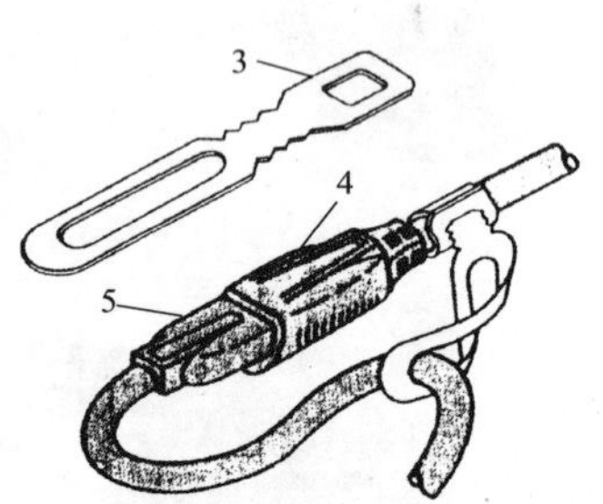

b) 电线连接扣也能有效起到同样作用

图 2-4　电线连接安全扣结

1- 延接线；2- 工具电源线；3- 电线连接和拉伸缓解扣；4- 延接线；5- 工具电源线

八、其他用具

包括皱纹胶纸带、专业防涂遮蔽纸连支架、座椅防护套、带磁吸翼子板防护垫、废料收集桶、剪刀、裁纸刀、软尺、卷尺、木直尺、胶刮板。

皱纹胶纸的使用，如图 2-5 所示。

a)

b)

图 2-5　皱纹胶纸的使用

九、安全防护用具

安全防护用具包括手套、眼镜、口罩、防静电服、安全靴、工作围巾、漏电保护开关、电风扇等。

1. 手套、眼镜、口罩

橡皮手套及眼镜，适用于酸性极强的脱漆剂及毒害作用较大的涂料辅助材料等场合。另外，眼镜、安全口罩，经常使用于研磨和抛光作业中。

眼镜保护眼睛不受灰尘、研磨粒子侵袭；安全口罩防止吸入作业粉尘和研磨渣。若进行修补涂装作业，则必须戴防毒口罩。

2. 防静电工作服、耳罩、安全靴

用于劳动保护。为了方便工人解手，建议采用衣、裤分开的工作服。为了避免衣裤的纽扣、皮带等物划伤漆面（图 2-6），可佩戴工作围裙来避免。

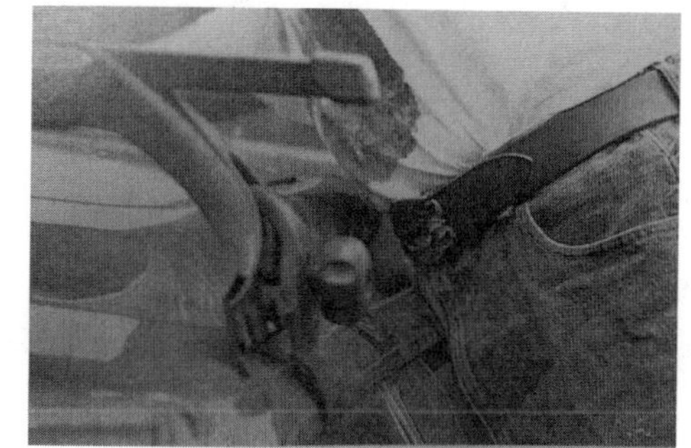

图 2-6　危险的皮带扣

3. 附件

包括带盖的废料收集桶，工场通风和换气设备，如抽排气扇等，漏电保护开关等。

第二节　汽车美容设备设施

汽车美容设备设施主要有压缩空气网络系统、高压清洗机、举升设备、清洗液喷泡机、吸尘机、全自动洗车机和节能环保洗车机、冷热电吹、无尘操作间、其他选配设备等。还有绿色环保与安全系统，包括三级沉淀池、污水净化循环利用、车间废气抽排环保系统等。

一、供气系统

供气系统包括：空气压缩机、油水分离净化器、网管、管接头、排水阀、调压阀、球阀开关、气动工具润滑油自动加注器等。空气压缩机常用的是电动形式。

1. 空气压缩机

（1）空气压缩机如图 2-7 所示，将电能转换为气压能。其构造包括以下几部分。

图 2-7　各种大、中、小型空气压缩机

①压力开关：气压达到最高工作压力限值时，停止电动机，降低至最低工作压力时，

起动电动机。

②安全保护器：当电动机停止运转时，将压缩泵腔室的高压空气排出单向阀，进行泄压，同时防止储气罐压缩空气反方向流动，以保证电动机再起动时无负荷。

③储气罐：存储压缩空气，主要用来调节气流，减少输出气流的压力脉动，使输出气流具有连续性和气压稳定性。储气罐上部必须装配安全阀以保障安全。

④调压阀和压力表：分别用于调压和显示气压。图2-8为喷枪尾部使用的调压阀和压力表。

图2-8　调压阀和压力表

⑤气源开关：向气路中提供气源的开关，多在检修管路时使用，工作时，此开关必须打开。

⑥主管道过滤器：它主要用于清除重要管道中的灰尘、水分和油污。主管道过滤器必须具有最小的压力损失和油污分离功能。

（2）空气压缩机使用与维护。

所有维护均应切断电源并排净储气罐内气压，否则，极易造成伤害。

①保持使用环境整洁，置放场所宜空气清洁、灰尘少、通风、采光良好，方便操作与检修。

②每周至少一次打开储气罐底部的排泄阀，将储气罐内的污水放净。排除污水时，储气罐内的气压应低于0.1MPa。

③经常检查安全阀是否灵敏，当储气罐内气压达到0.5~0.7MPa时，用手轻拉安全阀上的拉环，安全阀能轻松排气，按下阀杆可立即复位。

④严格按照维修维护手册规定，进行检查、维护、补充油润滑以及其他维护工作。

⑤储气罐每两年做耐压试验一次，每年检查内外表面一次。有严重锈蚀、严重碰伤或耐压试验不合格时，储气罐做报废处理。

⑥移动空压机前，应将储气罐内的气压放尽。

2. 空气配管

空气配管是由空气压缩机的储气桶输送空气至空气冷却器或空气调压器的管路，一般使用镀锌钢管。空气配管的内径，视空气压缩机的装置场所至使用压缩空气场所的长度，以及使用的空气压力而不相同。内径太小，则管内空气压力降低量大，水分、油分的分离不良。

空气管路的配管注意如下几点。

（1）主管路配管时，管路须有1°~2°的倾斜度，以利管路中的冷凝水排出。

配管管路的压力降不得超过压缩机设定压力的5%，故配管时最好选用较大的管径。

（2）支线管路必须从主管路的顶端接出，避免主管路中的凝结水下流至工作机器中，压缩机空气出口管路最好应有球阀开关，管路中尽量减少使用弯头及各类阀门，以减少压力损失。

（3）主管路不要任意缩小，如果必须缩小或放大管路时须使用渐缩管，否则在接头处会有混流情况发生，导致压力损失过大，也影响管路的使用寿命。

（4）压缩机之后如果有储气罐及干燥器等缓冲净化设施，理想的配管应是压缩机 + 气水分离器 + 储气罐 + 前过滤器 + 干燥机 + 后过滤器 + 精过滤器。如此，储气罐可将部分的冷凝水滤除，同时储气罐亦有降低压缩空气温度的功能。较低温度且含水量较少的空气再进入干燥机，可减轻干燥机或过滤器负荷。

3. 软管和接头

（1）软管的分类。在汽车美容作业场所，使用的软管有两种：一种用于输送气体，而另一种用于输送水。

空气软管多采用可承受较高气压的双编织层软管，空气软管与管接头如图 2-9 所示。

a)

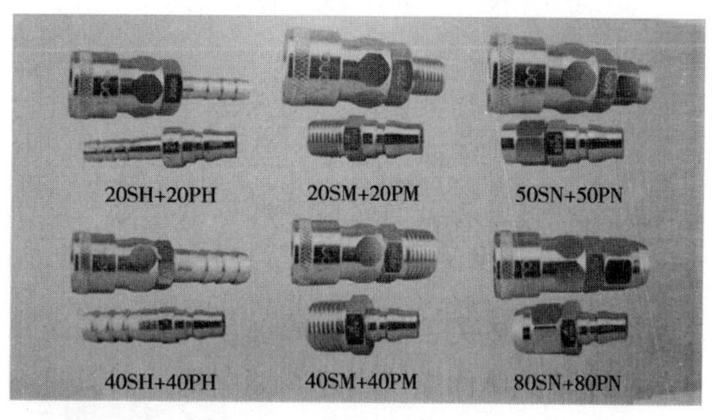

b)

图 2-9　空气软管与管接头

空气软管是连接喷枪、输送空气的管类。涂装及汽车美容使用的空气软管的内径为 6~9mm，具有耐油性、耐溶剂性、耐压性和柔软性。

为增强空气软管的耐压性，管的内部编织了起加强作用的纤维。纤维层次越多，耐压力越高。一层的为低压用，两层以上为高压用。此外，目前有一部分空气软管夹层编织纤维网中还有 2~4 条纵向纤维，目的是防止其越拉越长。

汽车涂装和美容作业的场合，空气软管的长度以 5~7m 为标准，亦可在 3~10m 范围内。但要注意管的长度越长，使用时的空气压力降越大。

汽车美容作业空气管的使用可以参照相关气动工具使用说明书。

（2）软管的维护。软管在正确使用和细心维护下，通常可以使用很长时间。在地面上拖拉移动软管时应特别小心，不要刮到尖锐的物体，打结时最怕被车轮辗压，也不得违反相关操作规程。

不论是输气管还是输水管，每次用完之后都要将其外表面擦拭干净，然后盘好挂起来存放。

（3）管路配件。管路配件包括转换接头、管接头、快换接头、球阀开关等。

在压缩机与软管、软管的两端，软管与气动工具之间，都要使用管接头进行连接。在众多不同类型的管接头之中，最常见的是螺纹式和快接式两种。前者通常需要用扳手上紧，而后者用手就可以很方便地进行拆卸，即俗称“快换管接头”，多用于压缩空气管与气动工具、喷枪等设备之间连接工作，具有暂停供气及更换快速便捷等特点。形式有内外螺纹连接和插入自动箍紧式连接两种快换管接头。

大多数喷枪使用的是 1/4in[1]或 5/8in 的软管，气动工具的供气软管的内径一般为 5/8in 或 3/8in。极少数气动工具需要使用特殊内径的输气管时，一般都由生产厂家配套供给。

转换接头和管接头，用于连接不同管径或需求的配管及软管。

球阀开关则用于管道压缩空气的开关控制。

4. 空气滤清器

空气滤清器，实质上就是安装在压缩机和用气点之间输气管道上的过滤器，如图 2-10 所示。它可以将气流中的一些固体颗粒，如油污、灰尘以及水气或其他污物分离出来，但它不具备调节压力的功能。

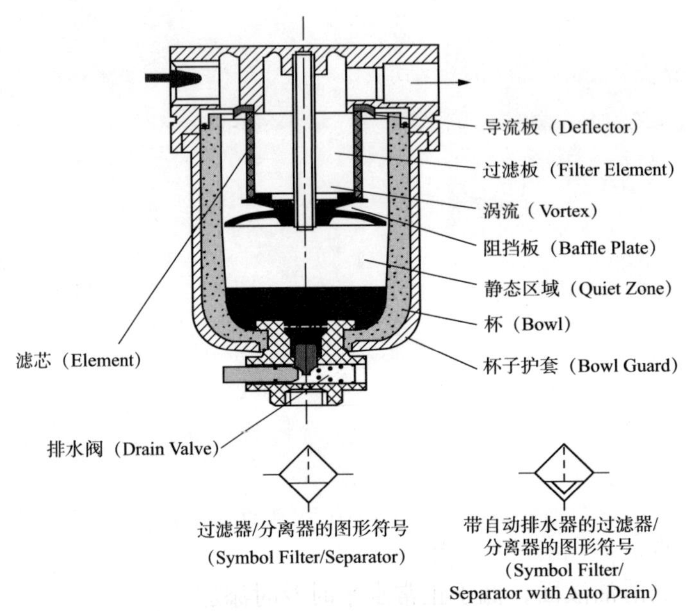

图 2-10　空气滤清器

进入主体内的压缩空气在偏转器受到旋转运动，通过气旋效果把空气中水滴或大部分尘埃分离，存集在底部。空气通过滤芯后剩余的尘埃及油污从出口流出，阻挡板用于防止底部积水溅起飞沫与流出空气相混合。积水从杯底排水阀排出。

5. 气压调节器

气压调节器即调压阀。它是用于降低从压缩机进入主输气管道气流压力的装置，能够自动地维持需要的气压，并且使气压波动最小。

气压调节器用于已经装配空气冷凝器或其他类型过滤器的管路。气压调节器有多种规格，另外还有是否附带仪表之分，以及不同的灵敏度和精度。它有两个接口，分别用

[1] 1in=0.0254m。

于主输气管道气流的输入和调节后气流的输出。

6. 润滑器

一些气动工具或设备，如气动研磨机、气动抛光机、气动扳手等，需要在所供应的压缩空气中掺和极少量的润滑油，确保气动工具润滑良好，以提高其工作效率和延长使用寿命。自动式空气管道润滑器一般应安装在通向气动工具的管路分支上，千万不要将润滑器安装在通向喷枪的管路上，以避免油滴破坏喷涂表面的效果。

二、手工清洗设备

（一）高压清洗机

高压清洗机如图 2-11 所示，是通过电动机带动高压柱塞泵产生高压水来冲洗物体表面的机器。它能将污垢剥离、冲走，达到清洗物体表面的目的。使用高压水柱清理污垢，高压清洗可分为冷水高压清洗机、热水高压清洗机，还有柴油驱动高压清洗机、汽油机驱动高压清洗机等。

图 2-11　高压清洗机

1. 工作原理

水的冲击力大于污垢与物体表面附着力，高压水就会将污垢剥离、冲走，达到清洗物体表面的目的，除非是很顽固的油渍才需要加入一点儿清洁剂，不然强力水压所产生的泡沫就足以将一般污垢带走。

2. 安全操作规程

（1）操作高压清洗机，需佩戴护目镜、手套等保护用品。

（2）使用中始终避免操作者的手和脚接触到高压喷嘴。

（3）经常要检查，确保电源连接牢靠。

（4）经常检查润滑油液面，低于正常水平时及时添加。

（5）经常检查软管是否有裂缝和泄漏处。

（6）未使用喷枪时，需确保扳机处于安全锁定状态。

（7）保证完成工作的情况下，应尽可能地使用最低压力工作。

（8）在断开软管连接之前，必须先释放掉清洗机里的压力，即扣下喷枪扳机泄压。

（9）决不要将喷枪对着自己或其他人。

（10）在检查所有软管接头都已在原位锁定之前，决不要起动设备。

（11）将所需要的清洗喷嘴连接到喷枪杆上，在接通供应水并让适当的水流过喷枪杆之前，不要起动设备。

（12）不要让高压清洗机在运转过程中处于无人监管的状态。每次释放扳机时，泵将运转在旁路模式下。如果一个泵已经在旁路模式下运转了较长时间，泵里循环水的过高温度将缩短泵的使用寿命甚至损坏泵。所以，应避免使用设备长时间运行在旁路模式。

3. 节能环保型洗车机

（1）蒸汽洗车：号称“杯水车薪”，即使用蒸汽高压气雾不接触式洗车。

（2）节能环保微水洗车并镀膜：利用化油器虹吸原理，将配有渗透剂、悬浮剂、光亮剂等成分的中性洗车液吸入并且混合到高压清洗水流中，再结合蒸汽压力，可将沙粒冲掉而又避免划伤车漆，使车身沙粒和尘埃迅速溶解并悬浮脱落，稍加揩抹抛光，车身光亮如新，10min 左右，车身上即可形成一层光亮、不易挥发的高分子聚合保护膜，这种保护膜具有抗水、耐磨、防晒、防腐蚀的特点，实现了洗车、打蜡、上光一次完成，洗一辆车仅耗水 3~5L，耗时 10~20min，不仅保护了环境，而且省时、省力、快捷并能节省洗车成本，做到了节水和维护好车身漆膜的目的。

（二）清洗液喷泡机

清洗液喷泡机如图 2-12 所示，将喷泡机压力调整到 0.2MPa 左右，罐内倒入 90% 的水，然后兑入 10% 的专用洗车液，关闭阀门，打开进气阀，使储罐充气，当气压表到达 0.2MPa 左右时，开启出液口，对准车身喷射，先喷平面后喷立面，先喷上面后喷下面，直到全车覆盖均匀为止。另外一种喷泡机与喷枪类似。

a)

b)

图 2-12　清洗液喷泡机

三、全自动洗车机

全自动洗车机是一种通过电脑设置相关程序来实现自动清洗、打蜡、风干、清洗轮毂等工作的机器。其主要由控制系统和各动作实现部件构成，利用电脑控制毛刷或扇形高压水来清洗汽车。

全自动洗车机分为无接触式自动洗车机和毛刷式全自动洗车机两种。

相比高压洗车机人工洗车，全自动洗车投资较大，但是洗车速度快、效率高，越来越受到汽车美容市场的青睐。目前，国内市场上的洗车机均已实现国产化，价格合理、效率颇高、快捷方便的售后服务是其赖以生存的基础，倘若充分利用“互联网 + 服务数字化 + 手机支付”模式，全自动洗车机必将取代传统的手工洗车方式，并形成以其为中心的产业链。

1. 全自动洗车机分类

（1）按工作方式。全自动洗车机分为固定式和移动式两种。

所谓固定式，就是洗车机不动，汽车缓慢通过洗车机的工作区域，洗车机按照相应的指令程序达到清洗汽车的工作方式。例如：隧道式连续洗车机、通道式洗车机、无轨电车（地铁、旅客列车）清洗机、滚轴转轮式洗轮机、自行式车辆冲洗机等。

所谓移动式，就是汽车不动，洗车机按照一定的程序在导轨上来回移动，同时执行洗车指令的工作方式。例如：龙门往复式洗车机、移动式洗车机等。

（2）按接触形式。全自动洗车机分为无接触式自动洗车机和毛刷式全自动洗车机。

毛刷洗车机根据运动主体的不同，又分为往复式洗车机和隧道式洗车机两大类。一般习惯称之为往复式洗车机，也称作龙门式洗车机。

2. 全自动洗车机五大优势

（1）毛刷柔软且自动感应控制，不伤车漆。许多人对使用全自动洗车机洗车或许存在误解，认为全自动洗车机的毛刷太硬会伤害车漆。事实上，早期的全自动洗车机安装的是软塑料刷子，对一些漆面较软的汽车会有影响；改进型毛刷式全自动洗车机已经更换为软棉刷和布刷，质地柔软，在洗车的过程中旋转软条刷，只是在车的表面高速扫过，并不在表面加载比较大的摩擦。在刷子运动的同时，水流会从刷子的上部向下冲洗，泥沙在水的冲洗和离心旋转力的双重作用之下，向车体的相反方向甩掉，达到了洗净车表面的目的。这样科学的运作方式，较之人工洗车时，抹布或海绵上没有冲刷彻底的泥沙，又反复在车表面摩擦、涂抹可能造成的伤害，要可控制和轻微得多。

（2）中性专业泡沫洗涤剂对车体无腐蚀。全自动洗车机在洗车过程中使用的是 pH 值为中性的洗车香波和车用上光水蜡，利用机体内的发泡机，发泡喷射至车体，对洗车表面进行清洁。这样，既不会腐蚀车漆，而且洗车后汽车漆面光亮并留有清香。

（3）节水环保。许多类型全自动洗车机洗车的水可以实现循环利用，不但节约了用水，也保护了环境。过去，有些驾驶员在洗车的时候经常发扬“一桶水精神”，认为这样节水。其实，洗车水中携带的沙粒沾在擦车布上，反复摩擦车漆表面，这正是汽车面漆的大敌，明亮的汽车面漆不需要多长时间就会出现细小的划痕，失去光泽以致形成“蜘蛛网”现象。

通常，人工清洗一辆车用水量 150L 左右，而不少品牌的全自动洗车机，洗车连带纳米水晶镀膜，清洗一辆车仅耗水 15L 左右，配备污水循环净化器时，在洗车过程中的所有用水，都将通过水循环系统，经过处理后循环再利用，真正做到节水环保。

（4）快捷、亮丽、冲洗底盘。使用全自动洗车机洗车可节约大量的时间。人工简单清洗一辆车通常要花费 25min，而采用全自动洗车机，龙门往复式需 3min 左右，隧道式仅需 1 分半钟就可洗净一辆车。在追求效率的当今社会，时间就是金钱，如此高效率的洗车方式，必然受到广大驾驶员朋友的欢迎。

在底盘方面，手工基本上无法清洗，而底盘上的脏物也是不容忽视的，脏物长期粘在底盘上易腐蚀汽车部件，损坏封膜，降低汽车的寿命，而全自动洗车机在底部的高压冲洗，可以把大量的泥沙及脏物冲刷干净。

（5）自动化程度高。汽车在进入全自动洗车机后，洗车机可完成整个洗车过程。包括：泡沫清洗、水蜡喷洒、车轮清洗、底盘清洁、风干，令汽车车身清洁、表面光亮如新。

3. 全自动洗车机部分机型简介

（1）往复式洗车机。汽车停在固定的位置不动，洗车设备根据车型来回往复运动，自动喷洒专用洗车液和水蜡，自动仿行刷洗，自动仿行风干，还可根据车型与实际需要选用自动冲底盘。洗车时间为3min左右，适合日洗车辆在120辆以下的汽车美容店等场合。

（2）隧道式洗车机。隧道式洗车机洗车速度快，可以连续洗车。单洗一辆车的时间基本上是3min以内。连续洗车速度较快，适合一天洗120辆车以上的店面。

隧道式洗车机缺点，主要是对场地要求严格，前期场地施工时，耗资比较大，耗水、耗电也比较多，而且相对而言隧道式洗车机的成本比较高。

（3）环绕无触电脑自动洗车机。环绕无触电脑自动洗车机，如图2-13所示，7字形喷头设计、环绕式全方位无接触冲洗，全自动电脑控制，无需人工擦洗，采用中性免擦拭洗车液，大大提高了洗车效率，节省人力成本的同时提高洗车速度、不伤车漆且环保节约。

图2-13　环绕无触电脑自动洗车机

①全自动变频及编程设计，精确的电脑控制系统、光电感应定位技术，自动检测并确定车的位置、形状、冲洗距离，自动调整7字形喷水杆旋转的角度和冲洗的距离，采用流量和角度标准的不锈钢喷头，360°旋转式对车的上下和周边清洗，无清洗盲区，清洗彻底、快速高效，全车清洗不过2min。

②特有的7字形旋转式喷洒洗车液以及360°冲洗，全面清洗汽车的各个部分，包括车身缝隙、底盘冲洗，省时、省电、省料。

③超强高压冲洗，车身泥沙一冲而净。

④独有的底盘冲洗车功能，采用高压上喷及左右侧喷方式，底盘及轮毂一冲而净。

⑤采用专用免擦拭洗车液，免除因洗车海绵或毛刷条擦洗车身表面造成漆面划痕和意外损伤。

与手工洗车相比，全自动洗车机最大的优点在于：整个车身都能冲洗到，包括车轮和车毂，更重要的是洗车液包含蜡水，能形成像隐身车衣一样的漆面保护层，相当于在洗完后还打上一层蜡。

4. 全自动洗车机安全操作规程

为提高电脑洗车场的经济效益并延长洗车机的使用寿命，必须严格执行全自动洗车机生产厂家制定的安全操作规程，做好例行维护和润滑工作。检修与故障维修应由厂家专门技工来完成。

严寒天气要按照操作说明采取相应的措施预防冻结，洗车机长时间闲置或冬季的夜晚，要放空水管中的积水，防止积水锈蚀元件或冻裂水管。

（1）每日检查、维护项目包括以下几方面。

①开机后，将空压机的水排出并检查压力。

②检查感应器。

③检查蜡水及清洁剂桶内的液位高低。

④清理运行轨道及其周围异物并做好检查。

⑤电源和水源确保正常运转，无事故隐患。

⑥链带清理检查。

⑦保持设备与场地整洁。

（2）每周检查、维护项目包括以下几方面。

①将电眼及接近开关擦拭干净。

②清洁机台及打蜡。

③清洗刷毛。

④润滑所有齿轮。

⑤检查组合部件的润滑油是否需添加。

⑥调整输送机链条并润滑。

⑦检查水平刷升降钢索和链条。

⑧喷水口清洁检查。

⑨沉淀池及废水回收池清理。

⑩检查各部件螺钉是否松动。

（3）每月检查、维护项目包括以下几方面。

①检查水平刷、垂直刷和侧底刷及维护。

②输送带检查及维护。

③吹风部件检查及维护。

④齿轮组机油检查及维护。

⑤洗车机刷毛及检查洗车机液压力。

⑥空压系统检查及维护。

⑦传动马达的阻抗值检查和维护。

⑧操纵面板功能指示灯检查。

⑨水路系统检查。

⑩沉淀池检查。

（4）健全记录。要求操作人员保持高度的责任感，严格执行安全操作规程、安全洗车，汽车进出洗车机要稳，以免撞击输送带，并杜绝发生各种事故。建立《洗车工作日志》和《洗车机维护记录》、健全档案，并完善各项规章制度，做到管理上从严，工作上抓紧，质量上保证，努力提高服务质量水平。

四、举升设备

举升设备主要有千斤顶、安全凳、二柱举升机、四柱举升机、剪式举升机等。

1. 千斤顶

千斤顶如图 2-14 所示，有液压千斤顶（包括分体式）、螺旋千斤顶、齿条千斤顶等种类。

液压千斤顶用量最多，系列规格为 15~320t。但是，液压千斤顶不能作为永久性支承来支持重物，因为时间一长，千斤顶泄漏会使重物坠落。需要较长时间支承重物时，应在重物下面垫安全凳以稳定支承，这样，万一千斤顶有泄漏也可保证安全。

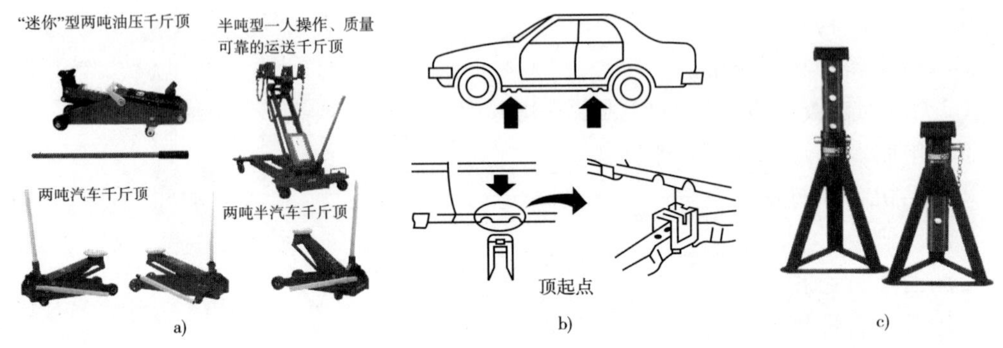

图 2-14　千斤顶与安全凳

螺旋千斤顶的系列规格为 2~100t。

上述两种千斤顶都有体积小、重量轻的优点。在高温、低温环境下，螺旋千斤顶有更大的优越性，其举升高度应满足工作的需要。螺旋千斤顶及齿条千斤顶作为支承用时，应注意有无受各种因素造成倾翻的可能。如果顶举坚硬物体，在物体与千斤顶之间应垫以防滑的垫料。

千斤顶通常委托专业人员进行维护。

2. 举升机

部分形式举升机如图 2-15 所示。

举升机必须严格遵照安全操作规程进行操作、使用，定期检查确保安全并且做好记录。

车辆进入举升位置前，须确认举升臂或前横梁下降到平面以下，再将车辆移至正确位置。起动举升机时，先轻微举升操作，要确认前后举升设施均接触被顶车辆相应位置后，再起动举升机将整车升至要求高度，停机后确认安全锁止机构完成锁止、符合安全条件后方可进行作业。

保持整车举升，不得单独举升前或后半部车身。在降下举升机前，确保车身下部无人员以及杂物，先向上举升以方便安全锁止机构解锁，再将举升机平稳下降。举升机降下后，确认举升臂或前横梁上平面水平或低于地平面，方可将被举升车辆安全驶出。

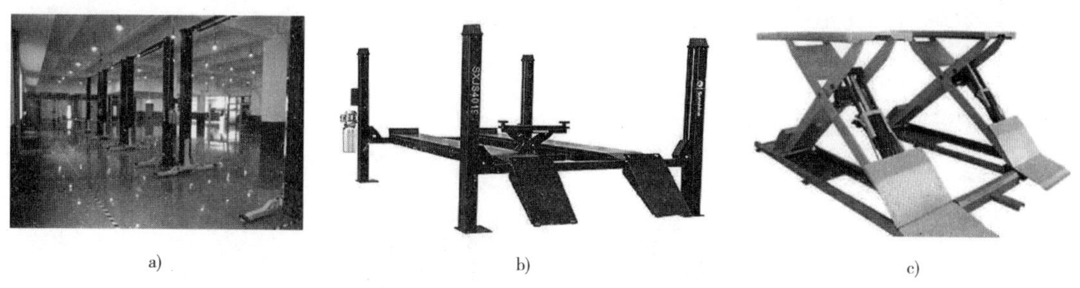

a)　　b)　　c)

图 2-15　部分形式举升机

按照规定，举升机需定期做检验、标定，取得相关部门签发的检验、标定合格证后方能使用。

五、吸尘机

吸尘机如图 2-16 所示，是汽车美容必备的工具，可以吸除车身内积聚的灰尘，特别是座椅上的皱褶和一些角落部位极难清除的灰尘。现在市面上常见的吸尘机主要有便携式、家用型和专业型三种，又分干式和湿式两类。

一般来说，专业型的吸尘吸水机效果最好，使用较多，它具有较好的防水性，集吸尘、吸水、风干于一体，配有适合于内室结构的专用吸嘴，操作简单。其内置的真空泵能产生很大的真空度，再配上形状不一的各种吸头，很方便地伸进各个角落部位，快速地吸去附着于待处理表面的灰尘。

图 2-16　吸尘机

吸尘机适用范围及注意事项包括以下几方面。

（1）顶篷、座椅、仪表板、空气滤清器、空调等的除尘、除水。

（2）地板、地毯的除尘、除水。

（3）新式吸尘机具有高温蒸汽消杀功能，可以对地毡等纤维织物等进行深度清洗，去除藏匿在其中的细菌和油渍，无须任何化学清洗剂的辅助，可在短时间内产生高温蒸汽，将蒸汽喷射于需要清洁的内室表面上，以及空调系统出风口，起到快速灭菌作用，清洁效果佳。

（4）吸尘机的吸尘管与适合作业对象的吸嘴或尘擦连接，并且在安装集尘纸袋后方可吸尘。

（5）吸尘机不得用于吸取含有爆炸性、易燃及毒性固体或液体的物质。

（6）吸尘机应选择防水插头，以免发生漏电意外，使用中应避免损坏电源线外表胶层。

六、抛光机

抛光机如图 2-17 所示，用作面漆涂膜的抛光，令其呈现出光泽。它是一种在圆盘上装上羊毛、法蓝绒、海绵等抛光布，以单式旋转运动抛光漆面的机器。抛光机有电动式和气动式两种。

a)

b)

图 2-17 抛光机

抛光机旋转速度以 1000~2000r/min 为合适，旋转太快时产生漆面磨热而造成软化，会出现光泽减退、皱纹等现象，所以必须特别注意。此外，若使用电动抛光机，还应预防触电，作业场所的电气设备设施应确保接地线接地良好，并使用漏电保护装置。

汽车美容作业多因用水而潮湿，所以最好选用气动工具设备。

七、冷热电吹风

冷热电吹风如图 2-18 所示。

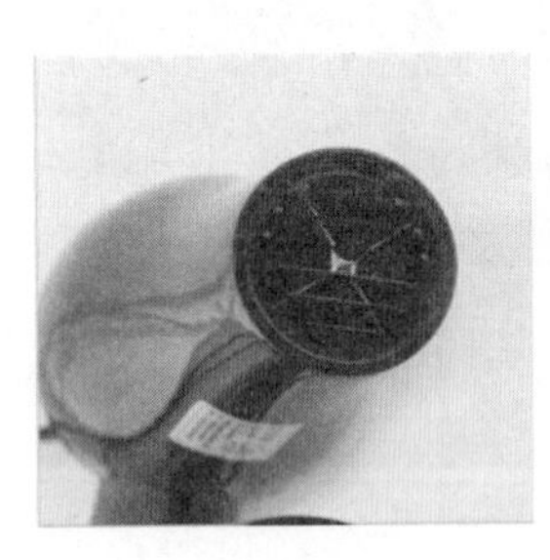

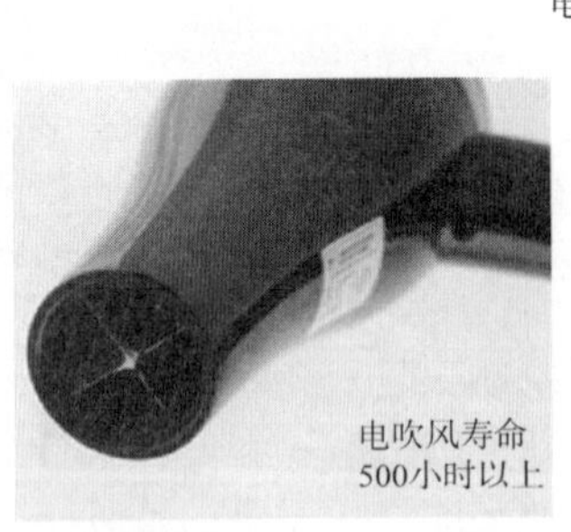

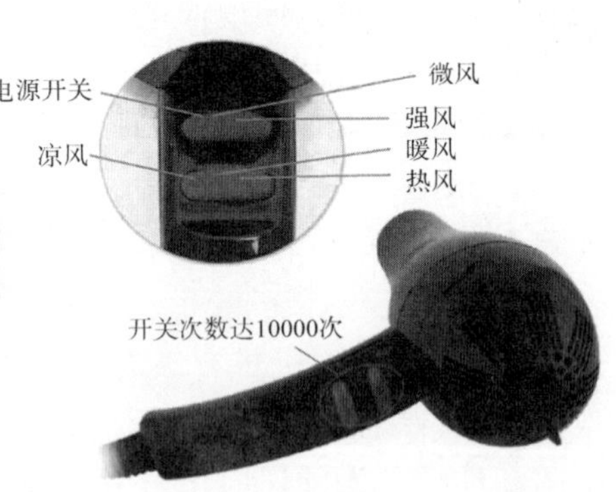

图 2-18 冷热电吹风

使用电吹风注意事项：使用前，应检查导线是否良好、进风口是否畅通，左右摆动几下有无部件松动，输入电源是否有电。使用时，先接通电源，再打开开关，这样可避免因瞬间电压过高而影响电机寿命。如中途停用，须关上开关。如短暂停用，可不关，但须保持进风畅通，出风口远离物品，避免烧坏。使用时应轻拿轻放，不要过于摆动，不要频繁换挡，以避免部件松动，保持输入电压相对稳定，延长开关和电机寿命。使用过程中如温度过高、杂音、噪声、转速突然降低、电机不转、风叶脱落、有焦臭味、有异物从风口吹出、电源线冒烟等不正常现象，应立即关掉电源，待排除故障后再行使用。一次性使用时间不要太长，间断使用可延长寿命。

八、无尘操作间

专用无尘操作间，形式多样，如图 2-19 所示。

九、其他选配设备

其他选配设备主要有快速充电起动机、发动机冷却系统免拆清洗机、自动变速器换油机（自动变速器清洗 / 换油机）、制冷剂回收与自动加注机，臭氧消毒机、普通地毯速干机、全自动地毯清洗机、脚垫甩干机、桑拿机、臭氧消毒机、脚垫甩干机、水箱免拆清洗机、制动液免拆清洗机、接油机、抽油机（气动）、抽接油一体机，中央供气、吸尘、供电组合系统，疏水栅格垫等，如图 2-20 所示。

图 2-19　无尘操作间

目前，不少汽车美容店还装配上网 Wi-Fi 和手机充电设备等设施，以方便顾客。

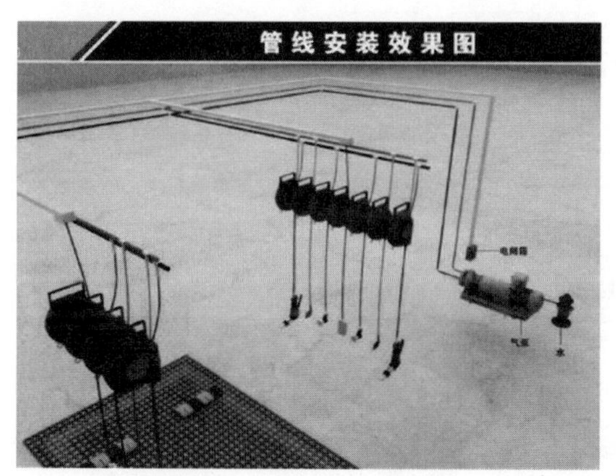

图 2-20　油气电组合系统和废气抽排、疏水栅格垫

十、绿色环保与安全系统

1. 三级沉淀池

汽车美容生产废水采用一级处理方法，即采用三级沉淀池进行处理，经常撇除污水处理池中的油脂油污，并定期将沉淀池中的泥污、沉积物清除干净。

沉淀池及污水控制装置如图 2-21 所示。

a) 废水处理池　b) 沉砂隔油池

c) 处理前废水　d) 处理后废水

图 2-21　三级沉淀池

2. 污水净化循环利用

洗车循环水处理设备是专为各类洗车场的洗车废水净化回用而设计的水循环净化处理系统。

该系统洗车循环水处理工艺流程如图 2-22 所示，将洗车后的污水净化处理后循环回用，利用物理净化原理，全自动化运行，出水水质好，可以达到既环保又节水省钱的目的。

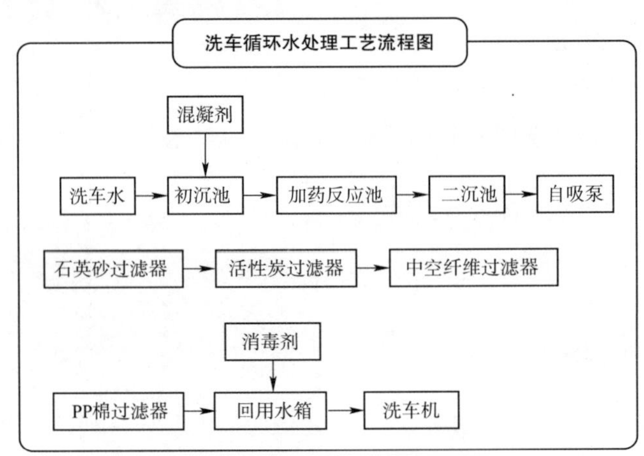

图 2-22　洗车循环水处理工艺流程图

洗车循环水处理设备采用分体设计，外观多采用塑胶及不锈钢材料，占地面积小，工艺流程简单，处理效果好，节水率高，并且循环水可长期使用，运行成本低，操作简单，适用于手工和电脑洗车。

洗车循环水成套设备运行过程中，每天一次在加药箱中加入絮凝剂，运行过程中，如发现絮凝剂用完，必须赶快添加，以防出水水质变差。另外，整个系统还要加入一定量的消毒剂（二氧化氯），以防有害细菌繁殖，使水质发臭。过滤罐内压力大于 0.02 MPa、出水水质变差时，需要采取反冲洗的方式进行反冲洗，反冲至出水清澈为止。此外，沉泥池必须定期排泥，一般排泥周期为 10 天。当然，污泥必须用车运行至垃圾站，不可排入下水道。

3. 车间废气抽排环保系统

车间的环境保护系统，包括独立的送风系统（或空气调节系统）、排气系统和强制式汽车尾气抽排系统等，可以保障作业环境净化、保障作业人员健康安全。车间的环境保护设施如图 2-23 所示。

a)自动卷筒式手提灯　b) 816型自动卷筒式高压排气软管　c) 673型轻排气收集器　d)车间外接式汽车排气软管

图 2-23　车间的环境保护设施

十一、安全照明系统

36V 是绝对安全与相对安全的分水岭。

车间安全照明系统应包括低压（36V）安全照明系统、配电系统以及各工位独立的漏电保护开关等设备设施。

随着 36V 大功率 LED 照明系统的成功使用，一种使用低压、更安全、更节能、更环保和低成本的 LED 照明灯具即将广泛使用。

第三节　汽车美容用品

一、清洁用品

（一）清洁用品的特性和除垢机理

清洁用品的除垢机理是：润湿、吸附、增溶、悬浮、去污。汽车清洁用品一般应该包含表面活性物质、水玻璃、磷酸盐、碱性物质、溶剂、摩擦剂等成分或物质。

（1）表面活性物质亦称表面活性剂或界面活性剂，是一类能显著降低液体表面张力的物质，是清洗剂中不可缺少的成分，主要有软肥皂和合成清洗剂两种类型。表面活性物质在水中溶解能力不同，对清洗质量有很大的影响。易溶的活性物质在溶液中是以分子状态存在的，这些物质是最好的清洗剂。不溶于水的表面活性物质，只能以胶粒的形态形成胶体溶液，在憎水的污垢质点上吸附力很弱，故这类物质清洗效果不好。

除软肥皂及合成清洗剂外，常用的表面活性物质还有油酸、三乙醇胺、醇类等。

（2）水玻璃的化学名称叫硅酸钠。水玻璃具有很好的悬浮或稳定悬浮系统的能力，这是水玻璃和活性物质同时使用能提高去污能力的重要因素。

（3）磷酸盐有磷酸三钠、磷酸氢二钠和缩合磷酸钠等多种，在清洗剂配方中以缩合磷酸盐最为重要，在配方中它能增加清洗剂溶液的润湿能力，有一定的乳化能力，但它主要起软化水质的作用。

（4）碱性物质主要分解附着在金属表面的油脂，以前多用苛性钠，现在已改用硅酸钠、碳酸钠、磷酸钠系统的碱性清洗剂。

（5）溶剂是表面清洗剂的主体，它溶解表面活性剂等添加剂，共同对污垢起化学作用，达到清洗除垢的目的。

溶剂主要有水基溶剂和油基溶剂两种。水基溶剂主要是水，油基溶剂主要有汽油、煤油、松节油等。

（6）摩擦剂是增加与清洗表面接触、摩擦的物质，如硅藻土等。

（二）清洁用品分类

（1）汽车清洗剂种类和名称繁多，多为中性，一般分为以下几大类。

①不脱蜡洗车液：这种洗车液是国内外汽车美容行业中广泛采用的一种水性清洗剂，也是我们日常洗车的首选洗车液。它一般由多种表面活性剂配置而成，具有很强的浸润和分散能力，能够有效地去除车身表面的尘埃、油污，但又不会洗掉汽车表面原有的车蜡，防止交通膜的形成，保护车身不受各类有害物质的侵蚀，保持漆面原有光泽。

②增光洗车液：其实它也是不脱蜡洗车液的一种，但性能更优于普通的不脱蜡洗车液，它是集清洗、上蜡增光于一身的一种超浓缩洗车液。使用后能在车漆表面形成一层高透明的蜡质保护膜，令漆面光洁亮丽，给人一种焕然一新的感觉。

③脱蜡洗车液：这种洗车液是目前国内外汽车美容行业中广泛采用的一种有机清洗剂，是新车开蜡和在用车重新打蜡前洗车的首选洗车液。它主要用来去除车身表面的石蜡、油脂、硅酮抛光剂、污垢、橡胶加工助剂以及手印等。采用脱蜡洗车液后，汽车必须重新打蜡，否则车漆会加速老化。

④轮毂去污剂：过去轮毂清洗液都属于酸性物质，较容易损伤轮毂的金属层。目前使用的轮毂去污剂不含腐蚀剂，也不含酸性物质，而且清洗功能极强。将轮毂去污剂喷到轮毂表层后，油泥浊液自动往下流，只需用布轻轻擦干即可恢复金属或塑料的原有光泽。

⑤轮胎强力去污剂：该剂多为强碱型清洁剂。对带有白线圈的轮胎清洗效果尤其明显，用它清洗过的白线圈如同新的一样。

⑥玻璃清洗剂：主要用以去除玻璃上积累的白色雾状膜——各种内室清洗剂、清新剂、油烟雾等造成的静电油脂膜，同时可有效地去除鸟粪、油泥及尘土。因含挥发剂擦干后可很快风干，又因是水质，也可用于电镀、内室（地毯、座椅）等的清洗。

⑦发动机强力清洗剂：是一种比一般溶剂更强的生物降解型的去油剂，主要成分从橙皮中提取，成本高、不易燃，1 ∶ 1 稀释后还可清洗内室，以及家用抽油烟机等。

⑧发动机外部清洗剂：该剂是以煤油为基础料的去油剂，属生物不可降解型，是脱蜡能力较强的清洁剂。

⑨水性去油剂：该剂是最具灵活性的去油剂，可做多功能去油剂来使用，因为是水性的，因此很安全，可用于洗车、洗内室、洗皮革，比一般清洗剂多了去油的功能。

（2）按清洁用品性能分类。

①水性清洗剂。

②有机清洗剂。

③油污清洗剂。

④溶解清洗剂。

⑤多功能清洗剂。

⑥发动机室专用清洗剂。

⑦擦污黏性泥团。

（3）按清洁用品用途分类。

①汽车清洁香波、汽车清洁上蜡香波、自动洗车机用高泡香波、自动洗车机用上蜡香波。

②万用清洁剂、多功能清洁柔顺剂。

③全能皮革泡沫清洗剂。

④玻璃清洗液、风窗玻璃浓缩防雾防冻清洗剂。

⑤轮毂清洁剂。

⑥车内仪表盘清洁剂。

⑦发动机外表清洁剂、发动机舱清洗剂。

⑧水箱除锈剂。

⑨化油器清洁剂、重油清洗剂。

⑩其他清洁用品：焦油沥青去除剂、昆虫焦油清除剂、多功能除锈剂（WD40除锈水）等等。

二、修饰研磨与抛光用品

1. 修饰研磨与抛光的定义

（1）修饰研磨。

修饰研磨，就是使用高标号水磨砂纸，将汽车漆面等物体表面的尘粒、流涂、划痕等瑕疵，精心磨平，但前提是这些瑕疵仅为浅表层损伤，不伤及色漆层。

（2）抛光。

将去光、失光的漆面重新摩擦生光，要领是快速轻擦。图2-24所示为穿戴齐整再进行抛光作业。

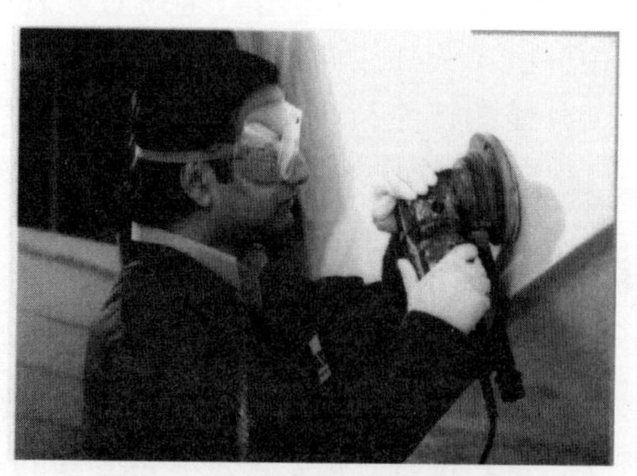

图2-24　穿戴齐整再进行抛光作业

2. 修饰研磨用品

（1）水磨砂纸（P1500~P2000号）。

（2）砥板，大号尺寸为230mm×100mm×20mm，中号尺寸为140mm×75mm×20mm，小号可用麻将牌。

（3）菜瓜布（百洁布）。

（4）砂蜡。

（5）研磨膏。

3. 抛光用品

抛光用品包括精细砂蜡、抛光剂（不含蜡）、还原剂（含蜡）等等。

三、维护用品

（一）漆面维护用品

1. 车蜡作用

汽车打蜡能够有效地保护漆面，使其永葆靓丽风采，这与车蜡的作用密不可分。

（1）防水、拨水作用。汽车经常暴露在空气中，免不了受风吹雨淋，当水滴存留在车身表面时，在天气较晴、强烈阳光照射下，每个小水滴就是一个凸透镜，在它的聚焦作用下，焦点处温度极高，极大地影响了漆面的质量及使用寿命。另外，水滴易使暴露的金属表面产生锈蚀。车蜡能使车身漆面上的水滴附着减少60%~90%，高档车蜡还可以使残留在漆面上的水滴进一步平展，呈扁平状，最大限度地减少水滴因强烈阳光照射时的聚焦作用造成漆面暗斑、侵蚀和破坏。

（2）抗高温作用。车蜡的抗高温作用是对来自不同方向的入射光产生有效反射，防止入射光线穿透透明漆，导致底色漆老化变色，延长漆面的使用寿命。

（3）防静电作用。汽车静电的产生主要有两种：一是化纤、丝毛织物如地毯、座椅、衣物等摩擦产生的；二是由于汽车在行驶过程中，空气中的尘埃与车身漆面相互摩擦产生的。无论是哪种原因产生的静电，都对驾乘人员带来诸多不便，甚至造成伤害。车蜡防静电作用主要是隔断空气及尘埃与车身漆面的摩擦。通过打蜡，不但可有效防止车表静电的产生，还可大大降低带电尘埃对车表的附着。

（4）防紫外线作用。车蜡防紫外线作用与它的抗高温作用是并行的，只不过在日光中，由于紫外线的特殊性决定了紫外线较易于折射进入漆面，防紫外线车蜡充分考虑了紫外线的特性，最大限度地降低了对车表的侵害。

（5）上光作用。上光是车漆维护的最基本方法。经过洗车机打蜡的车辆，都能不同程度地改善其漆面的光洁程度，使车身恢复靓丽本色。打蜡就是给车身表面涂上一层保护蜡后，再将其抛出光泽。汽车在行驶过程中，空气中的尘埃与车表金属表面相互摩擦产生静电。打蜡，不仅能有效地防止车身表面静电的产生，还可降低带电尘埃对车表的破坏。同样，车身打蜡对保护漆层、光亮漆层也具有很好的效果。因此，汽车在使用过程中，定期进行打蜡处理是非常必要的。

（6）研磨抛光作用。当车身漆面出现浅划痕时，可使用研磨抛光蜡，若划痕不是很严重，抛光和打蜡作业可一次完成。

车蜡除了具有上述作用外，还具有防酸雨、防盐雾等作用，选用时可根据需要灵活掌握，使汽车打蜡事半功倍。

2. 车蜡种类

车蜡种类繁多，如图 2-25 所示。车蜡又分为抛光蜡和手工打蜡。

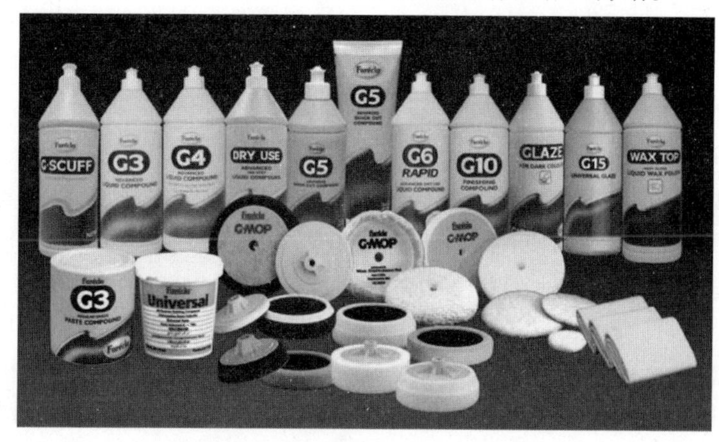

图 2-25　种类繁多的车蜡及抛光用品

（1）抛光蜡。

①砂蜡：用于喷漆作业和部分剐蹭后的处理。

②粗蜡：用于三年以上的车身漆面的深划痕处理。

③中蜡：用于两年以上的车身漆面普通划痕处理。

④细蜡：用于一年以上的车身漆面细小划痕处理。

⑤镜面蜡：用于去除车身漆面太阳纹，提高光泽度。

⑥增艳蜡：用于处理漆面出现的哑光，提高漆面艳丽的光泽。

（2）手工打蜡。

①乳蜡：用于新车，具有去污力，保护效果较好。

②水蜡：用于浅色车，去污能力强，保护效果差。

③固蜡：用于雨水较多季节，具有超强的防水效果。

④软蜡：用于深色车，具有去污力，保护效果一般。

最早的车蜡是从石油中提取的石蜡，如今的车蜡主要成分是聚乙烯乳液或硅酮类高分子化合物，并含有油脂和添加剂成分。但由于车蜡中富含的添加成分不同，使其物质形态性能上有所区别，进而划分为不同的种类：

①按物理状态不同分类。车蜡按其物理状态的不同可分为固体蜡和液体蜡两种。在日常作业中，液体蜡应用相对较广泛，如美丽狮勋章蜡、水晶棕榈蜡等。

②按生产国别不同分类。车蜡按其不同生产国，可大体分为国产蜡和进口蜡。目前，国内汽车美容行业中使用的车蜡，中高档车蜡大部分为进口蜡，有进口蜡垄断之势，低档车蜡中，国产蜡占有较大的份额。常见进口车蜡多来自美国、英国、日本、荷兰等，

例如美国龟牌系列车蜡、美丽狮系列车蜡、普乐系列车蜡等。国产车蜡最常用的如彩虹、魔兽、鹰牌等。

③按其作用不同分类。车蜡按其作用不同，可分为防水蜡、防高温蜡、防静电蜡及防紫外线蜡多种。

④按其功能不同分类。车蜡按其主要功能分为上光蜡和抛光研磨蜡两种。国产上光蜡的主要添加成分为蜂蜡、松节油等，其外观多为白色和乳白色，主要用于喷漆作业中表面上光。国产抛光研磨蜡主要添加成分为地蜡、硅藻土、氧化铝、矿物油及乳化剂等，颜色有浅灰色、灰色、乳黄色及黄褐色等多种，主要用于浅划痕处理及漆膜的磨平作业，清除浅划痕、橘纹、填平细小针孔等。

3. 车蜡的选用

给车打蜡可以在车漆表面形成蜡膜，抑制外界有害成分对车漆的氧化作用，可抗紫外线，增加汽车光亮度。可以说打蜡是一种保护漆面的好方法。不过，车蜡种类多，质量也参差不齐，选用必须慎重，选择不当会加速漆面老化。

目前市场上的车蜡分液蜡、膏状蜡和硬蜡，选车蜡时，要分清车蜡用途。砂蜡和抛光蜡是用于漆面抛光处理的，有去污、返新作用的车蜡，它们都含有研磨成分，适用于旧车。总体来说，光硬化树脂蜡和3M蜡效果较好，均属硬蜡，其蜡膜硬、防水性好、光泽度高，保持时间相对较长。棕榈蜡是车漆最好的基础维护品，优质的棕榈蜡能带给车漆湿润而深沉的光泽感，并给予车漆良好的防护性能；配方蜡，给没有时间维护车的车主们带来了极大方便；防水蜡能够在车漆表面形成很好的拨水层，防止酸雨在车身残留；防紫外线蜡可以形成更好的反射透明层，将紫外线阻隔与反射出去，减缓漆色的衰老；覆膜剂，给汽车上了一层封闭性的防护膜，可以延续一年的保护效果。

新车适用的车蜡包括快蜡G10乳状蜡、G17/G18镜面釉、3M的水晶蜡、Soft99的新车专用蜡、龟博士的水晶极限蜡等，要求不含研磨剂，并能给车漆提供综合保护。

打蜡应用海绵块涂上适量车蜡，在车体上直线往复涂抹，不可把蜡液倒在车上乱涂或做圆圈式涂抹，并且一次性涂完。一般蜡层涂完5~10min后，就可用干净的麂皮、棉布或毛巾擦亮。抛擦车蜡时，不可用化纤材料的毛巾，因为化纤比漆硬。

打蜡时间间隔也要依据不同的使用环境作出判断，一般有车库停放、在良好道路上行驶的车辆，每3~4个月打一次蜡即可；露天停放的车辆，由于风吹雨淋，最好每2~3个月打一次蜡。通过触摸也能进行判断，一般而言，用手触摸车身感觉不光滑时，就可再次打蜡。

常见的车蜡品种有新车保护蜡、石英蜡、至尊硬蜡、水晶蜡、彩色蜡、手喷蜡、抗紫外线蜡、防水蜡、光洁蜡、复彩护漆上光蜡、清洁砂蜡等，种类繁多，应按需择用。

（二）皮革类维护剂

皮革类维护剂包括以下几种。

（1）水性真皮清洁柔顺剂。

（2）油性真皮上光维护剂。

（3）硬质皮革清洗剂。

（4）真皮清洁增光剂。

（5）车内仪表板清洁剂。

（6）多功能内室光亮剂。

（7）其他维护剂有真皮清洗剂、手感处理剂、显艳剂、脱膜剂、发泡剂、封底剂、强黏剂、交联剂、黑色颜料膏、白色颜料膏、黄色颜料膏、棕色颜料膏、红色颜料膏、蓝色颜料膏、紫色颜料膏、柔软加脂剂、防黄变固定剂、皮椅树脂、轻度补伤膏、重度补伤膏等。

（三）化纤、丝绒类清洁维护剂

化纤、丝绒类专业维护剂包括化纤维护剂、绒毛深度清洁香波、化纤皮革清洁保护剂等。

（四）塑胶类清洁维护剂

塑胶类专业维护剂包括塑胶清洁维护剂、皮塑防护剂、轮胎清洗剂增黑剂、超级防护剂、塑件橡胶润光剂等。

（五）电镀件专业保护剂

电镀件专业保护剂包括电镀件除锈保护剂、汽车镀铬抛光剂、仪表喷蜡、碧丽珠等。

（六）玻璃清洁维护剂

玻璃维护剂包括玻璃清洁防雨防雾剂、后视镜防雾与避水剂、玻璃抛光剂等。

（七）其他清洁维护剂

其他清洁维护剂品种有焦油沥青去除剂、昆虫焦油清除剂、车裙装潢泡沫清洗剂、异味消除剂、多功能防锈剂、万能除锈剂、增强型发动机超级保护剂、铝轮辋靓丽保护剂、塑胶保护剂、燃油系统强力清洗保护剂、发动机漆膜维护剂、汽车底盘高级维护剂、电路干燥喷雾剂、橡胶密封喷雾剂、传动带防滑喷雾剂、风窗玻璃喷雾除冰剂、刮水器添加剂、防雾剂、耐久弹性填缝胶带、车用香品类（包括气雾型车用香品、固体型车用香品、液态车用香品）、空气清新剂等。

四、车内消杀除臭用品

1. 消杀用品

消杀用品主要有臭氧剂、紫外线、消杀药剂、天然橙油内室清洗剂、蓝威宝、红威宝、丝绒清洗剂、万能泡沫清洗剂、塑料上光剂、仪表板清洗维护剂、光触媒内室消毒剂等。

2. 除臭用品

除臭用品包括活性炭、太阳能光电空气置换、光触媒喷剂、车用水溶液光触媒内室专用、专用空气清新剂、专用抗菌表板蜡、异味去除剂等。

五、防护用品

（1）玻璃防护用品，包括防爆贴膜、玻璃镀晶等。

（2）底盘防护用品，包括底盘装甲防护剂、防护托板等。

（3）车身装饰防护，包括车身防撞胶条、车身装饰彩条、软塑 PVC 镀锌条等。

（4）汽车安防用品，包括防盗器、卫星监控、触屏中控等。

六、汽车美容其他用品——润滑油

（一）发动机润滑油作的作用

发动机润滑好，则动力足。润滑油的作用包括以下几方面：

1. 润滑减磨

活塞和汽缸之间，主轴和轴承之间均存在着快速的相对滑动，要防止零件过快的磨损，则需要在两个滑动表面间建立油膜。有足够厚度的油膜将相对滑动的零件表面隔开，从而达到减少磨损的目的，如图 2-26 所示。

图 2-26　发动机润滑的重要性

2. 清洗

好的润滑油能够将发动机零件上的碳化物、油泥、磨损金属颗粒通循环带回润滑油箱，通过润滑油的流动，冲洗零件工作面上产生的脏物。

3. 冷却降温

润滑油能够将热量带回润滑油箱再散发至空气中，帮助冷却发动机。

4. 密封防漏

润滑油可以在活塞环与活塞之间形成一个密封圈，减少气体的泄漏和防止外界的污染物进入。

5. 减振缓冲

当发动机汽缸口压力急剧上升，令活塞、活塞销、连杆和曲轴轴承上的负荷很大，在轴承传递润滑作用下，可缓冲冲击负荷。

6. 防锈防蚀

润滑油膜还可以起封闭作用，隔绝运动部件的氧化，有效地保护发动机。

（二）发动机润滑油基本知识

发动机润滑油的选用主要参考车主手册，有的车型在润滑油加注口盖上亦有润滑油加注性能要求。

润滑油的分类基于其黏度数值，最终形成了国际统一的标准。最常见的是 SAE（美国汽车工程师协会）标准，以“SAE”字样作为前缀。

黏度指数的含义：字母 W 表示在 20℃时测量到的润滑油黏度，低黏度润滑油有利于在较冷的气候下起动发动机。无字母的数值表示 100℃时测量到的润滑油黏度，SAE 数值越低，润滑油就越稀。

例如：SAE10W-30 表示该润滑油在 20℃下符合 SAE10 润滑油的标准，在 100℃下符合 SAE30 润滑油的标准。

需要注意的是，SAE 编制表示的是该种润滑油在极冷和极热环境下的黏度特性，并不代表润滑油质量的好坏，要知道润滑油的质量如何，则必须参考 API（美国石油协会）的品质编制。

API 品质编制分为汽油和柴油两种，其中汽油 API 品质编制分为 SA、SB…SL 十个等级。SA 等级品质较低，SL 等级目前品质最高，一般市面上出售的润滑油大都在 SG 等级以上。

柴油 API 品质分为 CA~CJ-4 十个等级。同汽油 API 编制一样，CA 等级最低、CJ-4 等级最高。

对 SAE 数值的选择，首先必须了解车辆的性能。若是高性能的跑车，或者经常高速行车的话，由于在大功率时发动机的转速很高，会使得发动机的温度居高不下，因此必须选用较耐热的润滑油，如 SAE15W-50、SAE10W-40 等。若周围环境较冷，同种润滑油低温时黏度较高，必须选用较稀的润滑油，如 SAE10W-30、SAE10W-40 等。

汽车美容工不能自行更换发动机润滑油，只能告知车主，或者转介给机修工进行相应的维护作业。

第三章　汽车外部清洁

第一节　手 工 洗 车

一、手工洗车

手工洗车过程如图 3-1a)~ 图 3-1o) 所示。

图 3-1　手工洗车过程演示

手工洗车一般分为以下几个步骤。

（1）低压冲水，冲洗全车车身表面。

（2）喷洒高泡洗车液，静置约 2min，经过浸泡，大部分沙土、粉尘可以与漆面分离。

（3）用高压水冲净。

（4）二次喷洒含专用蜡水的高泡洗车液。

（5）揩抹全车外表，并用毛刷清洗轮胎、轮毂。

（6）用高压水二次冲净。注意冲洗的顺序是从车顶开始，由上往下、分区域冲洗。冲洗到中网位置时，必须低压冲洗，严禁使用高压冲洗，以免造成水箱、蒸发器的散热片损伤。轮胎部位包括冲洗轮毂、轮槽及其护板等。这些地方经常会有整层的污垢，进行冲洗的时候，还要利用高压水柱的冲洗角度，将制动片与制动蹄上的脏物完全去除。

（7）用毛巾、麂皮擦亮全车（这里要强调一点：擦车的毛巾要在 2~3 条左右，因为擦拭不同部位，要用不同的毛巾）。

（8）用空气清洁枪将车身上一些不容易擦到的地方的水珠吹干（主要包括：车窗的胶条密封处、门边框、行李舱边框等）。

（9）清洁座椅、窗台、门侧格、地毯脚垫、行李舱等，并擦拭送风口、座椅等。

（10）添加刮水器水箱水，检查轮胎气压，喷空气清新剂等。

（11）竣工巡检及交接车。

图 3-2 所示为本书编者私家车进行纳米水晶镀膜过程。纳米水晶镀膜作业顺序先后为喷泡润湿→少水冲洗→抹干→镀晶漆面还原剂→擦污黏泥团全面去污→少水冲洗→喷涂镀晶液→软布抹亮→竣工巡检→交接车。此后 3~6 个月，只需用清水冲洗然后抹干即可，效果好且性价比高。

二、洗车方法

（1）洗车用具应有分工。

熊掌形擦布套用来擦干净车身污物，长毛刷洗轮圈，海绵块洗轮胎，不能混淆，并且遵循从上而下的原则。擦车时，也要遵循从上而下的原则，用柔软的毛巾将车身上的水渍擦干，并用专业的干湿两用吸尘器做车厢内吸尘。

（2）车身太脏时可以先预洗。

车身脏了，许多尘土、泥沙附在车身上，如果一开始就用水枪冲，用海绵擦，洗车店变成了给车“打沙皮”。不少专业洗车会在洗车前增加一道预洗的程序。将特别的预洗液喷洒在车身上，并等待一两分钟，经过浸泡，大部分的沙土可以与车漆脱离，再用水枪冲洗，可以避免喷完洗车液在擦车时泥沙划伤漆面。

天冷了还要注意，如果在冬天气温很低的情况下，尽量不要去洗车，否则会变成洗“冰浴”，对漆面损伤很大。

（3）手工洗车时，应该注意细节，避免造成漆面损伤，或者疏忽导致不够清洁。

①轮胎内侧没有清洗。目前洗车行业的普遍性问题，就是车辆四个轮胎的内侧都没有认真清洗。再有，就是车顶的清洁常常流于形式，干净度稍嫌不足。

②身上佩戴硬物。统一着装的洗车场所，若出现个别服务人员身佩钥匙、手戴戒指的情况，这样容易造成车漆划刮损害。

③场地设计尽量人性化。

（4）洗车连带纳米水晶镀膜。

a) b) c) d)

e) f) g) h)

i) j) k) l) m)

n) o) p) q)

图 3-2 洗车连带纳米水晶镀膜过程示图

洗车连带纳米水晶镀膜流程，如图 3-3 所示。

DIY纳米水晶镀膜 (漆面及玻璃)

有效去除氧化层、油膜、铁粉。提高漆面光泽度，有效恢复漆面原有色泽，高效拨水成分，形成强力防水膜。

无机镀膜，防止漆面氧化、抗酸碱盐、抗紫外线，容易施工，45min完成全车玻璃及漆面镀膜。有效期30~40天。

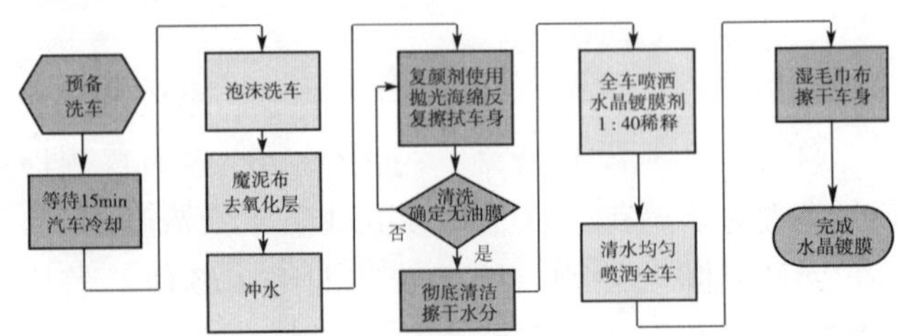

图 3-3 洗车连带纳米水晶镀膜流程图

第二节　汽车玻璃与车灯清洁

一、汽车玻璃清洁

风窗玻璃是广大车主最容易感受到的，它能够给驾乘人员带来一片清晰的视野、一个舒畅的驾车心情。利用清洗剂进行汽车玻璃清洁，在汽车维护中仅仅是一个小细节。汽车玻璃清洗剂属于硬表面清洗剂中的一种。作为汽车玻璃的风窗玻璃，在冬天很容易结冰霜；到夏天，汽车风窗玻璃上经常会有很多虫胶；平时又难免会有油污和灰尘黏附在汽车风窗玻璃上，给驾驶员造成很多麻烦。使用汽车玻璃清洁剂清洗过的车窗，驾驶员能够立即感受到清晰的视野。

玻璃油膜清除剂，大多采用多种油膜消除成分，是通过“摩擦清除”油膜并使其在产生的水溶液中漂浮起来从而彻底清除油膜，可以完全消除玻璃上所附着的油膜，还原汽车玻璃的透明亮度。

二、玻璃防雾处理

全车玻璃做防雾处理后，车内玻璃不起雾，可保障安全行车。

汽车玻璃防雾剂为专门玻璃防雾配方，可以在水分子和玻璃之间形成一个防雾层面，破坏水分子的张力和雾化表层，吸收水分子使之不能形成水雾，或使其变成微小水珠而自动滑落，保持玻璃表面的洁净和清晰度。此外，汽车玻璃防雾剂无毒、无害，易于涂抹，附着力强。可以有效地去除由于雨天、天冷等原因造成的车内玻璃起雾。通常能在 2~3 个月发挥持续的功效。

玻璃除雾施工效果如图 3-4 所示。

使用汽车专用防雾剂，操作简单。防雾剂使用前，先将前风窗玻璃内侧擦拭干净，然后喷上适量防雾剂，待防雾剂凝固后，用清洁的毛巾擦拭干净即可。

三、车灯、后视镜清洁

图 3-4　除雾以后视野好

汽车各种照明灯、信号灯和左右后视镜的清洁，与汽车外部清洁同步进行。与汽车玻璃的清洁方法相似，仔细揩抹去除其表面附着污物，然后用清水冲洗，再用干净的麂皮或抹布擦干。

部分豪车的前照灯配置清洁刮水器，需额外清洁刮水器片及检查其附件。同时，清洁维护灯具时，顺便做各项灯光检查，发现灯光故障时及时提醒车主找汽车维修电工等。

需要注意的一点是，反光镜面揩抹清洁完后，需要复原其视角。

第三节　汽车轮胎与底盘清洁

一、轮胎清洁

由于汽车轮胎是在汽车驾驶过程中直接与地面接触的部件，所以特别容易脏污，尤其是在雨雪天气，汽车的轮胎会更脏，所以要经常进行清洗。洗车时将车胎和车轮清洗干净，能够使得汽车格外醒目。轮胎清洗会给汽车外观加分，能够增加汽车的整体美观度，同时还能够对汽车轮胎起到维护的作用，延长轮胎的使用寿命。

在长时间驾驶之后，汽车轮胎表面花纹容易嵌入一些石子和其他一些杂质，不仅影响轮胎的美观，同时还有可能会加速轮胎的磨损，带来驾驶安全隐患。

脏污或表面老化变白、黏着灰尘变黑的车轮会严重影响汽车的整体形象。

洗车之后，车轮及车胎将会焕然一新。在清洗轮胎的时候，需要使用专业的轮胎洗涤剂，并用刷子仔细地刷洗，将轮胎花纹内部的杂物剔除。另外，也可以使用高洗净力的专用清洁剂，将顽固的制动块磨屑清洗干净。通常，汽车美容店会对汽车轮胎进行专业的清洗，并使用较软的刷子刷掉沾在车胎上的泥土，而避免擦到车轮。

使用柔软的刷子或海绵进行清洗的时候，需要注意轮毂的叶片、辐条的清洗，将轮毂上的脏物完全去除。

在清洗轮胎的时候，准备一个把手较长的刷子，以便能够深入地洗干净，也可以用轮胎清洁专用板刷。在洗前轮的时候，左右转动转向盘可以更轻松地洗干净所有地方。

如果轮胎并不是太脏，用普通的清洁剂清洗即可，清洗轮胎的一般原则是，清洗较大面积的部位时用板刷，洗小地方就用小 8 字海绵。轮胎正面、两侧等面积较大的地方就可以用板刷用力地刷。一些较不明显的地方，用小 8 字海绵才可以清洗干净。如果有太多污垢，就需要使用一些专门的汽车清洗剂进行清洗。

轮胎清洁还包括轮槽及其护板等清洗，这些地方经常会堆上整层的污垢，通常使用高压水枪进行冲洗。清洗轮胎、轮毂、钢圈的工具，最好不要与洗其他部分的工具合用。因为这部分很脏，在工具上很有可能会残留一些灰尘或是小沙子等东西。如果在洗车身其他部位时，可能会对车身造成伤害。若是非要合用工具，也要先做过适当的处理。

轮毂清洁，若使用轮毂水晶镀膜，可以在轮毂罩的表面形成一层坚硬的晶体保护层，保护轮毂罩免受划伤，起到防污、防划痕、增亮的效果。轮毂水晶镀膜操作方法，可以参照漆面镀膜。

汽车轮胎碰到了沥青未干的路面，或者沾上了未干的沥青是可以清洗干净的。要注意的是不能用汽油或者化油器清洗剂来清洗表面沾上了沥青的轮胎，否则会降低轮胎寿命，不久就会有明显且很长的裂纹产生，深裂纹会直接影响行车安全。清洗这样的轮胎要选专用的轮胎沥青清洗剂，清洗后最好打一遍轮胎上光剂，这样可以延长轮胎的使用寿命。注意不要喷在胎面上，容易造成汽车轮胎打滑。

二、底盘清洁

一般在正常的使用条件下，没有必要经常对车辆的底盘进行冲洗，因为经常冲洗底盘很容易造成排气管等部件生锈，如果车辆在经过泥泞的未铺装道路后，造成车辆的底盘上附有大量的泥土时，可以对底盘进行一些简单的冲洗。需要注意的是，在冲洗的过程中水压不要太高，还有就是不要从排气管后部冲水，以免排气管进水。

长时间驾车以后，发动机以及排气管处于高温状态，骤然洗车容易造成伤害，应该置放一段时间后，让车辆整体冷却下来，再冲洗底盘。

全自动洗车机都有汽车底盘清洗功能，还可以根据需要打开或者关闭。

做底盘装甲之前，需要对底盘进行彻底清洗，一定要注意汽车底盘的清洁和防锈处理。另外，还要注意不要用碱性清洗液冲洗车身及底盘。将车用升降机升起，包扎汽车的排气管、线接头等，用高压水枪冲洗底盘，而后再用专用的清洗剂再次冲洗底盘，再用高压吹枪将底盘吹干，最后解开包扎的部位，降下汽车。

第四章　车身漆面维护

原装新车的漆面，必然是色彩鲜艳、光洁可鉴、完美无瑕。既然如此，为什么还要花费心机进行抛光打蜡、镀膜镀晶呢？首先，汽车漆面涂装工序繁杂、费用不菲。其次，就算不计漆面翻新成本，但汽车漆面是一种硬度不高的有机涂膜，漆面在汽车运动中与空气摩擦会产生静电而吸附油污、微尘粒子，形成交通膜，时间一长将会导致“花容失色”，而日常摩擦、轻微剐蹭也会造成漆面失光。若要保持漆面光鲜，需要经常清洁和“涂脂抹粉”，就是要抛光打蜡、镀膜镀晶。通俗而言，漆面是“本色”，打蜡镀晶是“出彩”。

第一节　新车整备

一、新车漆面

目前，汽车原装漆面均采用高温烘烤型双膜或多膜涂装，即新车漆面的表层是清烘漆。新车漆面具有良好的耐久性和耐候性，漆面流平性好，强度和硬度高，光洁无瑕。

清烘漆层特点，一是罩光，用以保护色漆层；二是增加色漆的亮度和反光度。

只要是新车，为了避免停放时间过久导致尘封污垢，都要做漆面保护，对于车厂所使用的车蜡，与做美容的车蜡相比，无论是功能和质量都不能相提并论，车厂蜡重在保护，而不是为了美观。从成本上讲，价格也远远低于美容车蜡。

从出厂时做保护蜡，一直到消费者手里，时间具体多长，要看车子的销售情况。短时间影响不大，时间长了，这层封蜡将会因阳光紫外线、大气酸性物质的助解性而演变成有害物质穿蚀车体，起到副作用。有些新车没有涂保护蜡，而是贴了一层不干胶保护膜，也存在意外胶着状况。

清漆涂膜也不是一劳永逸地永久光鲜。清漆涂膜也容易受到环境污染的侵蚀。有害物质的来源包括：车尾气中放出的二氧化碳的炭黑及飞机航空油中飘落的杂物有酸雨、酸雾、酸雪等。这些杂物一旦落在车上，加上空气中的水分，就变成腐蚀清漆的酸性溶液，稍一加温（阳光中的紫外线），便开始发生化学反应，侵蚀汽车面漆层，若长期不做维护，终将加速漆面老化，令漆面哑光甚至失光，严重时还会侵蚀到色彩层、底漆层以至金属层。

二、新车开蜡

新车使用之前，必须经过新车整备，其主要工作是新车开蜡。

如果车主买的是进口轿车，开蜡就非常重要，因为进口轿车在出口时都在汽车外表涂有一层保护性封蜡以抵御远洋运输途中海水侵蚀漆膜。因封蜡极厚，并且十分坚硬，所以还可经受大型双层托运车在途中被树枝或强力风沙的剐蹭及抽打。一般情况下，进口新车都要进行开蜡。车蜡中含有石蜡、树脂及特氟隆等材料。除蜡时应选用专业的开蜡液，不要用汽油或煤油擦拭，或者到专业的美容维护店处理。很多时候汽车经销商在交车之前就已经做完了新车开蜡工作。至于国产车，由于运输路途不太长，车厂只对重点部位如发动机舱盖和车身两侧主部位做贴膜防护，大部分无开蜡需要。

（一）新车上几种常见保护性封蜡

1. 油脂封蜡

车体蜡壳呈半透明状态，多用于长途海运的出口汽车。它可提供蜡壳极硬的保护层，即使碱性极高的海水飞溅于涂有封蜡的车体表面，也不能对其造成任何损害，可以保证新车在出厂后一年内不受其他有害物质的侵蚀。

2. 树脂封蜡

车体蜡壳呈亚透明状态，主要用于本国短途运输的汽车。它可为车身提供一年以上良好的硬质保护层，能防止运输新车过程中人为轻微剐蹭所造成的划痕现象，但无法抵御海水的侵蚀，所以这种树脂封蜡不适合在海洋运输中为汽车提供防止碱性物质侵蚀的保护层。

3. 硅性油脂保护蜡

车体蜡壳呈透明状态，新车出厂时为汽车提供短期的保护层。能有效防止阳光紫外线、酸碱气体、树枝、风沙等一般的侵害。对于海水或运输新车过程中所造成的剐蹭现象不能起到很好的保护作用。

（二）开蜡用品

1. 油脂开蜡洗车液

市场上 80%的产品属于非生物降解型溶剂，主要原料提炼于石油、强碱性药剂，因此使用时应注意劳动保护。

2. 树脂开蜡洗车液

多功能轻质水溶性清洁剂，含有树脂聚合物的溶解元素，渗透性较好，使用起来比较安全。

3. 强力脱蜡洗车液

生物降解型产品，主要提炼于天然橙皮，并含有阴离子表面活性剂，泡沫丰富，分解性较好，因此成本也较高。

（三）开蜡工具

1. 专用洗车海绵

这种中密度海绵具有极好的包容性，在清洁车身过程中能将沙粒及尘土深藏于气孔之内，避免因擦洗工具过硬而不易包容泥沙给车体造成划痕的问题，配合高润滑性阴离子表面活性剂（高泡洗车液）更可保证操作中万无一失。

2. 高密度纯棉毛巾

三遍开蜡工序中都需使用，因质地比较柔软，即使清洁车体后表面仍存有少量泥沙，开蜡过程中也不致对漆面造成影响外观效果的较大伤害，所以纯棉毛巾应是开蜡过程中必不可少的工具之一。

3. 塑料异形刮板

这种刮片材料质地较软，具有一定韧性，加之垫有纯棉毛，所以操作时不会对漆面造成任何损伤。还可用其清除手指触及不到的地方，如板块连接处、车标等。

4. 防护眼镜

防止施工中毛巾擦洗车体时药剂飞溅入眼。如有类似现象发生，应立即用清水冲洗，情况严重者应马上就医。

5. 橡胶手套

因多数开蜡液均属轻质性煤油类产品，渗透分解性极强，有害于皮肤，所以应使用橡胶手套并采取防护措施。

（四）开蜡作业

由于封蜡的种类不同，进行开蜡时所采取的操作步骤也不尽相同。

1. 油脂封蜡开蜡

（1）首先将车体污物冲净润湿，冲洗后无须擦干。

（2）将油脂开蜡洗车液灌装到手动喷壶或气动喷雾器内，然后均匀喷洒于车身。

（3）晾置3min后，喷洒少许清水，用半湿性毛巾，按顺序逐块清洗擦拭漆面，直至将全车封蜡清除，然后用配制好的脱蜡洗车液将全车清洗，冲净后无须擦干。

（4）将油脂开蜡洗车液再次喷洒于某一板块，晾置1min后，将喷洒过药液的板块用半湿性毛巾再次擦拭，这时此板块残留封蜡应可完全清除，然后用脱蜡洗车液清洁。

（5）最后验车时，应将车身连接缝隙处残留的封蜡清除干净，并将全车外表用脱蜡洗车液再次清洁，擦干后打蜡抛光即可。

2. 树脂封蜡开蜡

（1）用高压水枪将车体大颗粒泥沙冲洗干净，然后将配制好的脱蜡洗车液均匀喷洒于车体，并用洗车海绵擦拭全车，冲净后无须擦干。

（2）将树脂开蜡洗车液均匀喷洒于单一板块，晾置1min后，将喷洒过药液的板块用半湿性毛巾擦拭，这时此板块封蜡应被完全清除，然后用脱蜡洗车液清洁此板块。按此方法逐块清洗，直至将全车封蜡清除。

（3）将车身连接缝隙处残留的封蜡用塑料刮片垫半湿性毛巾清除干净。

（4）用配制好的脱蜡洗车液将全车再次清洁，擦干后打蜡抛光即可。

3. 硅油新车保护蜡开蜡

（1）首先将车身大颗粒泥沙冲洗干净。

（2）然后将强力脱蜡洗车液用喷雾器均匀喷洒于车体。

（3）用洗车海绵按汽车板块顺序将全车快速擦拭。

（4）最后用高压水枪将车身擦掉的蜡质及污物冲净，擦干后打蜡抛光即可。

4. 开蜡注意事项

（1）进行开蜡工序前，必须将全车外表清洁，以免操作时因车体携有沙粒给漆面造成划痕。

（2）开蜡中所使用的毛巾应不断清洁，以保证清除掉的封蜡不致存留于毛巾上太多而不便于继续施工。

（3）在进行高压冲洗时，压力不要太高，高压冲洗只需冲掉灰尘及泥沙等可能影响除蜡效果的杂质即可；开蜡水施喷一定要均匀，边角缝隙处千万不可忽视；喷洒开蜡水后，要待开蜡水完全渗透蜡层并使其溶解后（5~10min），才能用毛巾擦拭；如在擦除封蜡过程中发现“吱吱”的响声，应立刻停止施工，说明毛巾中存有沙粒，清洗干净后才可使用。

（4）最后的清洁及擦干，要按洗车作业规程实施，因为经开蜡水清洗开蜡后，仍有部分蜡质及杂质留在车表；开完蜡后新漆膜暴露在外，极易受到氧化，必须使用耐候性较好的新车保护蜡进行上光。

（5）封蜡停留于车体表面两年以上的车辆，应在开蜡后进行抛光，然后打蜡复颜。

新车漆面整备完毕时，是给汽车做专业美容的最佳时机。因为新车上没有一丝划痕，光洁无瑕，做一次全面的漆面和玻璃镜面的专业维护——镀晶，相比较以后做相同项目，效果更好，更加经久耐用，而且价格可能更加便宜，前期做好维护，以后在漆面维护上的花费会减少许多。

第二节　汽车漆面日常维护

一、汽车漆面日常维护内容

汽车漆面日常维护包括洗车和简易手工打蜡。

洗车包括手工洗车、高压清洗机洗车、微水洗车、泡泡浴精致洗车、全自动洗车等。使用中性洗车液，冲洗车身表面松弛的沾染物、残余物和沙粒。千万不要使用家庭用的清洁剂，因为通常家庭使用的清洁剂都是碱性的或是酸性的，它会洗掉车蜡，损害漆面。也不要直接在太阳照晒下清洗车身表面。清洗车表顽固的污染物和黏附物，原则是尽量选用较温和的方式达到清洁车身的目的。去污泥配合润滑剂可以驱除漆面上难于清洗的污点。应尽量避免使用研磨作业以免对漆面造成磨损。

简易手工打蜡，是指对未经镀膜、镀晶的漆面，进行打蜡等漆面保护措施。

二、漆面日常维护常识

1. 雨后及时洗车

雨水一般都会呈现酸性状态，下雨之后随着漆面雨水的蒸发，局部的酸性物质浓度会呈现上升趋势，如不尽快清洗车漆表面的雨水渍，时间久了就会损伤漆面。

2. 洗车注意温度

最好不要在烈日或高温下清洗车辆，一方面可能会使洗涤剂受到烘干而在车漆表面留下痕迹，另一方面漆面水珠擦拭不及时会形成微小透镜，导致漆面局部温度过高，造成烧伤。

3. 使用专业中性洗涤剂

清洗车辆时，选择专用的洗涤剂，不要使用碱性较大的洗衣粉、肥皂水和洗涤灵等清洁剂，这样做会使漆面中的油脂被强制带走，加速车漆的老化。

4. 擦车有讲究

擦拭车辆时，一定要选择干净、柔软的海绵或专用擦车布，如麂皮之类的。切记在使用之前要确保其中没有混入沙粒或金属碎屑，否则会对车漆造成严重的伤害。不要使用干旧布、干海绵擦拭，这样会在车漆表面留下划痕。擦拭时还应该顺着水流的方向，由上至下轻轻擦洗，不要画圈或横向擦洗。另外，在专用擦车布使用完毕之后，应该将其洗净、拧干，妥善存放。

5. 及时清理脏污

夏季树木繁茂，许多时候车主都需要将车停放在树荫之下，不可避免地要遭受到树胶与鸟粪的袭击，清理这些污垢最重要的就是把握清洁时机。越早处理越轻松，只要正常清洗车辆就可以去除。如果时间过长，树胶或鸟粪硬化之后，都会给处理带来麻烦，这时简单洗车可能很难清除干净，应该先用温水冲洗污物，进而使用清水浸泡，待污物软化之后再行处理，以免造成漆面的损伤。

6. 专业去除沥青沾污

夏季路面温度较高，表面沥青受热融化，在车轮的带动下会飞溅到车身之上，沥青具有很强的黏着性，干燥之后很难去处，还会使漆面受腐蚀而变色，更严重的可能会引起漆面缺陷。在处理沥青污物的时候，切忌使用小刀等尖锐物品直接刮削污物，或使用不当的有机溶剂进行溶胶清洁，前者会造成漆面刮伤，后者则会造成更严重的腐蚀。正确的处理方法是使用专用的沥青清洁剂，将清洁剂均匀喷涂在沥青表面，稍待一段时间之后直接用软布擦拭即可去处，较为严重的地方可以进行反复喷涂擦拭，很快就能清洁干净。

7. 去除胶黏物烘烤最有效

现在车主参加的各种活动也比较多，在许多车友会等活动中，为了方便协调和管理车辆，都会在车身或玻璃上粘贴一些号码或活动标语。这些贴纸后期去除时十分费事，处理不当同样会损伤漆面，而且贴纸粘贴时间越长，就越难处理。许多心急的车主会直接尝试撕掉贴纸，这种做法一般都只能撕掉表面的纸质层，背胶还是会留在车漆表面。比较理想的方法是利用吹风机均匀烘烤贴纸，同时揭除烘烤过后的部分，只要耐心操作，就可以顺利去除贴纸。如果已经撕毁了表面，则可用沥青清洁剂喷涂在胶质上，稍后擦拭也能达到很好的效果。切忌使用硬物刮，即便再小心也会在漆面上留下划痕，最后只能靠抛光或打蜡来进行修复处理。

如果贴纸粘贴在玻璃上，也不能使用小刀刮削，同样会对玻璃造成伤害。喷涂沥青清洁剂、化油器清洁剂时，也应尽量避免喷到漆面和橡胶表面，不小心产生飞溅时，必须立即清理干净，以免造成腐蚀。

还有就是用祛风油、活络油、松节油之类的居家药油，先撕掉表面的纸质层，再涂抹适量药油，待胶层溶解后细心擦拭，可以顺利去除黏胶。

第三节　漆面还原与保护

一、漆面常见问题

人靠衣装马靠鞍，外表是大家判断一切事物优劣的最直观要素。车辆也是如此，一辆光鲜亮丽的车子即使不是名牌，也能让人眼前一亮。汽车使用超过一定时间以后，漆面或多或少会产生浅划痕、蚀痕、氧化膜、交通膜、褪色、水痕纹等问题。所以车主应定时为汽车做漆面美容维护。

当然，众多车主之中，也不乏懒人，洗车全仰仗天降暴雨，几个月下来车漆表面“刀枪不入”，轻微的剐蹭都难以突破车漆外层的“壁垒”。其实车漆和人的皮肤一样，需要定期维护，否则等到“皮开肉绽”的时候，就要付出更大的全车翻新代价了。

维护皮肤之前要分清中性、干性和油性，漆面维护虽然不用如此分门别类，但也应该了解一下常见的车漆种类。

前面章节介绍了汽车漆面基本知识及其鉴别方法。汽车漆面为底涂漆、中涂和面涂三大涂层。而面漆涂层又可分为单膜实色漆、金属闪光双膜漆和珠光泛彩等特殊效果三膜漆。单膜实色漆的主要成分为树脂、颜料和添加剂；金属漆多了铝粉，所以涂膜看上去闪亮；珠光泛彩漆是加入云母粒，云母是很薄的、一片片的，具有反光性，也就有了色彩斑斓的效果。金属闪光漆和珠光泛彩漆的表面必须加上清漆层罩光，漆面才有平滑光亮的色彩效果。

漆面常见问题包括以下几方面。

1. 蚀痕

蚀痕是面状磨蚀。昆虫、鸟粪、树汁、焦油、沥青都有可能引起蚀痕。蚀痕一般只能通过喷漆治理，只有很轻微的可用研磨抛光解决。

2. 浅划痕

由于使用中摩擦及日常维护不当，久而久之车漆表面出现轻微划痕，并未露出底漆，这种划痕在阳光下非常明显。一般采用专业的抛光方法可以去除。

3. 漆面氧化

汽车在太阳紫外线的照射下，漆膜具有抗氧化、抗紫外线等自身保护作用。时间长了，会使漆面的油分散失，致使漆面的亮度和深度都大大降低，使漆面慢慢发白，形成氧化层，缩短车漆的寿命。肉眼可观察到车漆发乌、发白、无光泽现象。氧化严重可以通过研磨和抛光处理。

4. 交通膜

汽车在行驶中由于摩擦而产生强烈的静电层。静电对灰尘、油污和化学粉尘吸附能力很强，时间长了形成一层坚硬的交通膜。极易使漆面发生氧化腐蚀，可用研磨抛光处理。

5. 龟裂

如果平时不做一些必要维护，漆面可能因厚而脏的覆膜年久老化，导致漆面产生一种非常细微的裂痕，它会不断渗透车漆，直至“击穿”整个色漆层，这种现象叫“龟裂”。有时因为重喷漆质量的问题，也会产生龟裂。如果裂纹中有车蜡，会发现车身有条纹状（拖尾纹）的龟裂现象。

6. 褪色

紫外线、大气中的油烟和污染物是造成车漆褪色、变色的主因。褪色与氧化不同，发生褪色时，车漆出现不均匀的色差。中、轻度的褪色可用研磨、抛光治理，严重时须重新喷漆。

7. 水痕纹

水痕纹呈环状，是水滴蒸发后留下的痕迹，氧化的车、常用洗涤灵清洗的车更容易出现水痕纹。水痕纹轻微时，打蜡抛光可解决；严重时需研磨抛光甚至翻新喷漆。

8. 涂膜缺陷

汽车表面经喷涂之后，可能会出现粗粒、砂纸痕、流痕、反白、橘皮等漆膜表面的细小缺陷；汽车经过长时间的使用以后，漆面也难免被一些腐蚀性极强的特殊物质如沥青、鸟粪、昆虫等刮擦、污染甚至侵蚀，如不及时清除，势必对漆面造成难以修复的伤害。漆面缺陷通常采取修饰研磨处理。

二、漆面还原、抛光原理、漆面抛光

（一）漆面还原

新车开蜡以后，或者表面完好但是经过打蜡的汽车漆面，选择汽车美容高级镀晶项目时，必须先施行还原作业，令漆面新、亮、净，才能确保镀晶质量。

漆面还原，是指用物理机械或者化学反应的处理方法，通过擦拭、抛光或者结合化学分解，去除附着在汽车漆面的沥青、油脂、交通膜以及可能深入漆面的制动铁粉等污染物，将漆面还原到清洁、干净、光亮的准全新状态，为镀膜、镀晶剂与漆面融合做准备。

漆面还原作业包括以下几个方面。

（1）使用多功能洗车液洗车，包括使用除铁粉、除矽油等的专业清洁剂等，清除沥青、油污、矽油以及附着在漆面的铁粉等污染物。

（2）使用磨泥或者魔泥布，可以进一步清除沥青、油污、矽油以及附着在漆面的铁粉等污染物。

（3）使用振抛机，可以清除顽固的沥青、油污、矽油以及附着在漆面的铁粉等污染物。

（4）使用抛光机或者手工抛光，根据漆面状况选择使用不同磨削程度的抛光剂，恢复漆面原有光泽。

漆面还原目的还就是恢复漆面光洁如镜、完美无瑕的漆面效果。

（二）抛光原理

抛光是在抛光盘或手工布团与抛光剂和漆面三者之间进行的，抛光盘或手工布团配合抛光剂在漆面擦磨，通过磨料的磨削将漆面表面老化部分或者粗糙部分除去，可以理解为磨料的粗磨。随着抛光作业的深入，磨料因相互挤压而进一步分解、细化，漆面被进一步细磨，最终达到抛光效果。同时，抛光产生静电，在静电的作用下，漆膜微细孔内的脏物被带走。另外，在抛光过程中抛光剂中的一部分材质可能会融入漆面发生还原反应。最后，得到清洁如新、光滑亮丽的漆面。

抛光剂分粗蜡（砂蜡）、细蜡、抛光蜡等几种，可以处理清烘漆膜浅表层的小划伤等漆面伤害，以及氧化、哑光等漆面老化问题。

如图 4-1 所示，抛光之所以能产生光亮无瑕的漆面效果，有 3 个条件。

（1）依靠磨削，即靠磨料把细微划痕去除。

（2）依靠抛光剂挤压、分解，进一步细化，实现抛光。

（3）靠抛光摩擦生热使抛光剂漆面更加平滑光亮。

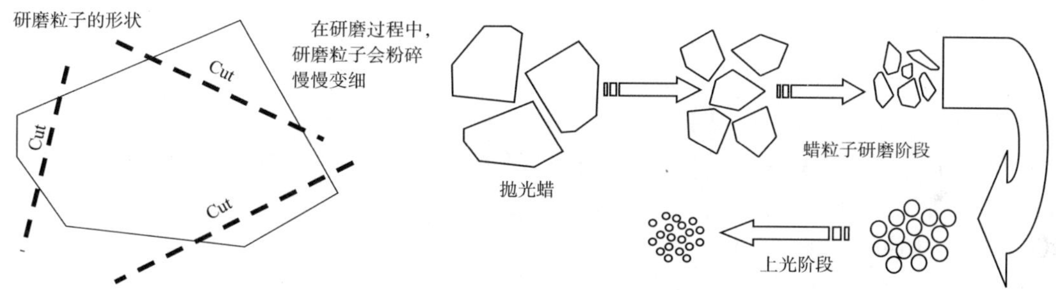

图 4-1　抛光过程中磨料的变化过程

前两种途径在日常美容中应用最为广泛，主要原因是初学者对抛光机的转速、抛光盘的材料（全毛材料、混纺材料、海绵材料、全棉材料等）、漆面结构性质及抛光剂的功效之间的关系了解不够、经验不足，因此，对抛光的要求也不高，即使不十分光滑也没关系，可以通过后面的打蜡来弥补。通过这种途径得到的漆面光泽称为“虚光”。虚光的特点是无法最终达到镜面效果，且光泽缺乏深度，保持时间短（光泽来自车蜡，而不是来自漆面本身）。

有经验的汽车美容技师用抛光时产生的能量，一方面让磨料在作业过程中互相挤压、冲击，形成更加细小的磨料，而细磨将获得更加光亮的漆面效果，另一方面升级使用更加精细的抛光蜡，使车漆消除细微划痕与波浪纹，让漆面呈现出镜面光泽，令汽车光可鉴人，达到真正意义的抛光目的。当然，关键在于使用高档抛光剂。此外，切记必须严格把握抛光的“度”，谨防长时间在同一地方抛光过热把漆面烧焦，或者把漆面磨穿。

（三）漆面抛光

1. 漆面抛光作用

（1）漆面修饰研磨与抛光。

①修饰研磨，则是把漆面打磨平滑，除去条纹、橘皮纹、氧化层及浅划痕等表面缺陷。修饰研磨以后，需要进行抛光。

②抛光，是指利用柔性抛光工具和磨料颗粒或者其他抛光介质，对漆面进行修饰加工。抛光可以解决漆面氧化层、条纹、划痕、污染、褪色、哑光等影响漆面外观的多种问题。漆面抛光能够将修饰研磨后的哑光漆面进一步平整，除去研磨残余砂纸痕，恢复漆面镜面光泽。

（2）消除漆面交通膜、氧化膜等各种斑迹及炫光纹。

（3）治理汽车漆面细微划痕（发丝划痕）及轻微损伤。

漆面抛光目的就是恢复漆面光洁如镜、完美无瑕的漆面效果。

2. 抛光作业流程

（1）清洗整车。用去污力强的漆面清洗剂，清洗整车，去除沥青、铁粉等漆面污秽物。注意洗车时避免附着在漆面的颗粒、灰尘在擦拭时造成的新划痕。

（2）修饰研磨。汽车美容时，不提倡做修饰研磨，因为汽车美容工通常难以对喷漆工的掩饰喷涂，即“飞驳口”的结合过渡区域作出准确判断，一不小心就会造成新旧漆面断层，最后只能再行漆面修补涂装补救，得不偿失。

修饰研磨通常只针对修补涂装漆面存在流坠、尘粒、橘皮纹等缺陷的特别处理。修饰研磨的方法是，对于涂面有粗粒、细微砂纸痕、流痕或者橘皮纹等缺陷部位，先用硬质砥板（平底小木板）包裹着P800~P1000号水砂纸水磨，对缺陷部位轻轻打磨至平整（注意不能磨穿漆层）；然后使用P1500~P2000号水砂纸，以尾指夹持平掌打磨法进行水磨，将漆面研磨平滑。打磨时用的清水中可以加入少量的皂液或洗洁精，以加强去污除渣功效。

（3）粗抛光。采用机用研磨机（电动或风动）加上粗抛光剂——粗砂蜡或者粗研磨膏，加力抛光，对之前修饰研磨留下的水砂纸磨痕迹进行粗磨抛光；然后用喷水壶喷水润湿漆面，同时也起到降温作用，采用快速轻压方法，利用剩余抛光剂将漆面抛光至略呈镜面光泽。

（4）细抛光。使用细抛光剂进行精细研磨抛光至漆面现亮光。

（5）镜面抛光。使用镜面抛光剂抛光，加上镜面处理剂抛去细研磨膏抛光时留下的炫光纹，达到漆膜呈现镜面光泽。

（6）除了机械抛光，还可以使用手工抛光方法进行抛光，如图4-2所示，不同部位使用不同方法抛光。手工抛光是一件力气活，类似机械抛光，使用抛光剂先粗后细，再用镜面抛光剂抛出亮光。

（7）不论何种机械抛光，通常做法是，把适量的抛光剂涂在抛光盘（磨头）的偏中心位置，轻微转动抛光机，把抛光剂均匀涂布在抛光面上，然后把抛光机转速调至适当速度，先采取加力并且稍慢移动抛光盘的方法全面均匀抛光，最后采用轻压（相对于加力）

和稍快移动抛光盘的方法抛出亮光。抛光盘与漆面呈一个不大于 15° 的小夹角，这样可以借助抛光盘的弹力相对减轻操作者的握持力。

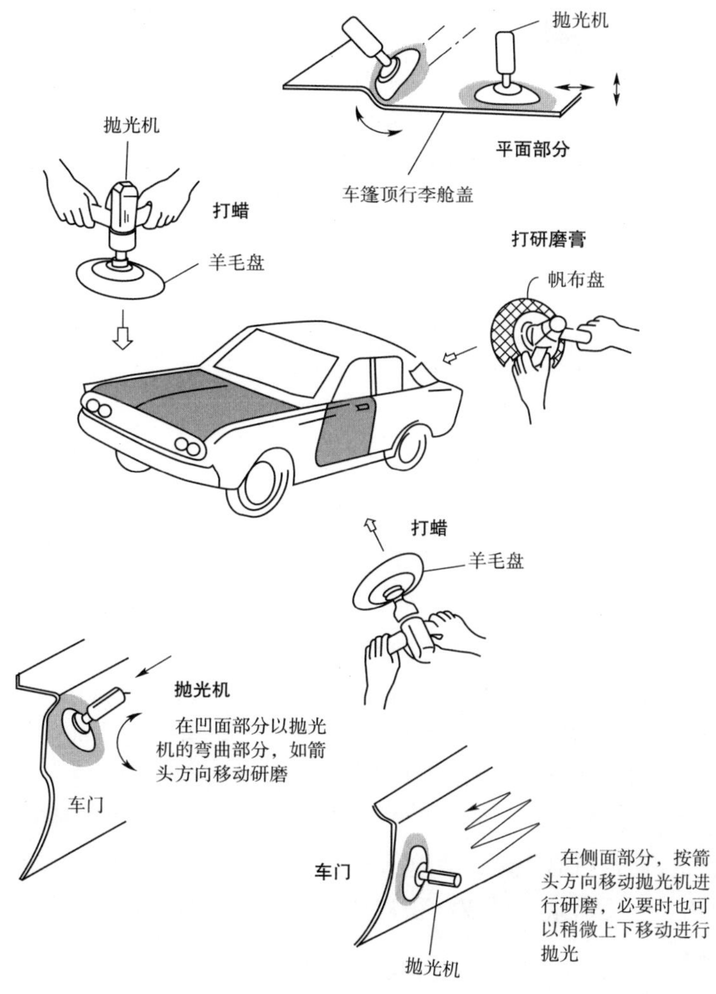

图 4-2　不同部位使用不同方法抛光

（8）每道工序完后，必须清除研磨渣、残余蜡沫。最终抛光完毕，必须彻底清理干净边角缝部位残留的研磨渣、残余蜡沫，一种行之有效的办法是使用牙刷刷除。

抛光能够去除漆面细微的瑕疵，使汽车漆面得到滋润，重现清晰的映像和亮丽的光泽，保持良好的、鲜艳的状态。正确地运用抛光技术是消除和防止漆面氧化的最佳途径。

如果说洗车是车辆维护的基础、修饰研磨是漆面还原的关键，那么抛光则是漆面艺术再现。一辆汽车能维护到新、光、滑、亮及持久，都源于抛光施工技术，必须深入学习、勤学苦练、熟能生巧。

抛光作业有三大关键。

①护好——使用皱纹纸胶带把不需抛光的部位严实遮蔽。

②抓稳——顺应漆面不同的弧面状况把持好抛光机，分区域按序抛光。

③清净——每道抛光工序完毕必须彻底清除残渣污秽物，整套抛光工序完成后，必须彻底清干净残留在边、角、缝处的抛光蜡渣，如图 4-3 所示。

图 4-3　抛光作业三关键

3. 抛光工艺技术规范

（1）场地选择。封闭的无尘车间，水电气设施齐全，设置加湿机，有可能的话安装空调机。

（2）用品准备。备用 P1500、P2000 号水砂纸（用于修复严重的漆面不平整）；洁净干毛巾（用于轻划痕的简易抛光）；核心工具组是抛光机，转接盘，粗、细羊毛抛光盘，粗、细海绵抛光盘，磨料；抛光盘清洁刷、清水喷壶、遮蔽纸、皱纹胶纸带等辅助用品。

目前，抛光机所用的抛光盘不外乎三种：羊毛盘、粗质海绵盘、柔软海绵盘，羊毛盘和粗质海绵盘使用于抛光研磨场合，而柔软海绵盘的抛光面大都做成凹凸有序的波浪形，有利于精细抛光，形成光洁如镜的抛光漆面，抛光作业时切记区分使用。抛光盘必须预先用清水浸泡、完全润湿，然后装在抛光机上甩干多余水分备用。

（3）漆面准备。彻底清除油膜、沥青及铁粉等污染物；对装饰件做适当的防涂遮蔽等保护措施，作业中留意这些遮蔽保护是否无漏损并及时保护。

（4）漆面检查。漆面状况检查，漆面是实色漆面还是清烘漆，是原厂漆还是修补漆。漆面存在问题检查，有无划痕问题，是中重度划痕、轻度划痕，还是发丝痕，或者炫光纹；是否存在喷涂问题，有无流痕、橘皮、粗粒或砂纸痕；是否存在污染问题，有无氧化层、鸟粪、树胶或酸雨斑。

（5）抛光工艺规范包括以下几点。

①工具和磨料的组合：粗抛光，用羊毛盘，转速 1100~1200r/min；细抛光用粗海绵盘，转速 1500~1600r/min；精抛光用细海绵盘，转速 1800~1900r/min。

②板块的划分和抛光次序：抛光时遵循分块施工，次序自上而下、从左到右，逢棱遇缝换面，块内按井字形先横向再纵向移动抛光机。

③安装抛光盘：先安装抛光转接盘，再利用魔术贴把对应工序使用的抛光盘粘贴牢靠，用清水喷壶喷洒清水再次湿润抛光盘，避免过干过硬划伤漆面。

④抛光姿势：双脚叉开与肩同宽，右手正握抛光机开关手柄，左手扶握辅助手柄，身体放松。

⑤抛光作业分为以下几个步骤。

A. 将适量研磨剂涂在抛光盘接触面中间，磨料过多，不但造成浪费，而且还容易造成抛光盘结焦而划伤漆面。将抛光机转速调至低挡，将研磨剂在要抛光的区域中涂抹匀，每次抛光的面积不要超过 50cm × 50cm，抛光初段将抛光盘稍为下压，加大抛光力度并且促进磨料挤压，遵循自上而下、从左到右、逢棱遇缝换面，按井字形路线行进、均匀移动抛光盘的原则。抛光后期则稍微上提抛光机，采用快速轻抛方法以获得该工序最佳抛光效果。

B. 初始抛光 1100~1200r/min，稳速行进，抛光盘与被抛光面应有小于 15° 的小倾角。抛光机开机或关机时决不能接触工作表面。

C. 抛光时眼睛要始终观察抛光后的效果，以及即将抛光的漆面状况。抛光时要时刻注意温度，用手背探试温度以不烫手为宜，尤其是塑料件表面，抛光时不要在一个点上停留太久，以免烧坏漆面。

D. 等到分块漆面只剩下炫光纹、抛光剂也基本收净，本块抛光可结束。

E. 精细抛光，方法基本相同，但需改用细海绵盘，转速 1800~1900r/min，同时抛光机在漆面快速移动，以达到最佳的抛光效果。此外，打蜡抛光的操作方法也大致相同，将在后面另行叙述。

F. 抛光盘要保持清洁，随抛光随清理。进行下一道抛光工序时，必须彻底清除上一道抛光所产生的研磨渣以及残余蜡沫。抛光完毕，全面、彻底清理干净边角缝部位残留的残渣、余蜡。

G. 抛光时要注意抛光机的电线或者风管，建议最好挂在自己肩上置至于身后，避免刮花漆面。

⑥工具整理。

A. 抛光结束后，取下抛光盘，拔下电源插头，用干净的毛巾擦拭抛光机，盘好电源线，机顶端向下并以手柄作为支撑，轴头端向上放置抛光机。

B. 清理抛光盘。抛光盘比较干净时可用清洁吹尘枪吹尘，也可以用清洁刷子刷干净抛光盘，较脏的抛光盘需用清水清洗、挤干水分，重新装在抛光机上甩干水分，配合使用清洁枪吹干，最后将抛光盘平放晾置。

C. 抛光后注意将磨料瓶罐的盖子盖好防止干燥。

常见的抛光设备有立式和卧式，如图 4-4 所示。

a) 卧式抛光机

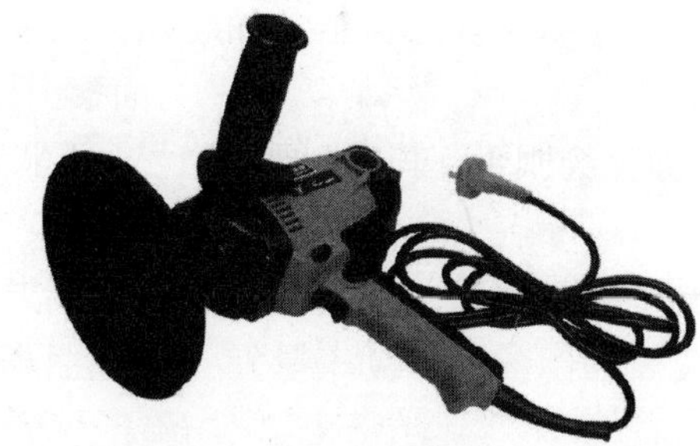

b) 立式抛光机

图 4-4　抛光机

4. 漆面保洁保光

漆面抛光后，还需要做进一步亮光、保光处理，才能令漆面光洁亮丽持久。须知漆面厚度毕竟是有限的，最终抛光磨穿漆面以后，唯有花大价钱做一次全车翻新。所以，保光是指在抛光的基础上涂上一层保护蜡，还有更好的就是打蜡的升级版——封釉、镀膜、镀晶等。

三、汽车漆面保护

前面说过，漆面抛光是还漆面以真本色，而打蜡、镀膜、镀晶将令漆面光洁明亮。

汽车漆面美容的最后工序，是打蜡、封釉，或者镀膜、镀晶处理。但是打蜡、封釉对车漆的保护时间相对都比较短，而且其产品成分不如镀膜镀晶稳定、持久，漆面镀晶渐成汽车美容热门之选。

镀晶的定义，从专业的角度来分析，为了和封釉有所区别，真正的汽车镀晶应该是无机镀膜，也就是永远不会氧化的玻璃晶膜。只有无机膜，才使覆盖在汽车表面的镀膜层不会被紫外线、酸雨等外界因素氧化而消失掉，保护车漆可长达5年以上，所以才能称为汽车镀晶。其涂装方法为了适应汽车美容店普及的需要，不需要在烤房内高温固化，只要和空气中的水分发生化学反应，就能固化为二氧化硅（SiO_2）为主要成分的水晶玻璃层。这样的水晶玻璃镀膜，可以为漆面全方位提供高效的保护，增加漆面硬度和平滑度，提高防污性能，隔绝外界酸雨、鸟粪等的腐蚀。还可以使旧车彻底地翻新，起到色彩增艳、增亮的效果。部分汽车漆面镀晶套装用品，见图4-5。

图4-5　汽车漆面镀晶套装

打蜡、封釉、镀膜和镀晶产品的区别见表4-1。

针对不同条件的漆面，建议消费者根据实际需要，选择以上不同的漆面保护产品，这样才能使车漆长久如新，免除车漆老化带来的烦恼。同时，为了保证施工质量、更好地发挥产品本身的功效，应该选择正规的美容店做漆面维护。

打蜡、封釉、镀膜和镀晶的区别　　表 4-1

品　名	车　蜡	封　釉	镀　膜	镀　晶
持久度	☆	★	★★	★★★★
价值	☆	★	★★☆	★★★★
维护速度	★★★★	★★	★★	★★★
亮度	★★	★★★	★★★	★★★★
抗污染程度	☆	★	★★	★★★★
施工难易程度	★	★★	★★	★★★★★
综合评价	保留时间短，容易造成2次污染	施工较烦琐，保留时间短，常做容易损伤车漆	施工烦琐，保持时间短，常做容易损伤车漆	施工工序复杂，专业化程度要求较高
评星参考	☆	★	★★	★★★☆

第四节　漆面专业维护

汽车漆面长时间使用后，由于日光曝晒原因等造成自然老化，或者由于路面扬尘、沙砾的伤害造成漆面划痕、失光，这就需要对汽车漆面进行专业的修复和维护，令汽车重放光彩。

汽车漆面维护其实是很复杂的，它的构造和我们的皮肤是一样的，虽然看起来光滑，但是其表面也有细小的凹面和孔洞，如果是新车（比如购买 3 个月以内的新车），打蜡最简单但是也最快失效，所以建议去汽车美容店做专业镀晶处理。镀膜和镀晶都是在漆面敷上一层保护膜。简单而言，镀膜相当于彩色相片过胶，只是多了一层透明保护膜，两者不发生反应；镀晶好比彩色相片喷涂清烘漆，清烘漆侵入相片表面，并且自身发生反应形成涂膜。一般情况下，镀膜比封釉时间更长一些，封釉大概在 3 个月到半年就没有效果了，镀膜一般都在半年以上到一年失效，镀晶效果可达两年以上。由于风吹、日晒、雨淋和洗车剂伤害，导致保护层逐渐脱落造成的失光，所以，在一定时间后都需要进行重新覆膜处理。镀晶另外一大亮点是镀晶膜失效以后完全褪去无残留。

本节介绍漆面专业维护——打蜡、封釉、镀膜、镀晶，都是在漆面抛光还原作业之后进行。

一、漆面打蜡

车蜡是传统的汽车漆面保护产品，以天然或合成蜡为主要成分，按化学组成及来源不同，又可细分为动物蜡、植物蜡、矿物蜡及合成蜡。蜡通过渗透入漆面的缝隙中使表面平整并增加光亮度。要想达到较好的光亮效果，蜡层就需要比较厚，但这样往往会影响车漆颜色，而且车蜡的持久性差，淋过几次雨或者洗过几次车就失去了原有的光亮效果。

1. 手工打蜡

（1）上蜡前确保车身干爽，不能有残余水分，否则擦蜡后漆面颜色不均匀，即“打花”。

（2）用打蜡海绵蘸适量车蜡，以划小圆圈旋转的方式均匀涂蜡。圆圈的大小以圆圈内无遗漏漆面为准，每圈盖前一圈1/3或不低于1/4。圆圈轨迹沿车身前后直线方向。

（3）全车打蜡顺序：把漆面分成几个部分，按右前发动机舱盖→右前翼子板→右前车门→右后车门→右车顶→右后翼子板→行李舱盖的顺序做右半车身。同样按从前往后的顺序做左半车身。直到所有漆面无遗漏地打蜡。

（4）在全部漆面上均匀涂一薄层车蜡，以漆面明显覆盖一层车蜡为准。喷了漆的前后塑料保险杠及饰件也要上蜡，塑料件则在打蜡抛光作业后，喷涂仪表蜡，涂抹均匀即可。

（5）擦蜡和提光。

①上蜡后5~10min蜡表面开始发白，用手背抹一下，手背上有粉末，抹过的漆面有满意光亮，说明蜡已经半干。用柔软干燥毛巾抛蜡，直到整个车表没有残蜡。

②用纯棉干毛巾把蜡擦掉，然后用麂皮快速轻擦漆面，直到漆面的倒影清晰可见为佳。

（6）车身打蜡抛光后，彻底清洁玻璃、保险杠、饰条、轮胎、钢圈、牌照边框等。清理顺序与涂抹蜡一样，将残留在汽车表面缝隙里的车蜡清理干净，让车保持彻底的干净。

（7）手工打蜡验收标准为：全车漆面干净整洁、手感光滑，车蜡均匀，车表没有残蜡或打花，亮度和颜色均匀，漆面有镜面效果、可清晰反映报纸文字倒影。

打蜡的作用一方面给漆面添加滋润、快速提高漆面的光亮度，另一方面使漆面增强抵抗外界风沙、紫外线、有害气体、酸碱雨水腐蚀的能力。为了保证打蜡效果，打蜡前必须对车辆进行彻底清洗。上蜡时应将适量的车蜡涂抹在专用的打蜡海绵上，然后按一定的顺序直线往复均匀涂抹，每道涂抹应该与上道涂抹区之间有1/4左右的重合，以防止漏涂并保证均匀涂抹。涂抹过后10min左右即可进行抛光，抛光时同样遵循上蜡的方式，而且应保证先上蜡的部分先抛光，确保抛光后的漆面不受污染。抛光作业通常使用纯棉布往复直线运动，适当用力按压，每道工序完后清除磨渣和残蜡。

每次抛光，在去除车漆上的划痕或粗糙同时，也会将外表层车漆越磨越薄，抛光的次数越多，对保护层的伤害也就越大，因此，在做抛光之前要仔细衡量，除非汽车的表面漆层已被氧化得较为厉害或是有明显的划痕及不平，否则建议不要经常做抛光。

（8）手工打蜡注意事项：

①打蜡时一定要擦干车身，不能有水。

②打蜡作业环境要清洁，需要洒水抑制扬尘，有良好通风过滤装置。

③应在阴凉处给汽车打蜡，以防车漆表面温度过高，车蜡附着能力下降，影响效果。

④打蜡时，应保持涂抹均匀，手工海绵及抛光机海绵盘运行应做直线往复运动，不要进行环形乱涂抹，防止由于涂层不均造成强烈的环状漫射。

⑤打蜡应遵循先上后下的原则，先涂抹车顶，其次发动机舱盖和行李舱盖，最后车身侧面。

⑥打蜡时，若海绵上出现与车漆相同的颜色，表明漆面已经出现破损，应停止打蜡，

及时进行补救。

⑦抛光作业要待上蜡完成后在规定时间内进行，抛光时应遵循先上蜡的先抛光，不要驾驶未抹蜡抛光的车辆，否则再次进行抛光时，沾染的灰尘颗粒会造成漆面划伤。

⑧抛光结束后，要仔细检查，清除车牌、车灯、门边等处残存车蜡，防止影响外观和产生腐蚀。使用牙刷能够有效刷除缝隙部位的残余蜡渣。

⑨打蜡结束后，设备及用品要做清洁处理，妥善保存。

⑩要掌握好打蜡间隔时间，车身漆面若无光滑感，就应该进行再次打蜡。

⑪抛光时使用的研磨蜡的粗细取决于车漆的氧化程度。像砂蜡的颗粒一般较粗，是用于磨掉较深的划痕，但是对车漆伤害较大；如果氧化不明显，可以使用打蜡和抛光合二为一的产品。

⑫一般新车漆面质量较好，打蜡、封釉或镀晶时只做清洁还原而不要抛光。

⑬需要抛光时一定要去专业店，不仅研磨蜡的质量有保证，而且专业技师操作也可以有效地避免损害。

2. 机械打蜡抛光

（1）用大毛巾覆盖风窗玻璃和刮水器或用专用胶带密封车身饰件。将抛光海绵盘清洁、用清水泡软，然后安装在研磨机上、空转 5~10s，将海绵盘清洁干净。

（2）把抛光蜡摇匀，在抛光海绵盘中间位置涂上适量，再调慢转速用抛光盘在漆面上涂抹均匀。

（3）调整抛光机转速到 1000~1200r/min，起动抛光机，沿车身方向直线来回移动，抛光盘经过的长条轨迹之间相互覆盖三分之一，不漏掉大面积漆面。抛光部位按右车顶、右前发动机舱盖、左前发动机舱盖、右前翼子板、右前车门、右后车门、右后翼子板、行李舱盖的顺序抛光右半车身，同样按从上到下、从前往后的顺序抛光左半车身，做车顶时可打开车门，在门边垫毛巾，踩在门边上操作，最后准备阶梯式工作凳。

（4）抛光时应不断保持抛光盘和漆面处于常温状态，在感觉漆面温度烫手，即抛光令漆面升幅超过 20℃时，用清水喷壶喷水降温。

（5）对于车身边角缝不宜使用抛光机的位置，采用手工方法抛光，用干毛巾沾抛光剂抛光，把整个车有漆面的地方全部做完，包括喷漆的外饰件及后视镜座，必须防止抛光温度过高，同时注意边缝、棱角，不要用力也不用久抛，因为这些地方漆膜较薄。

（6）漆面抛光后，用纯棉毛巾将整车清洁干净。

此外，还有一种极速上蜡，即光洁蜡和专用抛光机配合使用，其操作方法与打蜡机上蜡基本相同，打蜡时用抛光机或干毛巾，特点是出光快、效果好。

（7）机械打蜡注意事项：

①全面检查全车漆面，对车辆原有的损伤、后喷漆、漏底、橘皮、裂底、划底等现象记录下来，由车主确定签字后再进行施工准备工作。如实告知车主还原程度，按打蜡方式，对全车边角贴上纸胶带、用报纸遮蔽前风窗玻璃，罩上轮胎罩（一般不会弄伤轮胎）以免清洁轮胎。

②打蜡前应彻底清洁车身表面，并保证漆面干爽、无水分；操作时必须在室内操作，

避免风沙落在漆面造成划伤；正确选用研磨机速度，抛光前必须把海绵盘浸润，把水挤干，再装到抛光机上开动机器，把水甩干；汽车表面温度应降到常温，发动机温度高时则要打开发动机舱盖散热，待冷却后再进行作业，原因是车体温度高时车蜡干燥太快，容易打花。

③按照抛光的基本步骤，根据漆面的新旧程度，由粗到细依次用抛光蜡抛光。打蜡和研磨、抛光不同，研磨、抛光是使产品对漆面切割和平整，漆面不要求产品残余。打蜡是在漆面形成保护层，要求有适量车蜡留在车表。打蜡时只要将车蜡在漆面涂匀就可以，不必用大力，不需在漆面重复来回。

④注意时常观察漆面的变化，作出正确的判断再进行施工，避免在车身棱角位置长时间停留，以免漆面烧焦或磨穿。

⑤边角缝处残留物，用牙刷、牙签擦净。

⑥橡胶保险杠、车身饰条、车窗防雨密封条等塑料件避免涂蜡，可以在抛光作业完工后，用牙刷或干净毛巾擦净，喷涂仪表喷蜡上光处理，否则残留的抛光蜡在橡胶表面上呈白色污垢；对轮胎、倒车镜、门把手、挡泥板等塑料橡胶部位亦可做同样上光处理。

⑦车蜡的干燥参考时间为5~10min，应灵活掌握。干燥时间随环境温湿度而不同，湿度大时干燥慢，湿度小时干燥快，应在蜡层变成白膜状后，有一定的湿润度即可打蜡抛光。

⑧机械抛光，必须确认打蜡海绵盘清洁干净。每次用完后必须清理干净，放在阴凉处风干。

⑨抛光后必须用纯棉毛巾完全清洁漆面，保证漆面干爽。如有静电吸附灰尘时，用鸡毛掸子掸净。检查无误后交车。

二、漆面封釉

封釉是从车蜡衍生出的新概念，是一种从石油副产品中提炼出来的石油制品。

封釉以柔软的羊毛或海绵通过振抛机的高速振动和摩擦，把釉分子强力渗透到汽车表面油漆的缝隙中，从而起到美观和对车漆的保护作用。但这种办法本身会不会对车漆造成伤害还是一个需要考虑的问题。封釉分子与蜡分子相比具有表面硬度高、与漆面结合力好的特点，因此持久性胜于车蜡。但因釉分子较小，无法充分填满漆面的缝隙，表现出来的光亮度也不高。封釉很容易将车漆打薄，因为封釉首先要抛光、研磨，然后才用封釉机起码要封两遍。虽然当时感觉较亮，但由于工具和粗蜡的切削力强，很容易形成深度涡状划痕并将车漆破坏。

与镀膜、镀晶相比，封釉不环保，使用时有呛鼻子味，车釉和车蜡一样有着“先天性缺陷”，即车蜡和车釉的主要成分都是从石油中提炼的一种氧化油脂，时间一长就会使车漆表面变乌发暗，有的打蜡保新期只有短短的几天，而封釉保新也不过几个月时间，而镀晶可保质两年以上。

三、漆面镀膜

汽车漆面镀膜，就是在汽车漆面上涂上一层薄膜，镀膜的原理与相片过塑是一个道理，不会对车漆造成任何损伤，光泽度也不会衰减，而且增加了一层光亮的、硬度较高的保护膜，使漆面在物理上得到一层保护膜，从而达到保护漆面的目的。

镀膜产品主要是以玻璃纤维素、经特殊改性的含硅、氟聚合物等物质中的一种或几种组成，涂覆在漆膜表面，经过交联固化，形成一层高分子聚合物，因其成膜性强，能形成真正意义上的膜，因此目前市场上的汽车镀膜产品大部分都是高分子聚合物类的化工产品。

车漆的主要成分是树脂，分子间隙比较大，镀膜后膜液中的硅素、二氧化硅、纳米无机硅等小分子成分可以充分渗透到车漆分子间隙里和微孔中，在其表面形成一层类似于手机屏幕保护膜的透明结晶膜层，大大提高了车漆表面的硬度和抗划痕能力，对车漆起到良好的保护作用，保持车漆长久光亮如新。镀膜的厚度一般为10μm以下，镀膜物质是稳定的，但高分子聚合物在空气中会老化，而且由于膜层比较厚，可能会改变油漆层的颜色，另外膜中有相当一部分无机物，会使表面发涩、不够光滑。品质良好的镀膜产品，含有低分子含氟聚合物配方，可以显著提高漆面的光泽度，改善漆面的持久抗老化性能。

1. 汽车漆面镀膜的作用

（1）提高漆面硬度，减少划痕产生。

（2）防水和拨水作用。雨后水滴存留在车身表面，在天气转晴，阳光照射下，每个小水滴都是一个凸透镜，在它的聚焦作用下，焦点处温度可达800~1000℃，造成漆面暗斑，极大影响了漆面的质量及使用寿命。

（3）抗高温作用。镀膜的抗高温作用原理是对来自不同方向的入射光产生有效反射，防止入射光使漆面老化变色。

（4）防静电作用。镀膜防静电作用主要体现漆面静电防止上，其作用原理是隔断尘埃与漆面摩擦。

（5）防紫外线作用。有效降低紫外线对漆面的侵害。

（6）拨水效果和上光作用。经过镀膜的车辆，都能改善其表面的光亮程度，使车身恢复亮丽本色，达到下雨时雨水不沾车漆的效果。

2. 汽车漆面镀膜产品种类

（1）氟素镀膜和PTFE（特氟龙）性质功能虽略有不同，但严格意义上讲它们都属氟素类产品。氟素类产品的特点是成膜性好、耐腐蚀、耐候性、耐磨损的性能都非常优越。但其最大的缺点是附着力差，几乎所有物质都不与特氟龙涂膜黏合。因其无法与漆面长期附和，所以它的保护时间就变得非常短。

（2）树脂类镀膜产品的特点是成膜性好、附着力强、价格便宜，但其硬度与光泽度不好，同时抗氧化性能、抗腐蚀性能及耐候性都很差，因此逐渐被淘汰。

（3）有机硅类镀膜产品，也有人将其称为玻璃纤维、玻璃素等，是目前市场最新的镀膜产品。此类产品的主要成分是聚硅氧烷，成膜后会形成SiO_2，因此也叫玻璃质的镀膜。它的特点是成膜性好、硬度高、光泽度高，耐候性、耐腐蚀性、耐氧化性都非常优越，同时它的附着力也很强，一旦涂装在车漆表面就很难脱落。

四、漆面镀晶

汽车漆面镀晶是为了区别于镀膜打蜡封釉提出的新概念，镀晶的基本要求是所使用材料是 SiO_2 无机物，能在施工表面形成一层牢固的纳米级晶状膜，该膜具有抵抗紫外线、抗油、拨水疏水的功能，对漆面能起到真正保护作用，它的保用时间为18~24个月，而且自身不氧化，对车漆没有伤害，同封釉相比，它的涂装由压入改为表面膜涂，不形成对车漆的二次伤害。

漆面镀晶形成的保护层，可提高漆面镜面亮度和硬度，防止划痕，防酸雨、盐、沥青、飞漆、昆虫斑、沙砾、鸟粪等有害物质对车表的侵害，犹如给车漆穿上了一件高科技防护外衣，可以长时间隔绝灰尘、油污、霉菌、水分子等微粒对车漆本身的任何侵蚀，并具有抗紫外线抗氧化、抗摩擦、不褪色、增加漆面硬度的作用，使漆面长期保持其原有光亮艳丽的色泽。镀晶膜是由一种结构紧密、性能稳定的高分子无机物组成，不会在温度剧烈变化的情况下发生物质的变化，用后能迅速形成光滑透亮且持久坚硬的保护层，同时能够隔绝氧气和漆面的结合反应，为车漆提供可靠的封闭式保护，并且有较强的疏水功能，高效持久地保护车漆，防止环境对汽车漆面带来的影响。

（一）镀晶的特点

漆面镀晶膜，由一种结构紧密、性能稳定的高分子无机物组成，不会在温度剧烈变化的情况下发生质变，用后能迅速形成光滑透亮且持久坚硬的保护层。

1. 镀晶优点

汽车镀晶是最尖端的汽车漆面保护解决方案，将汽车美容养维护念上升到“保护”层面，是汽车美容的最高水准。

（1）耐划痕。石英晶体硬度达6H，相比较普通车漆2H的硬度而言，能防止大多数轻微的划痕，并且自身有弹性恢复功能，保护车辆免受日常轻微划痕的侵扰，使漆面划痕较一般镀膜减少70%以上。当外力超出晶体弹性保护范围时，一般也只是在晶体上留下划痕，不会损伤到漆面。

（2）耐腐蚀。石英晶体超细的纳米晶体层将漆面与外界隔绝，能有效防氧化，耐鸟粪、飞虫浆液、酸雨等的腐蚀。

（3）不龟裂。石英晶体抗紫外线，抗高温、严寒，耐温范围达 –50~300℃，适应温度变化范围宽，不会产生龟裂、脱落。

（4）易清洗。石英晶体强大的纤维网会填补车身漆面看不见的细小毛孔，使漆面达到镜面状态，使车身易清洗维护，各种灰尘和各类污物仅使用清水（不加任何洗涤剂）冲洗，车体表面就可恢复和保持晶莹透亮，即使粘有油污或虫尸，只需用湿毛巾直接擦拭物体表面就可轻松去除，同时节省洗车用水50%以上，同时具有超强的疏水自洁功能。

（5）抗静电。汽车镀晶的石英晶体含抗静电剂，使漆面不易吸附粉尘，避免形成“交通膜”。

（6）更闪亮。石英晶体具有与石英相类似的晶体结构，增加光的折射，使车面亮度更高，漆面晶莹绚丽，光亮度达 95% 以上（新车只有 70% 左右）。

（7）拨水强。石英晶体的低表面能张力与水珠相斥，有超强的拨水性，不沾水。

（8）时效长。石英晶体寿命长，性能持久稳定，使用可长达 3 年，而一般镀膜最长一年。

（9）超保值。石英晶体先进的漆面保护技术，不仅可减少洗车、打蜡费用，并且使原车漆得到更好保护。

2. 镀晶缺点

（1）价格高。

（2）施工复杂、要求严苛，必须由经专业培训的镀晶工艺师施工。

（3）工时长，镀晶作业通常需要 4~8h。

（4）镀晶施工后等待时间较长，3~4 天之内不得沾水、不得洗车。

（二）镀晶前置作业——清洁作业

为了保护汽车的性能，当待处理车辆进厂时，请勿立即进行冲水清洗。大约等待 15min，让车辆冷却后才进行冲洗作业。由于发动机内部的高温导致车体钣金高热，立即以冷水冲洗会造成车身漆面产生物理变化，同时冷水冲洗在高温状态的制动盘，由于热胀冷缩可能导致制动盘加速扭曲变形，造成行车中车辆抖动，因而影响到行车安全。

镀晶前清洁作业包括以下几方面。

（1）泡沫洗车。均匀喷洒泡沫于车体上，并以洗车海绵揉擦车身，再以高压清洗机冲洗干净。

由于车身下半部可能含有细沙粒及较多的异物，为了避免造成刮伤，建议以两块洗车海绵分别擦拭车身的上半部及下半部。

（2）去除沥青。使用沥青清洗剂均匀喷洒于汽车外表（含车身钣金、玻璃、塑料件、轮毂），待 20s 溶解杂质后，以洗车毛巾迅速擦拭除去沥青沉积物，最后进行泡沫洗车，高压清洗机以清水清洗车身去除杂物。

（3）去除氧化膜。使用去铁粉剂作为魔泥润滑剂或将泡沫喷涂于洗车车体上，再以魔泥布于车体上进行擦拭，去除表面的污渍及氧化层，直到车体表面光滑，再以高压清洗机冲洗干净（魔泥布不得碰触去柏油剂）。

（4）玻璃去污抛光。将玻璃去污抛光剂涂抹于汽车玻璃，再以气动振抛机进行抛光研磨处理，去除油膜及各种杂质。

（5）除蜡水去蜡、去油脂。保持车身于湿润状态，均匀喷洒镀膜专用除蜡水于汽车外表（含车身钣金、玻璃灯壳）并适度抹擦（使用振抛机作业，效果更佳），去除残蜡及油膜，再以高压清洗机冲洗。最后进行泡沫清洗，确实清除油膜。

（6）去除铁粉。保持车身于湿润状态，均匀喷洒铁粉清除剂（以 1∶5 加水稀释）于汽车外表，包括车身钣金、玻璃、塑料件、轮毂表面，配合使用洗车海绵快速抹洗车身，5~10min，待工业落尘溶解，再以高压清洗机冲洗干净。

（7）抛光作业。由于车体漆面的状况，光泽度安全值并不一致，请依序使用粗、中、细抛光剂进行漆面抛光作业，恢复车身漆面亮光。避免产生漆面的不必要磨损。

车身漆面的光泽度需要达到镜面效果。

（三）汽车镀晶环境条件

（1）汽车美容镀晶产品延展覆盖性超强，对温度相对敏感。注意施工场所的环境温度，勿在阳光照射下使用。

（2）避免在多雨的时期施工，过度的潮湿会影响纳米材料封膜干燥及后续反应历程，降低产品效能。可以使用除湿机降低湿度。

（3）清洁干净并且确认玻璃及车身缝隙干燥状态。

（4）产品使用前须适度摇晃使其镀晶材料分子均匀分散。

（5）使用镀晶产品不需要拆除隔热膜，如果隔热膜已经产生气泡，则建议拆除。对于玻璃表面油污，可以使用玻璃去污抛光剂进行玻璃抛光处理，确保清洁干净。

（6）务必带上橡胶手套进行施工。

（四）镀晶作业

1. 人工涂抹作业

（1）汽车玻璃外表面。

①用吸管滴入约3滴玻璃透光散热镀晶剂于涂抹板擦（初次使用时适量增加镀晶药剂），均匀涂抹玻璃表面约30cm×30cm，于5min内立即用抛光毛巾布擦拭均匀，确定表面光滑透亮。

②以上的涂抹作业都需要用力，以抛光方式均匀作业，涂抹后使用抛光机作业效果更佳。

③在完成单次全车镀晶作业后，须等候30min，让表面涂层凝结、固化，才能进行下一个步骤。

④由于前风窗玻璃易受风切及空气中风沙影响，前风窗玻璃涂抹2次可以保持更佳的时效性。

（2）车身漆面。

①以吸管将漆面散热镀晶滴入3滴于涂抹板擦，均匀涂抹车身漆面，每幅约30cm×30cm，于5min内立即以抛光毛巾布擦拭均匀，确定表面光滑透亮。

②发动机舱盖及前翼子板，涂抹两次可以维持更佳镀晶效应。

③全车完成镀晶流程作业之后，须等候30min，让表面涂层凝结、固化，才能进行下一个步骤。

④用吸管吸取纳米亮光护膜，滴3滴于抛光布再均匀搓揉，而后涂抹漆面（规格约75cm×75cm范围），立即轻轻擦拭均匀（请勿用力擦拭，避免造成划痕），并以抛光方式均匀作业至漆面靓丽。

⑤以手工抛光方式均匀作业，请勿使用抛光机进行抛光处理避免将表面镀晶抹除。

⑥在完成单次全车镀膜后，须等候30min，让表面涂层凝结、固化，才能进行下一个步骤。

（3）保险杠与灯罩塑料件。

①以吸管吸取漆面散热镀晶，滴 3 滴于涂抹板擦，均匀涂抹工件表面，每幅约 30cm×30cm，于 5min 内立即以抛光毛巾布擦拭均匀，确定表面光滑透亮。涂抹 2 次，效果更佳。

②以上的涂抹作业均需要用力，以抛光方式均匀作业，涂抹后使用抛光机作业效果更佳。

③在完成单次全车镀膜后，须等候 30min，让表面涂层凝结、固化，才能进行下一个步骤。

（4）车轮铝圈或钢圈。

①以吸管将轮毂镀晶保护剂滴至轮圈，立即擦拭均匀，以避免产生波纹。

②在完成单次全车镀膜后，须等候 30min，让表面涂层凝结、固化，才能进行下一个步骤。

（5）塑料件（仪表板内饰）。

①以吸管将纳米亮光护膜滴入 3 滴于打蜡抛光布，均匀搓揉抛光布，而后涂抹标的物（规格约 75cm×75cm 范围），立即轻轻擦拭均匀，抛光至仪表板呈现亮丽效果。涂抹 2 次，效果更佳。

②在完成单次全车镀膜后，须等候 30min，让表面涂层凝结、固化，才能进行下一个步骤。

2. 喷枪喷涂作业

（1）车身漆面镀晶。

①先将慢干型漆面散热镀晶倒入喷杯，喷涂汽车漆面（15~20mL）。

② 5min 后以漆面抛光布轻拭，确定无雾状，同时呈现亮丽效果。

③再将快干型漆面强化散热镀晶倒入喷杯，喷涂汽车漆面（15~20mL）。

④由于发动机舱盖及前方翼子板容易于汽车前进时，承受较严厉的风沙侵蚀，建议喷涂数次，强化硬度，提高镀晶功能持久性。

⑤漆面强化镀晶具有增强镀晶厚度及硬度功能，喷涂后静待 30min，达到确实表干，请勿擦拭及抛光。

车身漆面喷枪喷涂方式的镀晶作业流程，如图 4-6 所示。

（2）汽车玻璃的外表面。

汽车玻璃的外表面镀晶如图 4-7 所示。

①先将亮光散热镀晶倒入喷杯，喷涂汽车玻璃。

②前风窗玻璃部分，约 1min 后再以抛光布用力擦拭，进行抛光处理至表面光滑且晶莹剔透。侧面及后窗则在 3min 后以漆面抛光布轻拭，确定无雾状呈现。喷涂 2 次，效果更佳。

玻璃镀膜，增加玻璃的拨水性，使玻璃在雨中不挂水，特别是高速行驶的时候增加安全性，减少刮水器的使用。雨中驾车，不停摆动的刮水器，容易影响驾驶员的视线，造成判断力低下，如果恰巧遇到刮水器性能下降时，观察路面情况将很困难。用玻璃镀晶膜可以在风窗玻璃的表面形成特殊滑水保护膜，当车速上升的时候，滴在风窗玻璃上的雨珠会自然地滑落飞散，不容易黏附在玻璃上，保持视线清晰度，有效减少刮水器的使用。有效避免刮水器故障而引起的视线模糊，减少雨天行车交通事故，有效提高雨天驾车的安全性。

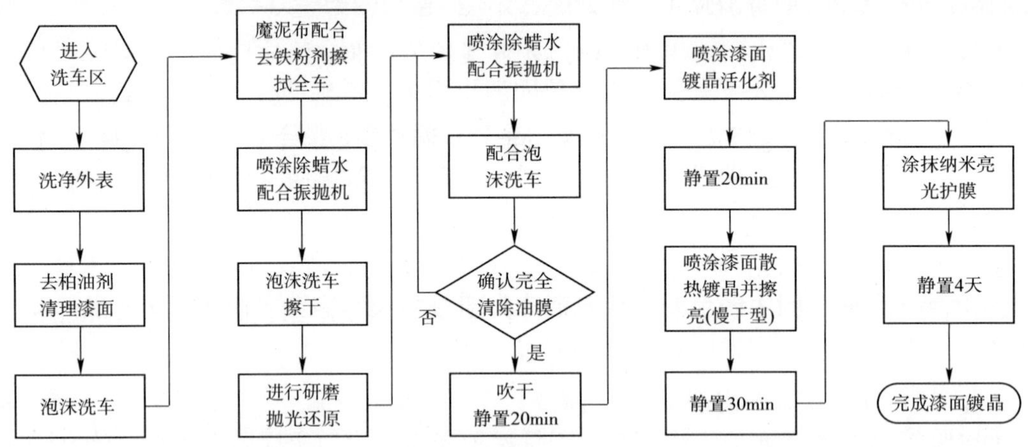

图 4-6　漆面镀晶施工流程

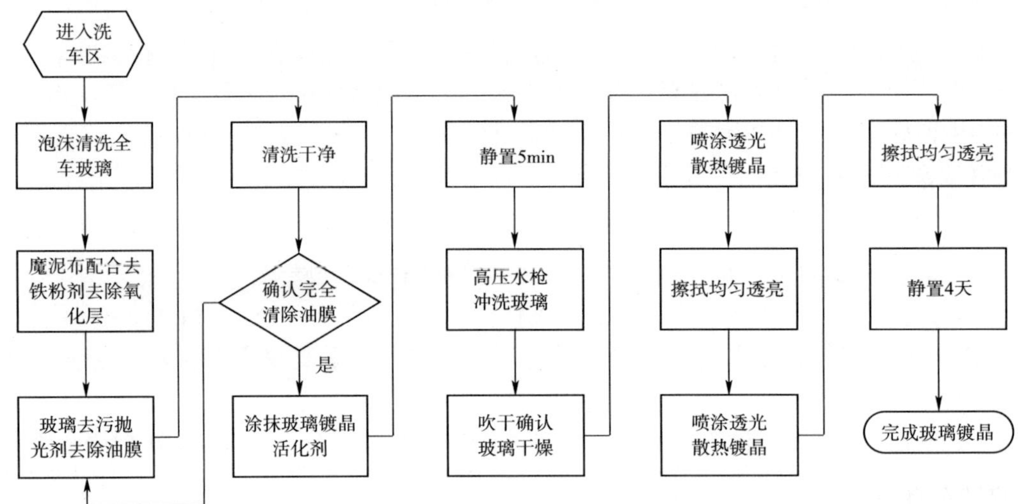

图 4-7　汽车玻璃外表面镀晶

不少品牌的玻璃滑水镀晶膜还可以有效防止酸雨、油污、昆虫和有害物质对玻璃的侵害，更能防止因汽车尾气等引起的玻璃表面油膜，有效地保持玻璃清洁。

（3）车厢内汽车玻璃表面。

以吸管将纳米亮光护膜滴入 1 滴于涂抹板擦，均匀涂抹标的物约 50cm × 50cm，或是将纳米亮光蜡滴 2~3 滴于抛光布上，于 20s 内立即以毛巾布擦拭均匀，确定表面光滑透亮。

（4）车轮铝圈或钢圈。

车轮铝圈或钢圈镀晶如图 4-8 所示。

①先将约 10mL 轮毂散热镀晶材料倒入喷杯，喷涂汽车轮毂内外表面。

② 3min 后以漆面抛光布轻拭，确定无雾状，同时呈现亮丽效果。

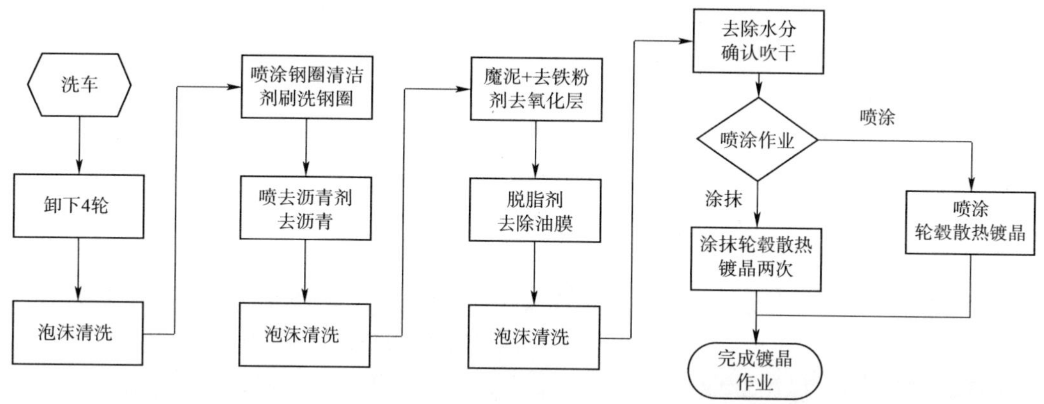

图 4-8 轮毂镀晶施工流程

3. 晶亮护膜施工作业注意事项

（1）涂抹纳米晶亮护膜剂之前请先摇晃使其均匀。

（2）镀膜前请确实清洗干净，确保油污彻底清除，在干燥后涂抹。

（3）纳米晶亮护膜剂延展性高，每一滴可涂抹 50cm × 50cm 面积，请勿过量使用。

（4）请使用干燥的抛光用布进行抛光擦拭。

（5）使用电动或气动抛光机作业可以提升抛光亮度及效率。

（6）镀膜后，需要 4 天时间进行固化，强化硬度，4 天内不得使用清洁剂清洗。

不同系列的镀晶产品采用不同的施工方法，可以获得价值不等的镀晶效果。

（五）镀晶膜维护

通常镀晶膜保质期为 2 年。镀晶施工约 3 个月后，可对镀晶做一次复查和维护。

（1）检查车况。

镀晶约 3 个月的车辆到店后，进行全面的详细检查，是否有划痕和脱落，正常情况应该完好。

（2）清洗车身按从前到后，从上到下的顺序，用中性洗车香波洗车，并用柔软毛巾仔细擦拭车身。

以下是镀晶缺陷的补救措施。

（3）黏土处理。

将黏土反复揉搓后，放在掌心以水平方向配合清水以 50cm × 50cm 的范围在漆面来回移动。

（4）胶边保护。

用各种规格的皱纹胶纸对车体的不同部位进行保护。

（5）抛光处理。

按照漆面的实际情况，选择适当的研磨剂进行抛光研磨。

（6）清洁漆面粉尘用清水将全车仔细冲洗，再用吸水毛巾配合高效干洗枪干燥漆面。

（7）脱脂清洁。

用专用脱脂水给漆面进行脱脂操作，为漆面维护做好准备。

（8）涂抹镀晶维护剂。

用维护套装里面的镀晶维护剂仔细进行漆面维护，参照镀晶标准。

（9）全车质检与验证交车。

对全车漆面及其边角缝位、发动机舱内、玻璃、灯具及轮胎进行全面质检。确认全车施工完成无误后，向车主交车。漆面镀晶效果最好，而且持久，如图 4-9 所示。

a) 车身效果

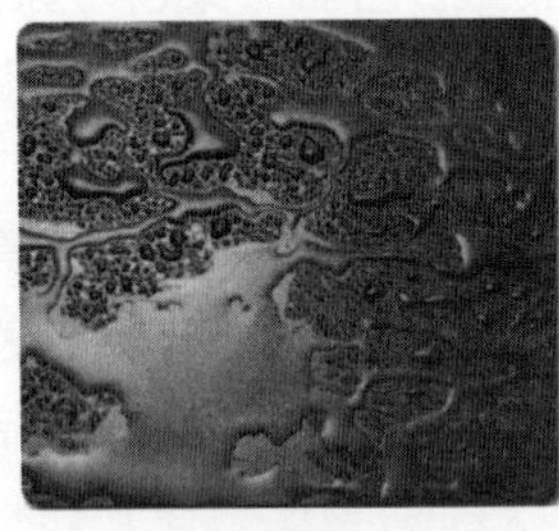
b) 施工前效果

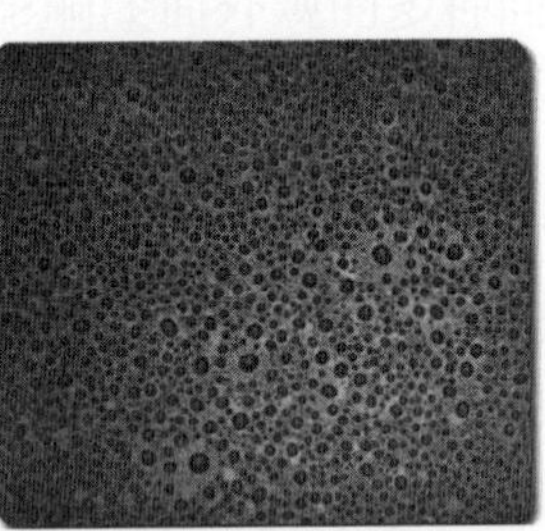
c) 施工后效果

图 4-9　镀晶效果

第五章　汽车玻璃和玻璃灯具维护

第一节　汽 车 玻 璃

汽车玻璃要求有很好的光学性能，汽车玻璃应具有良好的耐磨性、耐热性、耐光性和耐温性，装到车身上使车身具有良好的密封性，以保证驾驶员有良好的可见性，同时确保安全。

国标《机动车运行安全技术条件》（GB 7258—2012）规定：机动车的门窗必须使用符合《汽车安全玻璃》（ GB 9656—2003）规定的安全玻璃。汽车前风窗玻璃应采用夹层玻璃或塑玻复合材料，其他车窗可采用夹层玻璃、钢化玻璃、中空安全玻璃或塑玻复合材料。作为安全窗的车窗不允许使用夹层玻璃，应使用可砸碎的安全玻璃。总之，不能使用普通平板玻璃和有机玻璃。

一、玻璃类型

1. 普通平板玻璃

这种玻璃是由石英砂、纯碱、长石和石灰石等原料制成。这种玻璃最大的缺点就是易碎，即强度差，一旦发生交通事故，撞碎的玻璃片往往带尖棱，从而造成伤亡。

2. 钢化玻璃

钢化玻璃是将普通平板玻璃加热到一定温度后，急剧冷却而产生预应力的高强度玻璃。这就大大提高了玻璃的强度，其落球冲击强度是普通平板玻璃的 6~9 倍；钢化玻璃坚固结实，即使遭到强烈撞击也安然无恙；钢化玻璃一旦破碎，其碎片的形状呈蜂窝状小块，没有尖锐棱角，也不易伤人；钢化玻璃又有较好的耐热、耐寒性能。由于钢化玻璃有许多优点，因此被列入了“安全玻璃的范畴”。

钢化玻璃分为全钢化玻璃和区域钢化玻璃两种。

玻璃在加热炉内加热到接近软化温度，这时玻璃处于黏着流动状态，保温一段时间，然后将此片玻璃迅速送入冷却装置，用低温高速气流对玻璃均匀淬冷，使玻璃内层产生张应力，外表面产生压应力，经过这样处理的玻璃制品就是全钢化玻璃。若玻璃在加热炉内加热到接近软化温度，然后将玻璃迅速送入不同冷却强度的风栅中，对玻璃进行不均匀冷却，使玻璃主视区与周边区产生不同的应力，周边区处于风栅的强风位置，进行全钢化，此位置碎片好、钢化强度高，主视区处于风栅弱冷位置，碎片大、钢化强度低，用这种方法生产的玻璃就是区域化玻璃。采用特殊的热处理方法可以控制玻璃片的大小、形状和分布。一旦损坏，使驾驶员有“二次可视性”。

3. 夹层玻璃

由两层或两层以上的玻璃，用一层或数层透明的黏结材料黏合而成的玻璃制品，又称高抗穿透性夹层玻璃。一般夹层玻璃共有三层，夹层玻璃中间膜材通常采用性能较好的聚乙烯醇丁醛 PVB。夹层玻璃具有很高的强度、韧性，而且抗碰撞能力、安全性好及透明度都高。一旦破碎，内外两层玻璃的碎片仍能黏结在 PVB 膜片上，而膜片具有较大的韧性，在承受撞击时会拱起从而吸收一部分撞击能量，具有一定缓冲作用，其高速冲击强度要高于钢化玻璃。现场调查记录也表明钢化玻璃与夹层玻璃相比具有更高的伤亡率，其碎片扎伤眼睛的比例也较高。

特殊夹层玻璃除了具有夹层玻璃的功能外，还有特殊的功能。

（1）防弹玻璃。它是在夹层玻璃中夹一层非常结实而透明的化学薄膜。这不仅能有效地防止枪弹射击，而且还具有抗浪涌冲击、抗爆、抗震和撞击后也不出现裂纹等性能。

（2）电热玻璃。在两层玻璃与 PVB 薄膜结合时，中间夹入极细的钨丝，通电后钨丝发热，可将玻璃表面的水分蒸发。这种玻璃主要用于冬天防止风窗玻璃上结冰、结霜及阴雨潮湿地区结雾。

（3）天线夹层玻璃。在玻璃夹层中夹有很细的康铜丝，用以代替拉杆天线，既可避免天线杆拉进拉出的麻烦，又不致发生腐蚀。一般用在前风窗玻璃上。

（4）遮阳夹层玻璃。在前风窗玻璃上方夹层上一层彩色膜片，由深而浅，起遮阳作用。

（5）隔热夹层玻璃。在两夹层玻璃间夹有尼龙热线反射薄膜，它可以让太阳的可见光透入，而对于近红外光谱热线都能大部分反射回去，从而降低车内的温度。

4. 特殊功能的玻璃

（1）单面透视玻璃。在普通玻璃上用真空涂抹法加上一层金属铬、铝或铱的薄膜制成。这种玻璃可把投射来的光线大部分反射回去。这种玻璃装在汽车上，人坐在汽车里可清晰地看到外面，但车外的人却无法看见车内的一切。

（2）控制刮水器玻璃。有一种玻璃可自动控制刮水器，因为这种玻璃具有雨点传感作用，其传感器可测出雨点，然后打开风窗玻璃上的刮水器，并根据雨量的大小变化，随时改变刮水器速度。其原理是：它向风窗玻璃发射一束红外光，温度能影响玻璃反射这道光束的能力，这一信息被装在驾驶员视镜后面的一个控制器收到，就能控制刮水器速度。

（3）憎水玻璃。这种憎水玻璃是在普通玻璃上涂了一层硅有机化合物薄膜，它不沾雨水，落到其上面的水滴形成圆珠自动滚落下去。因此，汽车前风窗玻璃采用这种玻璃，就可省去刮水器。

（4）控制阳光入射量的玻璃。这种玻璃可以在汽车所有车窗关闭和阳光直接暴晒情况下，使车内保持凉爽，因它能挡住多达 84% 的太阳能。

（5）导电玻璃。在普通玻璃表面涂上一层氧化钛、氧化锂之类的薄膜而制成。这种玻璃通过微量的电流，就会产生热量，附在车窗上的霜冰便会立即融化，不会影响车内人员的视线。因它只需要极小的电流，所以不会伤人。

（6）显示器系统玻璃。这种汽车玻璃还可以作为显示器系统，未来汽车路线指南、方位图等可以从仪表板后面投射到汽车前风窗玻璃上。这样驾驶员不用看仪表，只需正视前方，就可以看到玻璃上所示各处的信息，既方便又安全。

二、汽车玻璃清洁维护

干净、清晰的风窗玻璃能够给驾驶员带来一片清晰的视野、一个舒畅的驾车心情。冬天汽车风窗玻璃上很容易结冰霜，夏天汽车风窗玻璃上经常会有很多虫胶、春夏秋冬无数的灰尘，会给驾驶员带来很多的麻烦。

利用清洗剂进行汽车玻璃清洁，在汽车美容用品中仅仅是一个小细节。汽车玻璃清洗剂属于硬表面清洗剂中的一种，具有其特殊性。作为汽车玻璃的风窗玻璃，在冬天很容易结冰霜；到夏天，汽车风窗玻璃上经常会有很多虫胶；平时又难免会有油污和灰尘附在汽车风窗玻璃上，这会给驾驶员造成很多麻烦。使用汽车玻璃清洁剂清洗过的车窗，驾驶员能够立即感受到清晰的视野。因此，绝不能忽视汽车玻璃清洁用品以及玻璃的清洁。

玻璃油膜的清除，采用复合型油膜消除成分，是通过摩擦清除油膜并使其在产生的水溶液中漂浮起来从而彻底清除油膜，可以完全消除玻璃上所附着的油膜，还原汽车玻璃的透明亮度。

三、玻璃防雾处理

全车玻璃做防雾处理后，车内玻璃不起雾，保障安全行车。

汽车玻璃防雾剂为专门玻璃防雾配方，可以在水分子和玻璃之间形成一个防雾层面，破坏水分子的张力和雾化表层。吸收水分子使之不形成水雾，或使其变成微小水珠而自动滑落，保持玻璃表面的洁净和清晰度。此外，汽车玻璃防雾剂无毒、无害，液体类产品，易于涂抹，附着力强。可以有效地去除由于雨天、天冷等原因造成的车内玻璃起雾。通常在车内环境内能发挥 1~3 个月的持续功效。

玻璃除雾施工效果如图 5-1 所示。

冬天刚坐进车里，由于人呼出的热气较多，而车内外温差很大，容易使车玻璃上起一层雾，车门上的玻璃影响不是很大，主要是前风窗玻璃起雾将会严重影响驾驶员视线。冬天汽车玻璃防雾除雾主要方法有以下几条。

（1）车辆刚起动水温没有升上来，开暖风无济于事，比较快速的方法是用软毛巾或汽车专用防雾毛巾把玻璃上的雾气擦掉，但要注意在停车时擦拭。

（2）如果车速不是很快，可以把车玻璃开个小缝，让车内外的空气对流，过一会儿就能让车内玻璃上的雾气消散。

（3）使用汽车专用防雾剂。

（4）开启空调。当发动机水温升高到一定程度，可以打开前风窗玻璃的暖风空调，直吹前风窗玻璃，并开启外循环。以此缩小车前风窗玻璃

图 5-1　除雾以后视野好

内外的温差，达到除雾的效果。

（5）部分车辆有玻璃加热自动除雾装置，打开除雾开关启动除雾功能即可。

使用汽车专用防雾剂，操作简单：防雾剂使用前，先将前风窗玻璃内侧擦拭干净，然后喷上适量防雾剂，待防雾剂凝固后，用清洁的毛巾擦拭干净即可。防雾剂可以在水分子与玻璃内侧表面之间形成一个驱水层，从而保持玻璃表面的洁净，防止结雾。

第二节　汽车玻璃贴膜

一、汽车玻璃性能

目前，部分汽车制造厂在选用汽车玻璃的时候，会选择可以阻隔热量和阻隔紫外线功能的“绿色玻璃”。而这些隔热玻璃在制造的时候就已经添加了相关的物质，可以保证阻隔热量和部分紫外线。

隔热玻璃是一种功能性玻璃，它跟防弹玻璃一样拥有着特殊功能，不同的是它可以隔热。隔热玻璃有 XRB1、XRB3、镀膜隔热玻璃 3 种。3 种玻璃都是略带蓝绿色接近于无色的玻璃。其中，XRB1 是磷酸盐隔热玻璃、XRB3 是硅酸盐隔热玻璃、镀膜隔热玻璃是隔热纳米粉体阻隔热量。它们不是吸收可见光而是吸收大量产生热量的红外光线，其中 XRB1、XRB3 在需要光线强度高的而又需要隔除热量的情况下性能特点最为明显。而将镀膜热玻璃在建筑上使用可直接降低温度，温差为 3~6℃。

热反射汽车夹层玻璃是一种新型的高科技汽车玻璃，采用了严格的生产过程控制和良好的质量管理体系。它是国内新近出现的汽车玻璃，是一种新型绿色环保高科技产品。它是将高性能镀膜玻璃与普通玻璃经 PVB 胶合而成的，完全满足常规的安全性能指标，抗穿透、抗冲击、光学性能好，副像偏离小、光畸变小，其可见光透过率大于 70%，克服了汽车玻璃贴膜可见光透过率普遍偏低影响安全的弊端，能够为乘驾者提供舒适清晰的视野，大大提高了驾驶的安全系数。热反射汽车夹层玻璃具有较好的遮阳效果，反射了太阳光谱中的红外线，减少了太阳光中的热能通过玻璃透射到车内的量，可以阻隔太阳光中 66% 以上的热量辐射，大幅降低空调的负荷，达到节油降耗、减少排放指标的目的。它可以阻隔太阳光中 99.9% 以上的紫外线，有效保护汽车内饰，防止因老化变色，减少驾驶员的皮肤灼热感，增加舒适性。另外，这种玻璃的加工形状和面积不受限制，可以满足市场上所有汽车玻璃的需求，并且膜层在夹胶层内受到永久保护，不会轻易被氧化，耐久性、耐磨性好，克服了汽车玻璃贴膜不耐久、不耐磨的缺点。

但由于成本问题，目前市面销售的部分车型所采用的“绿色玻璃”，还比不上真正意义上的防爆隔热膜，仅能阻隔少量的热量和紫外线，因此，还是建议车主在购车后贴上隔热防爆膜。

热反射隔热汽车玻璃的实现途径主要有三种。

（1）采用隔热中间膜的方式，如 XIR 膜，将红外热反射功能膜先镀制在 PET 片材上，再与 PVB 一起夹层制成。其缺憾是成本较高，加工大面积深弯的制品可能性不大，且 XIR 膜易褶皱。

（2）玻璃镀膜。玻璃先热弯成型，再经镀膜、夹层、胶合而成。缺点是膜层牢固度不高，日后易氧化变质，寿命周期有限。

（3）玻璃贴膜。市场上贴膜玻璃在起到隔热、保护隐私作用的同时，也大大降低了风窗玻璃的可见光透过率，存在着很多安全隐患。譬如，车内的光线过暗，容易使驾驶员产生困倦，不便于观察车辆周边的情况，特别是行人、非机动车辆的通行情况；当车辆夜间行驶或急转弯时，很难透过玻璃看清前方路况；由于贴膜时只在前门玻璃边留出可以观察后视镜的位置，对进入后视镜死角的车辆不便于观察。贴膜的耐久性不好，在阳光的照射下很容易起泡、脱胶、变色等，留下安全隐患。

国标《机动车运行安全技术条件》（GB 7258—2012）规定，机动车驾驶室必须保证驾驶员的前方视野和侧方视野，前风窗玻璃及风窗以外玻璃用于驾驶员视区部位的可见光透射比不允许小于 70%。所有车窗玻璃不允许张贴镜面反光遮阳膜，所有出租汽车与私家车都适用这一条款规定。这一项规定保障了驾车安全，也为广大车主提供了一个标准来选择防爆膜。所以，防爆膜厂商都在这个法案之后推出了带有 70 字样命名的型号，其意义来透光率超过 70% 的防爆膜型号。例如：威固 V70、贝卡尔特 LX70、3M 晶锐 70、寰球窗膜 Legend70（传奇 70）、强生 IR70、龙膜 AVS70、琥珀光学 C70 等（都为前风窗玻璃膜）。但也并不是所有厂商都这样做。其实这些 70 的意义都是可见光透光率，并不代表红外线的阻隔率为 70%，而红外线阻隔率又不代表总能量阻隔率。所以在选购的时候一定要注意，而且各家防爆膜实现阻隔热能的方式不同，有吸收型、有反射性的。对其识别方法是，使用销售店展示台上提供的红外线灯对样品照射，5min 后感觉膜的温度，温度高的是吸热型，低的是反射型。一些商家可能会用高清晰度的侧风窗膜作为前风窗膜卖给车主，车主可以在网上了解完全之后再进行选购。但是，作为汽车美容执业者或从业人员，必须遵从诚信原则，尽如实告知义务。

一般来说，热反射前风窗玻璃可以有效降低太阳能的透过率，降低空调能耗，无论停车还是行驶过程中都可提供一个舒适的乘驾空间。

二、汽车玻璃防爆膜

大家可能对汽车玻璃贴膜都很熟悉，至少是不陌生的。但问题是，该叫“防爆膜”还是“防暴膜”呢？防暴，是防止暴力破坏的意思；防爆，往大说是防止爆炸，小则是防止爆裂的意思，还有就是即使爆裂了还可以兜住的意思，简称“车膜”，对比之下称为“防爆膜”比较贴切，选择依据是“三率”，即可见光透过率、隔热膜总隔热率和紫外线阻隔率，数值越高质量越好也必定越贵。

（一）汽车防爆膜种类

汽车防爆膜贴膜发展有四个阶段。

第一代汽车太阳膜，是俗称的“染色膜”。在一层聚酯膜上喷涂染色剂以达到隔光隔紫外线的效果。这种太阳膜安装简单，遮光好，但不防热，容易褪色脱胶，使用寿命低。

第二代是金属反光膜。这种太阳膜通过在聚酯层喷涂铝、钛等金属，提高了防爆功能，隔热功能也有改善，缺点是高透光的时候低隔热、高隔热的时候低透光。

第三代是汽车太阳膜是“吸热膜”。隔热防晒性能良好，更重要的是防爆性能增强，而且车膜比较薄。通过在聚酯层喷涂吸热剂已达到很好的隔热效果，但寿命低、性能在使用一两年后会减退。

第四代是智能光谱选择薄膜。以磁控溅射金属来增加膜的隔热性能，是当前世界上最高制膜技术的代表。具有极高的隔热效果，能有效地降低车内温度，提高空调效率；还可以防止汽车玻璃破碎时碎片飞溅，避免意外事故对乘员的伤害。能阻隔高达99%的紫外线，可以保证乘车人员免受紫外线伤害，还拥有超强的硬度与韧度、透视度高、材质稳定等特点。

汽车玻璃防爆膜从大类上分，只有两种：金属膜和染色膜。为便于理解，我们可以把汽车膜的种类分得更细些，分为以下几种。

（1）染色膜，是指最低档的汽车膜，这种膜特点是薄，不隔热，易褪色。一般在小店较多，非常便宜，贴全车只要一两百元。目前基本淘汰了。

（2）涂布印刷膜，是韩国特有的一种工艺，一般较厚，这种膜隔热较好，但透视性稍差。

（3）普通金属膜，是指在无色的原膜层上喷溅金属制成，一般所用金属为铝、铁等。市场上最普通的是这种金属膜。但这种膜透视性一般，隔热也一般，而价格却不低，常有店家用这种膜冒充顶级膜。

（4）纳米陶瓷膜。高档膜，是用纳米技术将“硅”粒子喷溅到无色原膜层上制造而成，这种膜隔热好、清晰，是一种新科技产品，具有不干扰电子信号、环保等特点。

（5）双层贵重金属膜。这种膜是用磁控溅射（SPUTTER）最新工艺，将钛、铂等贵重金属喷射到无色原膜层的两面，使这种膜具有双层金属，低反光，防热效果好，降低油耗，而且颜色晶莹透明。具有单向透光特点，从内外视，晶莹透明；由外内视，若隐若现，它能有效阻隔99%的紫外线，是一种最高档的防爆隔热膜，有效保护人的皮肤。

（二）汽车防爆膜功用

汽车防爆膜功用包括以下几方面。

（1）隔热防晒——贴膜能很好地解决红外线产生的大量热量。

（2）隔紫外线——紫外线中的中波、长波能穿透很厚的玻璃，贴上隔热膜能隔断99%的紫外线。防止皮肤受伤害，也能减轻汽车内饰老化。

（3）安全防爆——膜的基层为聚酯膜，有非常耐撕拉防击穿的功能，加上膜的胶层，贴膜后玻璃强度能增加100倍。汽车防爆太阳膜可以提升意外发生时汽车的安全水平，使汽车玻璃破碎可能性降到最低，最大限度地避免意外事故对乘员的伤害。此外，防爆膜有以下作用：防止台风、地震等自然灾害；防止砸窗抢劫；防止入室偷窃；防止恐怖爆炸；防止钢化玻璃自爆；防止高空玻璃幕墙坠落；防止室内家具和地板褪色等。

（4）营造私密空间——贴膜后，距离车身一米之外看不清车内，保留隐私和安全。

（5）降低空调省耗——汽车防爆太阳膜的隔热率可达 50% 以上，有效地降低汽车空调的使用频率，节省燃油，空调省耗降低近 15%。

（6）增加美观——根据个人喜好，通过贴膜能个性化美观汽车。

（7）防眩光——保持眼睛舒适，降低因为眩光因素造成的意外情况。

专业贴膜车间必须是干净整洁密闭的无尘车间，如图 5-2 所示。

a)

b)

图 5-2 专业贴膜车间必须是干净整洁密闭的无尘车间

汽车贴膜需要考虑以下几方面因素。

①可见光透过率：简称透光率，是用来衡量可见光穿过玻璃能力的百分比，前风窗玻璃膜一般为 70% 以上，侧后风窗玻璃膜一般为 50%~60% 不等，百分比越低，透光能力越差，相对的膜颜色越深。

②紫外线阻隔率：高质量的汽车膜，这个指标一般不低于 98%，高的可达 100%。高紫外线阻隔率能有效防止车内的人被过量的紫外线照射，灼伤皮肤，还能保护车内音响不会被晒坏。而劣质膜很多没有这项指标，或者远远低于 98% 的标准。

③红外线阻隔率：红外线也是太阳光中的一部分，光照的大部分热量通过红外线传递，相对于汽车玻璃膜而言，百分比越高隔热效果越好。

④总隔热率：专业隔热膜总隔热率一般可达到 40%~79%。它是由玻璃膜的各项指标综合得出的一个数值，有些商家通常混淆概念，往往用“红外线阻隔率”的概念冒充“隔热率”，这是错误的。

⑤可见光反射率：不同于可见光透过率，较高的反射率类会将照射的光直接反射回去，类似镜面。反射率越高，玻璃膜的私密性越强，隔热性更好。

⑥贴膜厚度。1.0mil[1]为汽车节能膜；1.0~2.0mil 为汽车安全贴膜范畴。1.0mil 的膜最好直接干烤；1.5mil 的膜既可干烤，又可湿烤。

（三）汽车防爆膜结构

汽车防爆膜结构如图 5-3 所示。

（1）抗磨层：由耐磨聚氨酯组成，硬度高达 4H。

（2）带色 PET 安全基层：由高强度、高透明 PET 聚酯与颜料熔融挤出双向拉伸制得，由于颜料夹在 PET 膜里面，可防止氧化变色，寿命长达 8 年。

[1] mil 是太阳膜的厚度单位，1mil ≈ 0.0255mm。

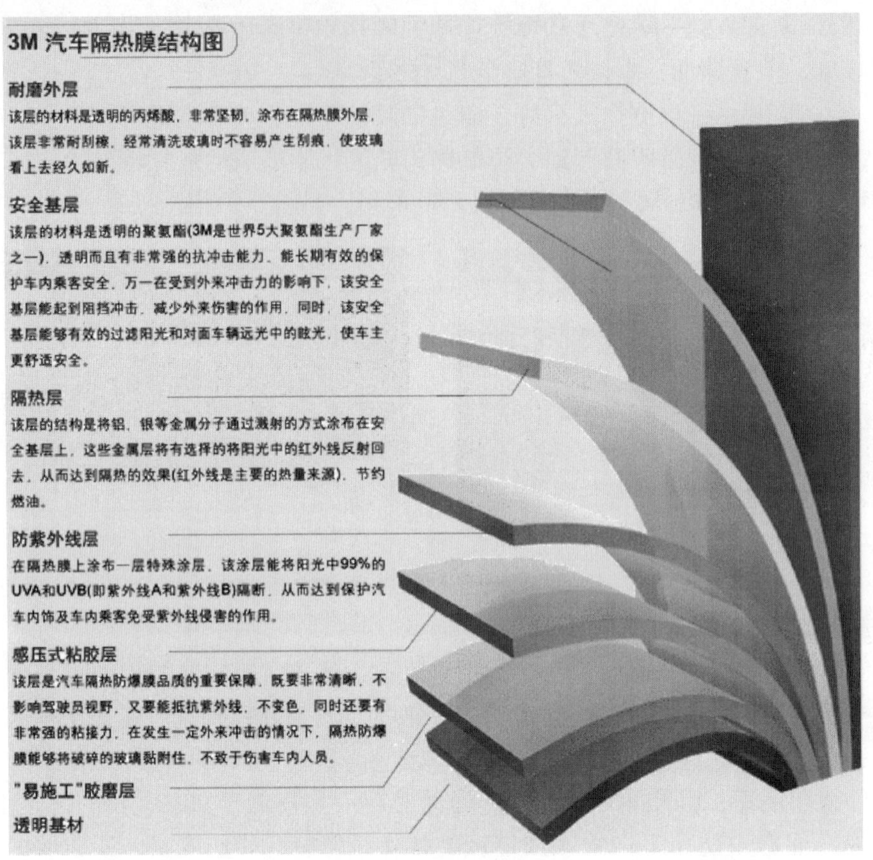

图 5-3　汽车防爆膜结构

（3）金属隔热层：在 PET 膜上通过真空蒸镀或真空磁控溅射金属铝、银、镍等对红外线有较高反射率的纳米级金属层。

（4）复合胶黏剂：由耐候性良好的高透明聚氨酯胶黏剂组成。

（5）UV 吸收层：由特种 UV 吸收剂构成，可阻隔 99% 的紫外线。

（6）透明 PET 安全基层：由高强度、高透明 PET 聚酯膜组成，目的是把金属层夹在中间，防止金属氧化，延长金属膜的寿命。

（7）安装胶黏剂：由耐候性良好的高透明丙烯酸酯胶黏剂组成。

（8）高透明 PET 离型膜。

（四）防爆膜每个结构的功能

（1）安全基层。透明且具有非常强的耐冲击能力，能有效过滤对方远光灯中的眩光。通常说的防眩光功能，就是由这一层来完成的。

（2）隔热层。这一层是由贵金属分子由磁控技术均匀分布的，能有选择性地将阳光中的红外线、紫外线反射回去，起到隔热的效果。车膜的隔热性能，取决于它的反射能力，反射率越大，隔热率也就越高。但根据各国及各地区法律的不同，一般规定车膜的可见光反射率不得超过 10%。

（3）彩色覆膜。汽车膜现在有各种各样的颜色，车主可以根据自己的喜好和车的颜色来选择，而这项功能的实现，就是彩色覆膜的功劳。

（4）紫外线吸收层。紫外线在太阳光中仅占3%，但会造成物品的褪色、塑料橡胶件的老化，过量的紫外线照射还会诱发人体皮肤癌变。而高品质的防爆膜能通过这一层把通过隔热层的紫外线再次吸收，不仅能有效防止车内的人被过量紫外线照射灼伤皮肤，还能保护车内设备及内饰不会被晒坏。

（5）透明胶层。这一层是为了保护驾驶员的视线清晰，保证驾驶安全。建议用户尽量不要选取透光度太低的膜。车窗膜，尤其是前排两侧窗的膜，透光度在85%以上较为合适。此时，侧窗膜无需挖孔且不影响视线，夜间行车时还能通过安全基层把后面来车前照灯照射在反光镜的强烈眩光反射减弱，使眼睛舒服。此外，在雨夜行车、掉头、倒车时也能保证视线良好。

（6）合成纤维层。这是涉及安全性的很重要的一层，通常所讲的防爆功能指的就是合成纤维层所起的作用。优质防爆膜本身有很强的韧性，其上的强力胶能将破碎的玻璃紧紧粘在一起，避免事故发生时飞溅的玻璃碎片对乘客产生二次伤害，并且其抗冲击性能也很强。

（7）耐磨层。防划伤是车膜的一个基本性能。这一层非常坚韧、耐磨，既能保证正常升降车窗时膜的表面不被划伤，保证视野的清晰，又能保证玻璃的日久如新。

（五）汽车防爆膜隔热防爆原理

1. 太阳光谱

紫外线谱带：波长280~400nm，其特点是穿透性强，可使人体皮肤黑色素沉积，颜色加深，过度的紫外线曝晒会导致皮肤癌，可导致地毯、窗帘、织物及家具油漆褪色。

可见光谱带：波长380~780nm，其特点是肉眼可以看见的唯一光谱，可见光波段进一步可以分为不同的颜色（赤橙黄绿蓝靛紫七色），对人体没有直接伤害。

红外光谱带：波长700~2400nm，其特点是我们可以直接感受到阳光“不可见”的热量，所含能量最大，所以热量也高。

各波段的远近红外线构成占了太阳能的53%，紫外线占3%，可见光占44%。

2. 隔热原理

通过真空喷镀或磁控溅射技术将铝、金、铜、银等金属制成多层致密的高隔热金属膜层。金属材料中的外壳层电子（自由电子）一般没有被原子核束缚，当被光波照射时，光波的电场使自由电子吸收了光的能量，而产生与光相同频率的振荡，此振荡又放出与原来光线相同频率的光，称为光的反射。

金属的导电系数愈高，穿透深度愈浅，反射率愈高。这些金属层会选择性地将阳光中的各种热能源，包括红外线、紫外线及可见光热能反射回去，再配合膜上的颜色对太阳热辐射的吸收后，再二次向外释放，随着室外的空气流动带走一部分热量，从而有效起到隔热的作用。

防爆膜使用的金属反射材料，大都是高导电度的金、银、铝与铜等材料。几种金属反射膜在不同波长的反射率如表 5-1 所示。

几种金属反射膜在不同波长的反射率（%） 表 5-1

金 属 种 类	800nm 反射率	650nm 反射率	500nm 反射率
铝	86.7	90.5	91.8
银	99.2	98.8	97.9
金	98.0	95.5	47.7
铜	98.1	96.6	60.0

3. 防爆膜工作原理

安全防爆膜，是运用一种高精度的电解质溅射喷涂法，在由 PET（聚乙烯对苯二酸酯）提炼而成的透明强度复合聚酯纤维膜内溅射金属原子层，具备高强度的黏结力、抗张力、高伸张度、强抗酸、抗碱性，在高温下也能保持物理性质的良好状态。通过含有各种金属镀层反射 99% 的紫外线，同时阻隔不同波长的热能量，达到阻隔紫外线和可见光带来的热能，同时又保持良好的透光率。

提高玻璃防爆性能的关键是缓解外部冲击力，主要通过以下两个方面来实现。

第一，充分利用粘胶层和金属镀层提高玻璃刚性，将冲击力在表面分解。金属镀层的延展性和强韧度可有效抵消和分解冲击；即使玻璃破碎，膜中金属材料会产生拉伸力与粘胶层的胶质共同作用牵拉住玻璃碎片，防止飞溅，有效保护人身及财产安全。

第二，通过膜独有的叠层间相互滑动的微位移，缓解穿过玻璃作用到安全膜的冲击力，形成独特的抗撞击性，据测算可增强 5~7 倍的玻璃强度，有效阻止因外力撞击所导致的玻璃破碎伤人。

4. 防爆膜性能指标

（1）透光度。这是车膜中关乎行车安全最重要的性能，建议车主尽量不要选取透光度太低的膜，应选择透光度在 85% 以上较为适宜。此时侧窗膜无需挖孔且不影响视线，夜间行车时还能把后面来车前照灯照射在后视镜的强烈眩光反射减弱，使眼睛非常舒服。此外，在雨夜行车、倒车、掉头时也能保证视线良好。

（2）隔热率。考虑到南方地区夏季长、气温高、日照强的气候因素，车膜隔热性能要高。质量好的防爆膜能反射红外线，所以车内的温度就低得多，继而会降低空调负荷，节省燃油。如果车主要判断隔热情况，办法很简单，只要用贴了膜的玻璃挡住太阳，用脸或者手去感受其隔热效果就可以了。

（3）防爆性能。这也是涉及安全的又一重要性能，优质防爆膜本身有很强的韧性，玻璃破裂后可被膜粘牢不会飞溅伤人，并且其抗冲击性能很强。而劣质防爆膜手感很软，缺乏足够的韧性，不耐紫外线照射，易老化发脆。

（4）紫外线阻隔率。高质量的膜，这个指标一般不低于 98%，高的可达 100%。高紫外线阻隔率能有效防止车内的人被过量的紫外线照射，灼伤皮肤，还能保护车内音响不会被晒坏。而劣质膜很多没有这项指标，或者远远低于 98% 的标准。这也是产品质保年限的主要依据。

（六）汽车玻璃膜的选择

1. 挑选防爆膜四招

（1）看。清晰度高的就是好膜，劣质膜看上去有一种雾蒙蒙的感觉。

（2）闻。撕开保护层后，劣质膜闻起来有一股刺鼻的味道，而高档膜采用的是环保胶，基本上没什么味道，或是有一股淡淡的胶水味。

（3）摸。高档膜摸上去有厚实平滑感，劣质膜则很软很薄，缺乏足够的韧性，容易起皱。

（4）擦。可以带一点酒精或是汽油，擦拭一下膜的表面。劣质膜一擦很容易褪色，高档膜则不容易褪色。

2. 根据不同功能选择

（1）前风窗玻璃。前风窗玻璃的透光率一般都在 75% 以上，这样保证了驾驶时的清晰度，同时保障驾驶安全。透光率越高，表明膜越透明，但是同时隔热性能和紫外线的阻隔性能就会降低。

（2）侧、后风窗玻璃。侧后车窗贴膜的搭配有很多。

车膜的选择还需要考虑以下几点。

①注重私密性的可以选择透光率较低的型号，市面上最低的透光率为 5%，几乎趴在车窗上也看不到里面。

②希望提升隔热性能的，可以选择红外线阻隔率、总隔热率较高的型号。市面上通常隔热率能达到 60%~70%，但是要提醒的是：隔热率好的汽车玻璃膜也不能完全减少车内气温上升，只能缓解，或者减缓温度上升的速度。

③希望提升安全性的，可以选择价格较高的防爆膜。这种膜在玻璃碎裂的时候可以有效防止碎玻璃飞溅伤人。

④当然，也可以选择用前风窗玻璃膜的型号来贴侧后风窗玻璃，这样既能起到一定的隔热阳光效果，同时又不影响车内空间的采光，对于新手、新车，值得推荐。

3. 防爆膜的推广应用

（1）家庭住宅、别墅、幼儿园、医院、养老院、疗养机构、学校等部门单位的玻璃门窗贴上玻璃贴膜，隔热防爆、绿色环保、节能美观，有益身心健康。

（2）高楼大厦玻璃幕墙、观光电梯、采光顶、游泳池天顶，成片玻璃贴上隔热防爆的玻璃贴膜，能有效抵挡紫外线、强光，隔热防爆，节能又安全。

（七）汽车防爆膜

汽车防爆膜品牌产品介绍如下，仅供参考。

（1）3M 汽车防爆膜品牌。3M 公司创建于 1902 年，总部设在美国明苏达州的圣保罗市，是世界著名的产品多元化跨国企业。3M 公司汽车防爆膜产品繁多，并且已深入人们的生活。从家庭用品到医疗用品，从运输、建筑到商业、教育和电子、通信等各个领域。

（2）雷朋汽车防爆膜品牌。雷朋的 LB-895 和 LB-915 并不以金属为隔热材质，所以完全不会屏蔽手机、汽车遥控器、卫星导航、ETC等光学信号，高隔热又不含金属成分，还有它的内反光率非常低，并有着极佳的单向透视性。

（3）强生（Johnson）汽车防爆膜品牌。美国JOHNSON（强生）公司自20世纪50年代开始，就致力于发展超安全、超设计的汽车防爆膜，其汽车防爆膜的品质一直处于世界领先地位。

（4）威固（v-kool汽车防爆膜）品牌。威固汽车防爆膜产品的制造商是美国加州帕罗阿托市的纳斯达克上市公司——韶华科技（Southwall），长期从事军用和空间技术所需的光谱选择性薄膜的开发。光谱选择技术（XIR）的应用不仅为威固汽车防爆膜赢得了声誉，这一技术也因威固汽车防爆膜产品的逐渐推广而深受大众青睐，为广大汽车生产厂家选用并应用于汽车玻璃窗上。

（5）龙膜（llumar）汽车防爆膜品牌。llumar龙膜是美国首诺科特cpfilms公司玻璃膜统一商标，直接贴在玻璃表面，是把普通玻璃变成高性能玻璃的一种高科技节能安全材料，能阻挡太阳光热量、99%有害紫外线及耀眼的、不适的炫目强光，同时适应季节的变化，夏季能反射炽热太阳光的热量；而冬季具有低辐射率膜可以吸收太阳光热量。其膜质坚固、具有良好的防划伤功能。

（6）FSK汽车防爆膜品牌。FSK汽车防爆膜是日本品牌，其玻璃隔热膜具高透明、高断热、易施工特性。

（7）ICAN汽车防爆膜品牌。ICAN（我能）汽车防爆膜是一种利用金属原子的光谱特性开发的宽带增透隔热膜，采用多层纯金属合金溅射纳米陶瓷、IR技术制造而成，隔热性能好、防爆能力强且透光率高。

（8）贝卡尔特量子膜汽车防爆膜品牌。贝卡尔特特殊镀膜公司是全世界磁控溅射膜的最大生产商。目前，其汽车防爆膜品牌——量子膜（Quantum）、舒热佳（SolarGard）已经进入我国市场，舒热佳汽车膜实现了极低反光和高隔热的完美平衡。

（9）杜邦圣膜（DoBons Film）汽车防爆膜品牌。DoBons Film（杜邦圣膜）是采用美国杜邦公司（DuPont）原厂特制的安全基膜，产品外观优美均匀。1952年杜邦开发出一种特别结实、耐用的MYLAR聚酯薄膜，成为目前被广泛运用于汽车隔热膜的基础材料。

（八）贴膜安全操作规范

1. 对玻璃贴膜的要求

汽车隔热膜有前、后风窗玻璃膜和侧风窗玻璃膜之分。其中，对隔热膜要求最高的是前风窗玻璃。按照交通安全法规的规定，前风窗玻璃的透光率必须大于70%，以不影响行车安全为前提。前风窗玻璃最忌讳贴深色隔热膜。此外，在选择隔热膜的抗紫外线指数时，越高越好，因为能保护仪表板零部件，防止被太阳长期照射提前老化。侧风窗玻璃隔热膜方面，同样以不影响车主观察后视镜为前提。侧风窗玻璃可选择的隔热膜较为灵活，颜色也比较多变。如有的车主喜欢偏蓝色的隔热膜等。此外，隔热膜的隔热效果与颜色深浅并没有直接的关系，隔热膜内的涂层工艺才是决定隔热效果的关键因素。隔热率越高的隔热膜，反光越厉害。一般来说，市售汽车防爆膜隔热率达到 60% 的隔热膜已是不错的产品。如果某产品号称有 80% 甚至 90% 隔热率的产品，消费者就要留神了。

如果车内装有 GPS 导航仪，除非安装了天线，否则建议车主选择非金属膜产品，因为市场上大多数的防爆膜仍然属于金属膜，对于 GPS 信号确实会造成干扰。

2. 工艺技术要求

仅贴膜的工具就有十多种，贴膜流程大约有 8 个步骤，一辆车的贴膜时间需要 90~120min。贴膜其实很简单，难就难在是否够细致。

专业的贴膜店有专门的流程和工具，各个贴膜环节所需要的工具最少 10 种以上，仅用来擀水的工具就分硬刮和软刮两种。在使用硬刮擀水之前，要贴保护薄膜，防止损坏隔热膜，然后才能擀水。

裁膜最好都用美工刀裁膜，既柔软又锋利，用 30° 斜角去裁，可有效避免划伤玻璃，切忌使用刮胡刀片，用普通刮胡刀片，角度太直，容易划伤前后风窗玻璃。其次，要对发动机舱盖、各个座位、行李舱盖进行保护，根据需要铺设大毛巾。最后，贴膜后的几天内应尽量避免升降车窗，太阳膜固定地附着在车窗上需要 5~7 天，因此在车窗开合的过程中膜边很容易卷翘，还没有完全黏合的膜也容易发生位移。

如果在洗车时不小心使膜松动，要回到专业的贴膜店里让专业人员重新固定，以保证效果和持久性。如果膜面出现污渍，千万不要用化学溶剂擦拭，最好用清洁用的湿毛巾、纸巾沾水或棉布配合洗洁精清洗，也可以用橡皮刮水器来清洁它。还要避免使用有磨蚀作用的物品及会刮坏或损伤薄膜的工具，以免损害太阳膜。

3. 贴膜流程

贴膜流程为：仪表铺毛巾保持整洁→清洁玻璃→裁膜→将隔热膜在车窗外玻璃上定型→根据玻璃形状裁边角→内玻璃清洁→正式贴膜→擀水→用吹风筒吹边角→最后清洁。

贴膜过程中最易出问题的环节，是在用吹风筒为隔热膜定型的时候没有控制好吹风温度。如果过热，车窗玻璃容易裂，反之则膜贴不牢固。定型这个环节最容易刮烂和弄花隔热膜，也最考验技师的技术。

4. 汽车贴膜建议

新车要不要贴膜，业内小有争议。有人认为，20 万元以下的车型需要贴隔热膜，20 万元以上的高级轿车因为有绿色隔热玻璃、40 万元以上的豪华汽车是双层隔热玻璃，所以都不需要贴膜。其实，隔热膜有隔热、隔光、防爆裂、节能的作用。隔热膜工艺经过了染色膜、金属镀膜、磁控溅射膜三个发展阶段，目前最先进的磁控溅射膜采用的是航空工艺——真空磁控溅射工艺，它通过反射可见光、紫外线、红外线，可以阻隔 30%~80% 的阳光热量。所以贴膜更环保和节能，无论是保时捷还是几万元的普通车，车主都可选择贴膜。因为新车贴膜不仅帮助隔热，还能减弱白天太阳强光、夜间起到防眩的作用。尤其是前风窗玻璃贴膜，夏天可以避免正面阳光的暴晒，防止皮肤被晒黑。此外，由于隔热膜具有粘连作用，车窗玻璃万一破碎的话，会粘连在一起，减少对人体的伤害，这也就是防爆裂功能。

三、贴膜施工

（一）贴膜须知

1. 贴膜工作场所

汽车玻璃贴膜后不能有任何的瑕疵点和尘粒，因此必须在无尘车间内施工。无尘车间不但要有一个与外界隔离的封闭玻璃门，内部还要有水雾喷淋头和空调以达到空气除尘作用，地面有排水地沟，进一步起到降尘作用。

室内有专用工作台和物品等摆放设施，整齐划一、干净清洁。

2. 贴膜施工重点

（1）在膜内不应存在瑕疵点和杂物，膜面不能有折痕气泡划伤，聚集于膜内的污点、疵点和杂物是低质量安装的标志。

（2）在下摇式的车窗顶部，只应留下 1~2mm 的微间隙，以观察不被发现为准。

（3）应该覆盖玻璃边框的黑色釉点区，不漏光、不翘边，美观协调。

（4）不应该存在因挤水用力不均匀和挤水路径无规则而产生的视觉重影、水痕。

3. 贴膜工艺技术

专业的贴膜技师应经过专业技术培训，贴前后风窗玻璃时应采用整张铺贴和干法热定型工艺，膜应最大化地贴到玻璃窗的边缘等。非专业贴膜师贴前后风窗玻璃时，把车窗玻璃喷湿后再在其上铺膜，然后用热风机吹风整形，可造成车窗玻璃产生过量的热应力和受热不均，造成当场或贴膜后几天内玻璃破碎的危险。

贴膜施工包括以下 3 个要点。

（1）盖网点。玻璃的四周因为追求美观，每块有渐层的网点，那是突出的颗粒，技术不好的贴膜师，通常不敢覆盖，以免操作失败，损失整张膜。

（2）塑形。弯曲的玻璃，尤其是前后风窗玻璃，为让防爆膜服帖，必须经过烘烤，湿烤的过程还要喷水，如果技术不良，多次的一冷一热就会造成玻璃的脆化，有时不当场破裂，当离开后，遇到坑洼的振动，就会马上破裂。

（3）防护措施。防爆膜服贴的过程需要在车内玻璃上大量喷水，以利准确粘贴，不周到的防护，水很容易流入仪表板或门缝，造成电子元件失灵；贴膜过程最忌灰尘，而灰尘又无所不在，尤其是车内，专业的喷雾加湿和专业的椅套脚垫是保障灰尘降到最低的设备；每部车的形状不一，在玻璃上切割防爆膜最为方便，若技术不良，切割过重会划伤玻璃，过轻则切不断，且粗心的贴膜师带刀进出车内容易划伤皮椅、天花板，造成无法挽回的遗憾。

4. 防护措施

专业安装应该采取防护措施，防止在安装过程中刮花漆面、损伤车内装饰品、造成车内电气和音响因受潮而短路失效。应避免因安装窗膜而使座椅受潮损伤、仪表板表面意外刮伤，或其他电子设备因受潮而失灵。

5. 贴膜专用液

专业汽车膜应该使用专用贴膜清洗液和安装液，并用纯净水兑稀，使膜与玻璃达到最大黏结强度，不引起翘边、脱层的缺陷，达到长期使用效果。

（二）贴膜施工

（1）观察车窗玻璃的安装情况。施工前一定要观察车窗玻璃的安装是否完整无缺和汽车玻璃的整体性，以保证后续的贴膜工作能够正常运行。

（2）施工人员着装、工具的准备。施工人员的着装不仅可以反映出施工单位的人员管理水平，同时还会对施工质量产生重要的影响。贴膜施工过程中，施工人员必须穿着统一的工装，并且将纽扣全部扣好。这样可以避免施工过程中出现划伤漆面以及衣服的纤维飞散到施工表面等情况。

“工欲善其事，必先利其器”。贴膜也不例外。需要准备的施工工具包括：刮水板、压力喷壶、热风枪（功率、风速）、裁剪工具、吸水毛巾、荧光灯、胶带遮蔽膜及玻璃清洗剂等。下面列举系列图片，是为了表述贴膜的经过。

（3）防爆膜预切割。利用尺子测量前后风窗玻璃的尺寸，其中包括长度和宽度。从工具架上选择所要进行施工的隔热膜类型，并且将其按照已经测量好的风窗玻璃的尺寸进行裁剪，通常玻璃贴膜裁膜都是通过电脑直接进行，电脑会根据汽车车型，裁剪出相应的玻璃膜。如图 5-4 所示。

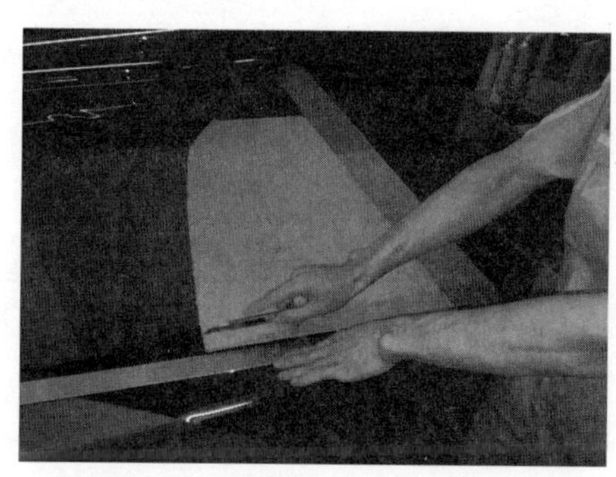
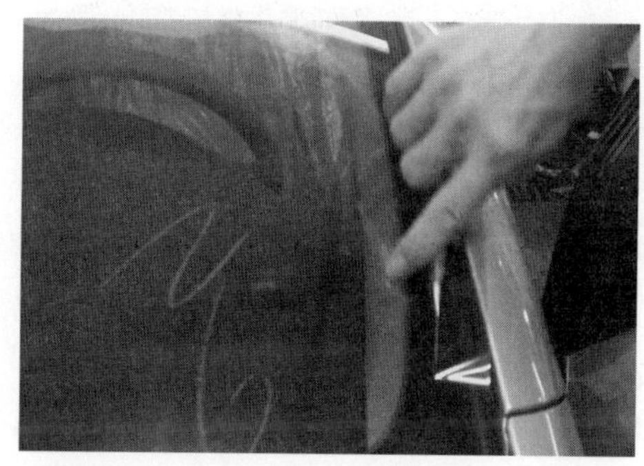

图 5-4　玻璃膜预裁剪

（4）对车内的必要部位进行遮盖，防止液体渗入：为了保证汽车隔热膜施工过程中，喷洒的清洗液以及润滑液不会影响到车载电子设备并且最大限度地保证车内装饰件的初始状态，需要对车内的座椅以及仪表板进行必要的遮蔽。

（5）对需要施工的车窗玻璃进行清洗，如图 5-5 所示。车窗内外表面清洗，重点是内饰面和玻璃密封胶区域的清洗，主要是为了杜绝贴膜后隔热膜与汽车玻璃之间存在污垢或者异物而影响施工质量，以保证膜和玻璃能够完美地结合在一起。

用干净的溶液和清洁垫清洁窗户，用刮板将玻璃刮干。然后再次清洁窗框，对窗户反复喷雾和用刮刀清洁，刮表面，也刮边缘，并对玻璃喷雾，用布擦干一边，然后从干的一边刮向湿的一边，刮到离框约 5cm 左右处停住。最后，擦干刮板，从上刮到下，再刮底边，用不起毛的干布擦干剩余的部分。

图 5-5　贴膜作业之前必要部位进行遮盖

（6）对隔热膜进行干烤整形。为了确保整形之后的隔热膜能够更加精确地贴合车窗玻璃的弧度，同时减少直接进行湿烤的过程中可能发生的各种问题，建议在对隔热膜进行湿烤之前首先进行干烤，以使隔热膜能够充分的预收缩。如图 5-6 所示进行干烤整形。

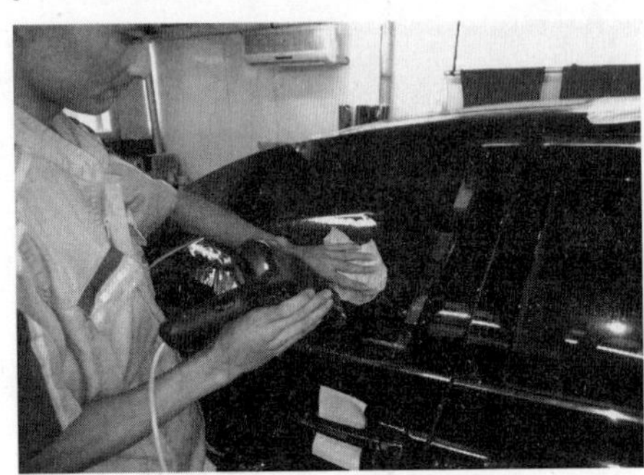

图 5-6　隔热膜进行干烤整形

（7）利用玻璃清洗剂配合洗车泥对风窗玻璃外侧进行清洗，并且喷洒安装液。

喷洒安装液的主要目的是为了在湿法烤膜的施工过程中，能够保证隔热膜可以更好地实现润滑移动。

如图 5-7 所示，湿法烤膜前喷洒安装液。

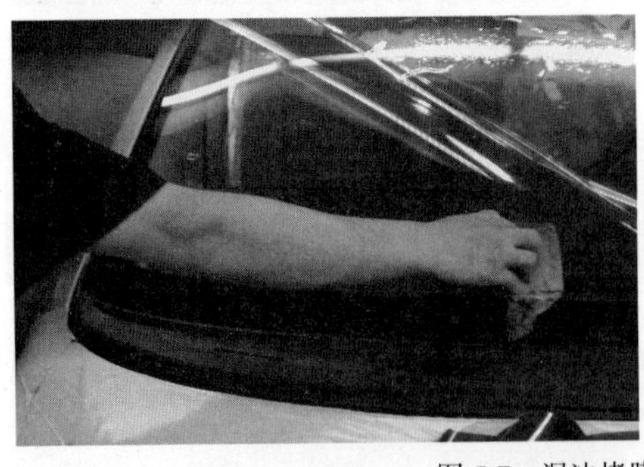

图 5-7　湿法烤膜前喷洒安装液

（8）对隔热膜进行湿烤整形。隔热膜经过了前面的干烤整形操作之后，隔热膜的形状与风窗玻璃的弧度基本上已经吻合了，但是为了进一步提高隔热膜的贴合度，需要对隔热膜进行湿烤整形，形成贴膜与玻璃良好贴合。

如图 5-8 所示进行隔热膜湿烤整形。

图 5-8　隔热膜进行湿烤整形

（9）对完成整形的膜做切割。在对完成整形的隔热膜进行切割的过程中，需要一名施工人员在驾驶室内将荧光灯对准隔热膜切割的边缘，因为这样可以让车外人员确定切割施工位置更加方便。

如图 5-9 所示对完成整形的膜进行切割。

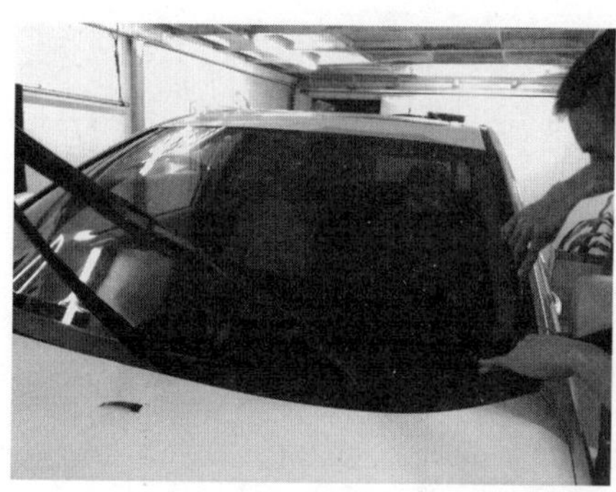
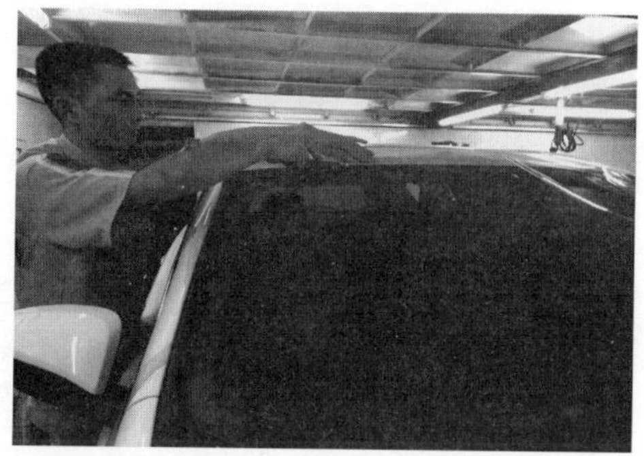

图 5-9　对完成整形的膜进行切割

（10）喷洒安装液。先用清洗液清洗风窗玻璃的内侧，然后喷洒足够的安装液。喷洒清洗液的目的是为了避免出现尘点，并且减少边缘出现腐蚀的现象；而喷洒安装液的目的是为了获得定型所需的黏度以及更好地施工效果。

如图 5-10 所示，清洗液清洗风窗玻璃。

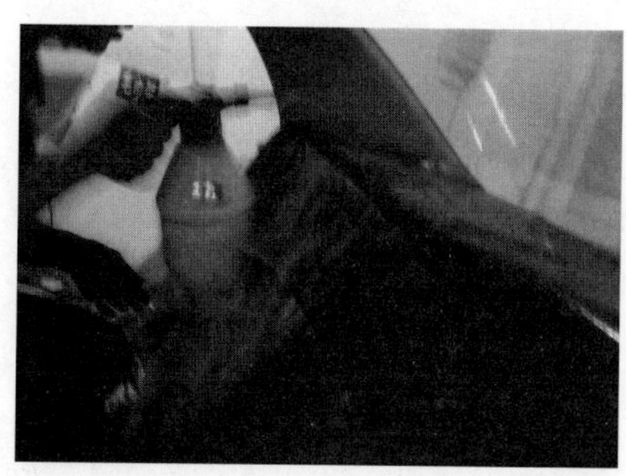

图 5-10　清洗液清洗风窗玻璃

（11）揭下保护层。小心分开并且去除膜上的透明保护层。

如图 5-11 所示，分开并去除膜上的透明保护层。

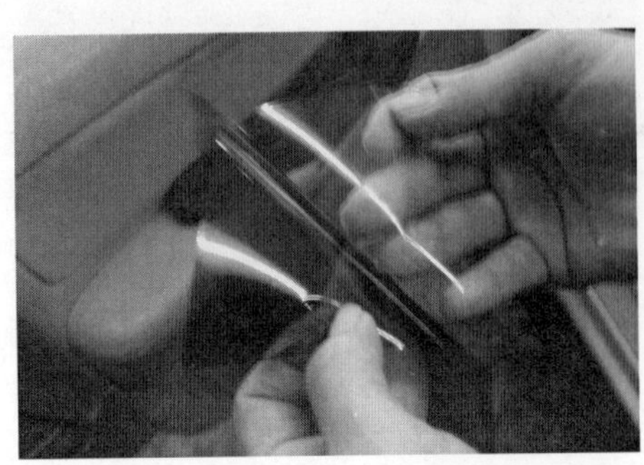

图 5-11　分开并去除膜上的透明保护层

（12）安装贴膜。小心谨慎地将膜贴到风窗玻璃的内侧。

如图 5-12 所示，小心谨慎地将膜贴到风窗玻璃的内侧。

图 5-12　小心谨慎地将膜贴到风窗玻璃的内侧

（13）牢靠贴膜。要把贴膜牢靠地贴到玻璃表面，需要使用刮水板将安装液挤出。

在利用刮水板去除安装液的过程中，应该尽量刮掉隔热膜与车窗玻璃之间的安装液，这样可以减少隔热膜的干燥时间，获得更好的粘接效果、整体性能以及视觉效果。使用刮水板将安装液挤出，并且贴实，如图 5-13 所示。

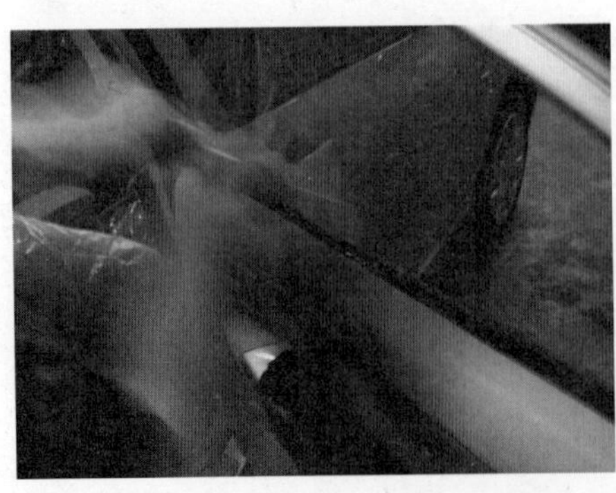

图 5-13　使用刮水板将安装液挤出并且贴实

（14）清洁工作。全面、彻底地将作业区域清理干净，如图 5-14 所示。

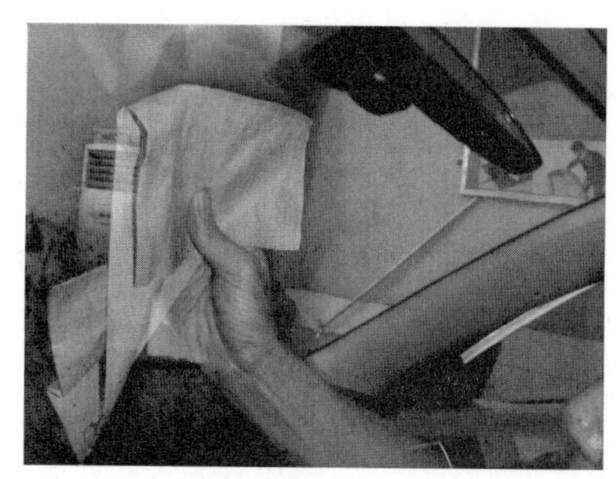

图 5-14　清洁工作区

贴膜过程中的需注意事项有 3 点：首先，在隔热膜粘贴后的 2~3 天内，不要升降车窗。其次，在隔热膜粘贴后 5~7 天内，不要用水清洗车窗及开启除雾开关，如果确要清理车内玻璃，也只能用湿毛巾或海绵小心擦拭，目的是让贴膜在这些日子里尽快干燥，须知贴膜干得越快越好。再次，贴完膜后，坐在车中观察，看颜色是否均匀，沙粒是否超标（不在关键部位的极少许沙粒尚可接受）。注意向外看时会不会影响视线，真正的防爆膜有良好的单向透光性，不会妨碍视线。

至于重贴，可以用刀片把隔热膜的一个角刮起来一点儿，再用手慢慢撕下来就可以了，如果隔热膜没有胶留在玻璃上还好，要是有胶留在玻璃上就麻烦了，要用清洁液（万能泡沫清洗剂、工业酒精、沥青清洗剂等）慢慢用毛巾擦洗，也可用刀片慢慢刮，但千万别把玻璃划伤了。

通常的流程可以简单记为：从仪表铺毛巾，保持整洁→清洁玻璃→裁膜→将隔热膜在车窗外玻璃上定型→根据玻璃形状裁边角→内玻璃清洁→正式贴膜→擀水，用吹风筒吹边角，最后清洁等。

（三）贴膜安全操作规程

（1）贴膜时所用的水一定要经过过滤或沉淀。

（2）若没有无尘操作间，须清洁场地、洒水抑制扬尘，汽车室内清洁干净并彻底吸尘，再关闭车门进行贴膜。在拆开保护膜时冷气风速减调到最低，待拆完后贴上玻璃之后才开大风速，以免车内物品之灰尘到处快速飞动。

（3）如果施工人员所穿的衣服是毛料或是含棉絮的衣服，就不适合贴膜，因为衣服上的棉絮或羊毛会被静电吸到膜上面。

（4）在未拆开透明保护膜时，必须洗净或表面喷一些水，可防止灰尘及沙粒。

（5）拆开保护膜时勿太靠近物体，以免物体上灰尘被静电所吸。

（6）玻璃洗好之后或拆开保护膜时，不可让车外人员打开车门，以免带入大量灰尘或沙粒。

（7）时刻留意喷水器底部，使用前先拭净底部，以免使用中晃动，底部沙粒、尘灰会掉在膜上。

（8）拆开透明纸后必须以两个指头去捏住隔热纸，以能控制纸为原则尽量捏少一点儿。

（9）刮水清洗玻璃时有固定方式，若随便刮水或刮水断断续续或不知收尾都会带来沙粒。

（10）旧车或三角窗更应注意冲水，一般顶部不冲水，以免脏物随水下滑。

（11）拆完保护膜，喷过水欲往玻璃贴膜过程中有时会沾到像仪表板、转向盘、后视镜、椅套、玻璃框或顶篷、音响等，都可能沾上脏物，切忌操作失误造成损失。

（12）拆完保护膜喷好水后，尽量准确地往玻璃上贴，若贴上去之后发现位置差很多，再移动会沾到玻璃四周物体或泥污。

（13）水可以由上往下赶，由右往左或由左往右，但不可将大量水由下往上赶，以免水往下流带动沙粒下来。

（14）膜已贴上玻璃不容再掀起，掀起次数越多，沙粒尘粒越多。

（15）发现待贴膜表面附着尘粒、标签黏胶或其他脏物，应及时清理，否则后悔莫及。

（16）旧车子玻璃门框四周的橡胶条内，暗藏很多细微的沙粒灰尘，有些玻璃弧度大，车膜贴上去之后，会有空气带水呈尖三角状，此时若不快速将水、气赶出，沙粒灰尘会不断抽进膜里。

（17）室内后视镜无法拆下时先用报纸或遮蔽纸护好，仪表板及音响等也需要遮蔽好。将粘贴处四周刮干净，喷水冲洗干净可防止沙粒，刮水方式亦应自上而下。

（18）清洗车窗时应先将车窗摇下来，才可清洗到顶端，刮完水，玻璃往上摇满之后，上端不可再刮水。

（四）汽车防爆膜验收标准

对于隔热防爆膜还没有确切的国家标准，但基本参照如下标准执行。

（1）前风窗玻璃膜。

①整张安装，不拼接。

②视觉范围内没有气泡、折痕和光带。

③由玻璃两侧观察，安装液必须刮干净。

④坐在驾驶位置上，透过前风窗玻璃看车外的景物不存在模糊、色差现象。

⑤隔热防爆膜边缘线应粘贴完好，无起边现象。

⑥隔热防爆膜与玻璃上的小黑点连接，查看前风窗玻璃外侧有无强反光现象，检查是否平滑，有无明显的凹凸感觉。

（2）侧窗膜。

①检查每块玻璃两侧有无明显漏光现象。

②由玻璃两侧观察，安装液必须刮干净。

③观察侧窗玻璃上缘线是否与膜边缘基本保持平行、刀线是否平滑。

④有无气泡、折痕。

（3）后风窗玻璃膜。

检查最下沿隔热防爆膜黏结情况，不应有安装液残留在膜和玻璃之间，不能有密集的沙点和气泡。

（五）其他注意事项

（1）汽车贴完膜后，三天内要避免升降车窗。

（2）三天内不要洗车。

（3）三天内有天窗的车辆在行驶中，尤其是高速行驶中不要开天窗。

（4）冬季贴膜后，建议一个星期内不要升降车窗，也不要洗车。前风窗玻璃、后风窗玻璃需要一个月左右才能干透。

（5）如果遇到膜边缘起泡，应在 24h 内到施工点进行修复，超过时间处理，因泡周边的胶已干透，膜周边已不能移动，处理时一定会产生折痕。

（6）贴膜后一个月内禁用强黏性标签直接贴至膜上，以免造成膜的局部脱离玻璃。

（7）汽车贴膜也要了解各城市车检政策。如北京等大城市，前风窗玻璃及风窗玻璃以外玻璃用于驾驶员视区部位的可见光透视比达不到 70%，年检不予以通过。汽车贴车膜时候，前车窗留出三角区域不能贴膜，否则可能影响正常的车辆年检工作等。各城市不一而同，需照章而行。

（六）贴膜后续维护

汽车贴膜，不仅要贴合适的膜，还要在完美的基础上给予周全的保护，这样的贴膜才算完美。

1. 冬季贴膜

一个星期内不要升降车窗，也不要洗车。前风窗玻璃、后风窗玻璃需要一个月左右才能干透。白天前风窗玻璃要朝着太阳方向晒。最值得注意的是后风窗玻璃加热线一个月内不能开，因为冬季贴膜后如果开加热线会在加热线附近产生气泡，无法修复，会造成损失和麻烦。

2. 气泡处理

如果贴过的膜边缘有气泡，应及时给予处理，不要让气泡范围扩散更大，更不要让爱闹的孩子去抠膜。

3. 保持清洁

汽车贴膜完成后，车门玻璃窗在两天（冬季为 7 天）后方可打开，期间不要用指甲或尖锐物将膜边缘拨开，以免污物进入。如有气泡，要在 24h 内到专业的汽车美容维护店进行处理。

两周之后才可以洗车和清洁室内。

贴膜后，膜与玻璃之间如有云雾状水雾，2~3 周内会自然干透消失。贴好膜的车子在洗完车后，因为洗车的毛巾一般都会有一些细沙，擦了后会损伤膜面，所以尽量使用干净的专业抹布来擦拭玻璃。

第三节　汽车玻璃维修

汽车在行驶时，路上的石子等硬物击伤或擦花汽车前风窗玻璃的情况经常出现，一般情况下，因为一个小小裂纹就换掉整块玻璃，就算保险公司给赔付，用户也不太愿意换掉原厂的玻璃，因为不论是玻璃质量还是安装更换工艺都对车辆的封闭防水和表面完整性有所影响，可是如果不及时处理，车子的振动、行车风压和结构应力会让裂缝越扩越大，不仅影响视线，还会对安全造成威胁。其实，汽车风窗玻璃是可以修补的。如果裂痕不大，经过修补后玻璃的强度一般可达原装玻璃的强度，对正常使用不会有影响。

至于汽车侧窗玻璃，由于车窗玻璃经常升降，车窗缝隙难免夹带沙子磨出划痕，容易出现镜面模糊或者划痕等问题，不但影响视野，而且也不美观，通常也是“忍者”，迫不得已的情况下才会选择更换侧窗玻璃。更换玻璃需要经过拆卸、刮胶、定位、注胶等一系列过程。一般情况下，新安装的侧窗玻璃无法与汽车出厂时的原厂玻璃相比，而且吻合度、牢固度、密封度及隔音等也可能达不到出厂时的效果。

对车窗玻璃进行更换少则几百、多则几千上万元，但修复的话直接成本仅几元到几十元，不需要拆卸，也不会影响驾驶员视野以及玻璃的安全使用。玻璃划痕修复工具可以轻松完美地将汽车侧窗玻璃上的镜面模糊和划伤修复如新，通过先研磨后抛光的方式，对玻璃表面的损坏如划痕、起碱、酸蚀、焊点及其他表面瑕疵等进行修复。

修复汽车风窗玻璃细微裂痕的办法，是在施工前把玻璃进行简单的平整，然后把裂痕内的空气用专业的装备抽出，免得在玻璃内形成气泡，接下来就是把树脂注射到裂痕的缝隙中，这种树脂需要在紫外线的照射下才能迅速地凝固，所以在注射完后，用紫外线灯进行烘干，最后进行打磨抛光，玻璃经过修复后完好如初。

一、玻璃划痕修复

玻璃划痕修复采用专用的玻璃修复研磨剂和玻璃研磨机，它类似漆面的还原抛光，适合通过擦拭仍无法完全清洁的玻璃表面，可以除去玻璃的污垢及轻微划痕，还原玻璃透亮。

1. 玻璃表面抛光前的准备工作

（1）认真清洗玻璃与玻璃抛光纸的表面，不能有任何灰尘或沙子等附着。

（2）将要修复玻璃区域的外围用皱纹胶纸带和防涂纸遮蔽，以免抛光玻璃时弄脏汽车与周围环境。

（3）在玻璃抛光前，先用白板笔在玻璃背后圈出要修复的部位，避免挪位。

（4）玻璃抛光纸切削能力的顺序分别为：红色→水红色→蓝色→黄色→白色（特别说明：颜色不是玻璃抛光纸粒度的判定标准，必须依据实际使用的每个品牌所规定的程序）。

2. 玻璃表面抛光

（1）使用35μm玻璃砂纸（红色）可用于较深划痕，而通常10μm（蓝色）用于轻微划痕。

（2）使用中等压力，抛光盘与玻璃表面应持平。

（3）如第一步使用 35μm 玻璃砂纸（红色），则第二步必须使用 10μm（蓝色）。

（4）10μm 的细抛光应足够达到抛光前要求，需一定熟练技巧，5μm（黄色）的细抛光可作为过渡用。

3. 用黄、白色的玻璃砂纸还原玻璃表面原有的清晰度与透明度

（1）先黄色后白色使用抛光片。

（2）开始抛光时，应平放抛光盘，开机后，应前后慢慢移动，几秒后，形成白色浆料，继续抛，直至抛干，并抛去浆料出现玻璃应有的光泽。

（3）如光泽欠佳，则重复上述第二步骤。

4. 注意事项

（1）整个过程应保持一定的水量，以避免玻璃表面过热产生。

（2）使用白色抛光纸抛光时，呈浆料后，应避免缺水而抛干浆料，从而产生新的划痕。

（3）深度超过 100μm 深划痕，虽然也能抛光去除，但经抛光后会影响玻璃的安全性能，特别是汽车前风窗玻璃表面超过 100μm 深划痕不适合进行抛光处理。

本操作同样适用于日常生活中各种玻璃表面的各种划痕抛光，但不适合米粒大小点状击打损伤。

如图 5-15 所示，为汽车玻璃划痕修复过程。

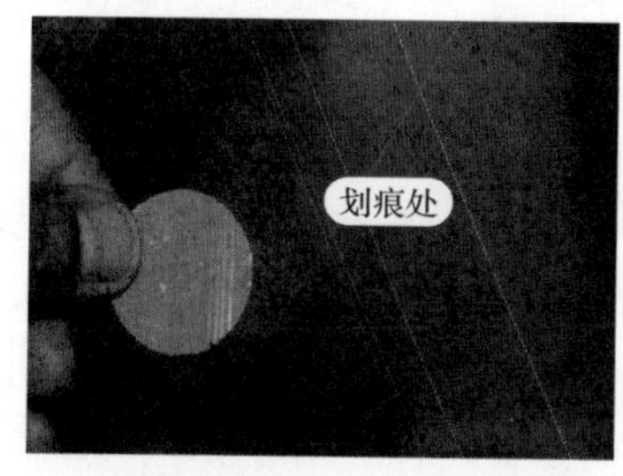

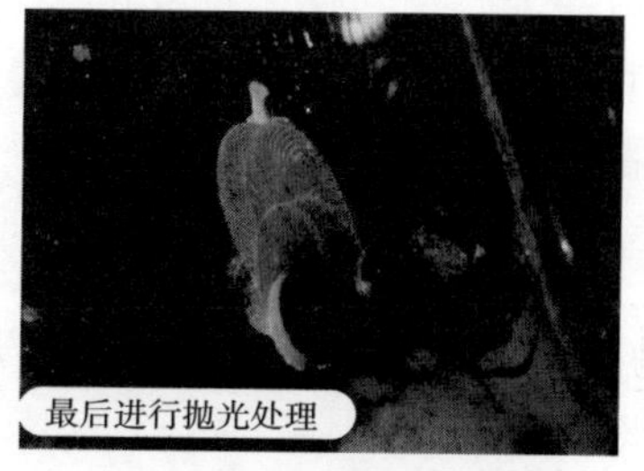

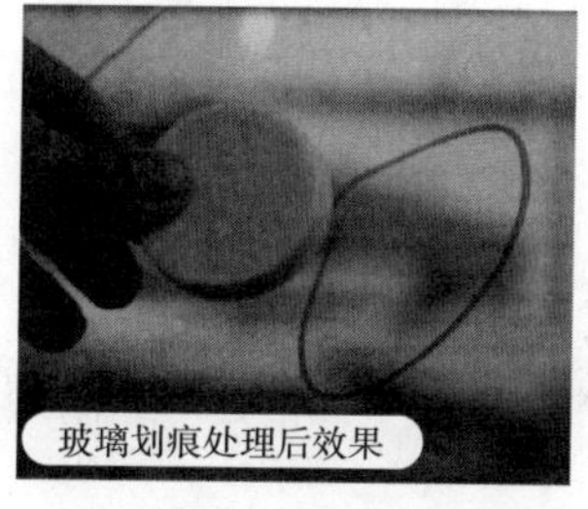

图 5-15　汽车玻璃划痕修复过程

简单归纳为：先用砂纸湿磨逐步除痕，再用抛光轮加抛光液抛光。抛光操作过程，第一步用清水清洗玻璃表面用粗砂粒研磨片（红色）开始打磨，用时约 2min；第二步用中砂粒研磨片（蓝色）打磨，用时约 2min；第三步用细砂粒研磨片（黄色）打磨，用时约 2 min；第四步用抛光盘做抛光处理，用时约 2min。第四步，用橡胶刮片清洗处理玻璃表面。

二、汽车玻璃裂痕修复过程

很多人都有在高速行车时，风窗玻璃被石子或其他硬物弹裂的经历。遇到这种情况，如果为了一个小裂痕就换掉整块玻璃，不仅浪费，而且实在是不值；如果置之不理，风压又会让裂缝越扩越大，不仅影响美观，而且会对安全造成威胁。这时，做汽车玻璃修补将是理想的解决办法。

（1）汽车玻璃是一种双层胶合玻璃，受到外力的撞击时，如果力道不足以让它破碎而只产生裂痕，中间的胶膜由于空气进入和大气压力的作用而分离，继续行驶，裂缝会

越扩越大，影响视线及行车安全。汽车玻璃修补就是针对此类玻璃裂缝或小伤口进行处理，操作时间短，不会影响用车安全。

（2）汽车玻璃的修补主要是在裂缝中填补液态胶质，消除缝隙。填补玻璃所用的材料是一种透明度很高的液态胶质，靠紫外线照射可迅速凝固，强度可达原玻璃的90%以上。

（3）施工过程，主要工具是一支类似针管构造的真空注射器，功能是将玻璃伤口内的空气抽掉，然后填以玻璃修补剂（液态胶质）。经过反复几次抽、压后，修补的空间会盛满填补液，再用紫外线灯上下左右各照射两分钟，让修补液凝固。机器移开后，裂口的中心点还会有一个小缺口，这时再滴入浓度较高的修补剂，盖上胶片，同样用紫外线灯照射烘干后，用刀片将表面刮平，涂上打光剂，用布磨光即可。

（4）通常一个圆形的伤口，在修补完成以后只会剩下一个小小的圆形痕迹或蛛丝状的裂纹，长条裂痕则会留下一条隐隐约约的线，只有在某个反光的角度，才看得到修补的痕迹，一般看到的仍是一块"天衣无缝"的好玻璃，而修补处的胶质硬化后，玻璃强度可达到原玻璃的90%以上。

（5）修补不是任何破损都可以做的，一旦玻璃已经断裂分离，或是破成碎片，都是不可修复的。若是裂痕太大，修补费用也许会与换块新玻璃不相上下，何况还会留下疤痕。因此，汽车玻璃的修补，最好是在小破损的情况下采用，方可省时省钱。

（6）玻璃修复好处良多。修复破洞或裂痕，保证行车安全，无须拆卸玻璃，避免拆卸玻璃造成的密封不良、隔音等问题；保留优质的原厂风窗玻璃，减少废弃玻璃，绿色环保；修复后坚固耐用，恢复玻璃原有的强度，改善外观，清晰度可达95%以上，对于风窗玻璃已经贴膜的朋友，无须更换，减少费用。

汽车玻璃修补组合，如图5-16所示。

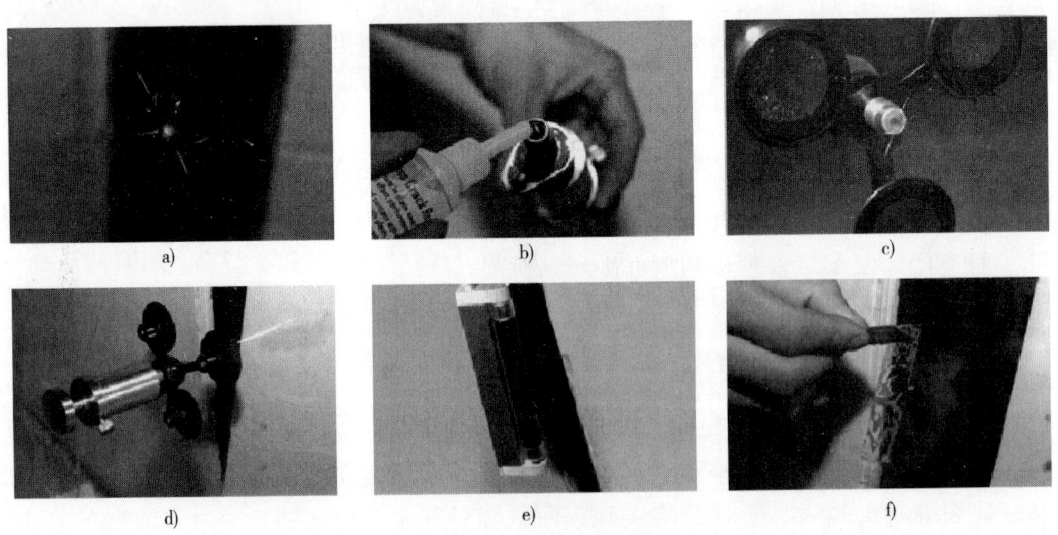
a) b) c) d) e) f)

图5-16 汽车风窗玻璃裂痕修复与紫外线固化

修复原理就是，用修复器先将玻璃星形或牛眼形裂痕中的空气抽出，再用修复器将玻璃裂痕修复树脂注入裂痕中（长条形裂纹只注胶，不用抽真空），裂痕中全部注满后再用紫外线灯固化，从而获得一块完好如初的风窗玻璃。其树脂采用纳米技术，具有排除孔内空气和强渗透的能力，不用专门的抽真空设备，就算修复星形破损，在修补完成以后只会剩下一个小小的圆形痕迹或蛛丝状的裂纹，只有在特殊角度下才能看到，长条裂痕修复后只会留下一条隐隐约约的线，一般很难看到修复的痕迹。而且修补处长时间光照也不会变色，可长期保证玻璃的原始透明效果。经试验表明，一个完全断裂的玻璃经修补后，再次打破，修补过的地方不会破裂分离。修复过程大概为 30~60min。

玻璃裂痕修复工艺规程，请参照各自所选用产品的生产厂家相关规定，不再赘述。

三、汽车风窗玻璃其他修补材料

DIY 玻璃修补方法：沿着玻璃裂缝将胶体慢慢渗入裂缝，一定要耐心，否则表现会出现凹凸不平的感觉，在阳光下看尤其明显。风窗玻璃其他修补剂，如图 5-17 所示。

a)

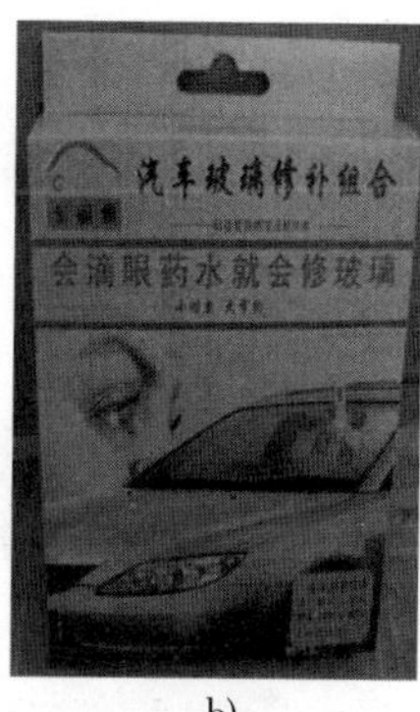

b)

图 5-17　汽车风窗玻璃修补剂

缺陷：玻璃修补剂只适合轻微划痕，如果较为严重，建议到专业厂家进行修复。

修复过程中一定要避光，同时避免在阴天进行施工，因为自然光下仍会有紫外线存在，胶水受到紫外线照射后会发生固化反应，因而影响修复效果。所以要求一定要在室内进行修复施工。如因特殊原因必须在室外进行施工，请提前做好充足准备，尽量在 30min 内结束，同时在修复过程中一定要用纸箱板、毛巾、雨伞等做好遮光工作。

第四节　车灯与镜面维护

一、车灯维护

1. 车灯维护用品

一种专门修复车灯仪表板划痕的抛光翻新剂。

车灯表面很轻微的拉毛或脏纹，可直接用其擦拭抛光；一般先用车灯仪表板划痕抛光膏除痕后，再使用车灯仪表板晶亮膏进行更好效果的表面抛光，抛光成膜具有保护车灯作用。

2. 产品用途

适用于汽车前照灯、仪表板等各种透明塑料产品表面深浅划痕、灰垢、脏纹、顽渍、轻微划痕的手工擦拭抛光与机械抛光翻新，也适用于家庭家具漆面、卫浴器材、厨房电气等表面污垢清理。

3. 使用方法

（1）使用前用清水或专业清洁剂清理干净车灯或仪表板等物件表面。

（2）用软棉布醮一点儿车灯仪表板划痕抛光膏，稍微适度用力来回反复擦拭有轻度划痕的车灯或仪表板表面，视情况需要可重复沾膏擦拭几次，然后用清洁软棉布轻轻擦干净余膏和残渣。

（3）假如此时的表面效果仍然不满意，可以用车灯仪表板抛光膏再次重复擦拭，然后用车灯仪表板晶亮膏擦拭，直到获得满意的结果。

（4）若表面划痕太深，建议先用P1500号水砂纸扩大面积湿磨，磨掉深痕后再用P2000号砂纸细磨，擦干净后表面呈均匀哑光，然后使用车灯仪表板抛光膏擦拭去除磨痕，再使用车灯仪表板晶亮膏手工反复擦拭，这样效果更好。

（5）若手工操作效果欠佳，建议使用软布盘机械抛光代替人工抛光，更快捷且效果更佳。

二、后视镜维护

车外后视镜、车内后视镜的作用是提供后方视野，几种汽车后视镜见图5-18。

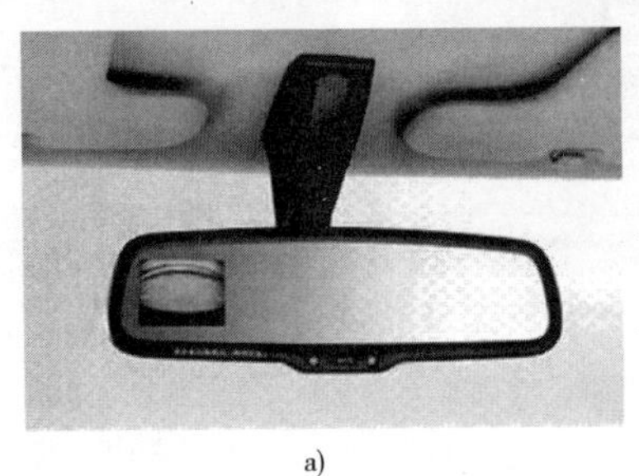

a)

b)

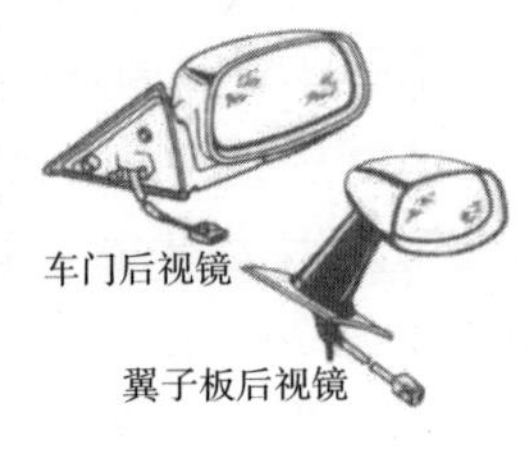

c)

图5-18　几种汽车后视镜

以用途划分，车外后视镜反映汽车后侧方，车内后视镜反映汽车后方及车内情况。用途不一样，镜面结构也会有所不同。一般后视镜镜面主要有两种，一种是平面镜，顾名思义镜面是平的，这种平面镜常用作车内后视镜。另一种是凸面镜，镜面呈球面状，具有大小不同的曲率半径，它的映像比目视小，但视野范围大，这种凸面镜常用作车外后视镜。

后视镜维护应该区分镜架维护和镜面维护。后视镜镜架应该根据其材质进行维护，若镜架表面为塑料则按照塑料表面维护方法进行维护，若镜架表面与车身漆面相同则跟车身漆面一并维护。镜面则按照风窗玻璃的维护方法进行维护。需要注意的一点是，在揩抹清洁维护镜面的时候，作业完毕需要复原后视镜的视角，或者配合其他人员进行准确调整。

三、照明及信号装置

（一）照明装置

照明装置如图5-19所示。装在车身外部的照明装置前照灯是汽车在夜间行驶时照明前方道路的灯具，它能发出远光和近光两种光束。远光在无对方来车的道路上，汽车以较高速度行驶时使用。远光应保证在车前100m或更远的路上得到明亮而均匀的照明。近光则在会车时和市区明亮的道路上行驶时使用。会车时，为了避免使迎面来车的驾驶员炫目而发生危险，前照灯应该可以将强的远光转变成光度较弱而且光束下倾的近光，否则属于违法，在某些城市若如此行事可能被罚看强光灯。

a)

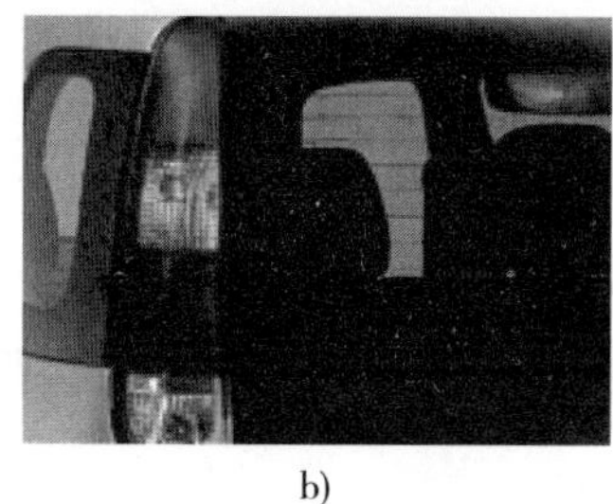

b)

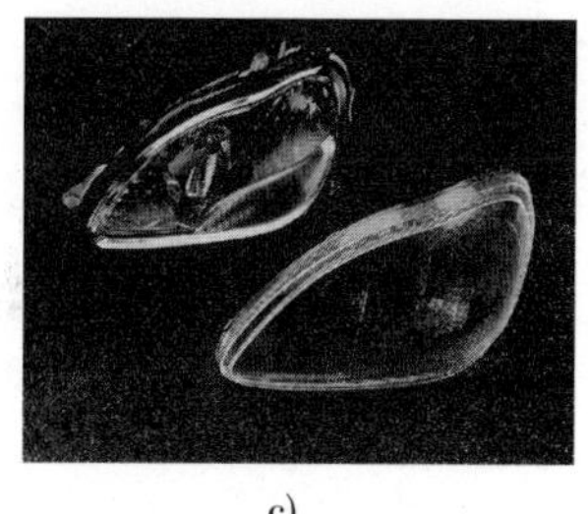

c)

图 5-19　部分照明装置

示宽灯主要用以在夜间会车行驶时，使对方能判断本车的外廓宽度。示宽灯也可供近距离照明用。

很多公共汽车在车身顶部装有一个或两个标高灯，若有两个，则同时兼起示宽作用。

尾灯的玻璃是红色的，便于后车驾驶员判断前车的位置而与之保持一定距离，以免当前车突然制动时发生碰撞。尾灯一般兼作照明汽车牌照的牌照灯，有的汽车牌照灯是单装的，它应保证夜间在车后 20m 处能看清牌照号码。

经常在多雾地区行驶的汽车还应在前部装置光色为黄色的雾灯。

越野汽车往往还在车身前部装有防空灯。其特点是灯上部有伸出的灯罩，以免被空中目标发现。

车身内部的照明灯特别要求造型美观、光线柔和悦目。它包括驾驶室顶灯、车厢照明灯和轿车中的车门灯和行李舱灯等。

为了便于夜间检修发动机，有些车辆还设有发动机舱盖下灯。为满足夜间在路上检修汽车的需要，车上还应备有带足够长灯线的工作灯，使用时临时将其插头接入专用的插座中。

驾驶室的仪表板上有仪表板照明灯。在有些车上，仪表板照明灯不能和驾驶室顶灯同时开亮。

（二）信号装置

转向信号灯分装在车身前端和后端的左右两侧。由驾驶员在转向之前，根据将向左转弯或向右转弯，相应地开亮左侧或右侧的转向信号灯，以通知交通警察、行人和其他汽车上的驾驶员。为了在白天能引人注目，转向信号灯的亮度很强。此外，为引起对方注意，在转向信号灯电路中装有转向信号闪光器，借以使转向信号灯光发生闪烁。闪烁式转向信号灯可以单独设置，也可以与示宽灯合成一体，在后一种情况下，一般用双丝灯泡。也有的后转向信号灯和尾灯合成一体。

汽车各种照明灯和信号灯的清洁维护，不外乎清洗、揩抹，去除其表面附着污物。部分豪车的前照灯配置清洁刮水器，需额外清洁刮水器片并检查其附件。同时，清洁维护灯具的时候，顺便做各项灯光检查，发现灯光故障时及时作出处理——追加项目如更换灯泡等。

第六章　汽车内部清洁维护

第一节　内室清洁维护

内室清洁维护作用主要有美化车内环境、有助于健康、延长内室件使用寿命三个方面。

1. 美化车内环境

车室作为车内人员活动的重要空间，舒适与否会对人产生重要的生理及心理影响，美化汽车内室能使人拥有一份好心情。

2. 有助于健康

汽车内室中的地毯、座椅、空调风口、行李舱等处，经常接触潮湿的空气或水渍，在特定的环境中，这些地方最易滋生细菌，使内室霉变，散发出臭气。内室清洁美容作用就是清洁、消杀，保护健康。

3. 延长内室件使用寿命

车室的清洁、杀菌、除臭可以有效地防止各种污物对车室（如地毯、真皮座椅、纤维织物等）的腐蚀，加上通过使用专门的保护品，对塑料件、真皮及纤维品进行清洁上光保护，可大大延长内室件的使用周期。

一、汽车内室常规清洁作业

由于车的内室有很多不同的材料、质地和表面，空间虽然不大，但死角多容易藏污纳垢，需要清洁维护的部位也比较多。汽车美容作业时，要注意根据不同部位选用不同的清洁剂和辅助工具。

汽车内室常规清洁作业主要有以下几方面。

1. 准备工具

用具包括干湿抹布各一条，毛刷、牙刷，各种不同厚度的木片、木锥等专用工具，空气清洁枪，各类清洁剂如中性高泡洗车液、内饰清洗液、万能泡沫清洁剂、仪表喷蜡、真皮维护剂等。

2. 吸尘和收拾车内用品

首先收拾车内用品。再用空气清洁枪吹去车内边、角、缝部位的尘土，扫去大的污垢物，然后用吸尘器吸去地毯及座椅缝隙中的灰尘。内室清洁如图 6-1 所示。

3. 仪表台的清洁维护

由于结构复杂，边边角角多，各种开关仪表等使得清洁起来比较困难；仪表台和转向盘多为塑料和皮革制品，容易黏附灰尘，必须小心清洁，并且由于仪表台长时间暴露在阳光下，容易老化和脆化，因此最好选择质量好的仪表喷蜡喷涂，再用干净的棉布擦拭干净，这样便能好好保护仪表台。

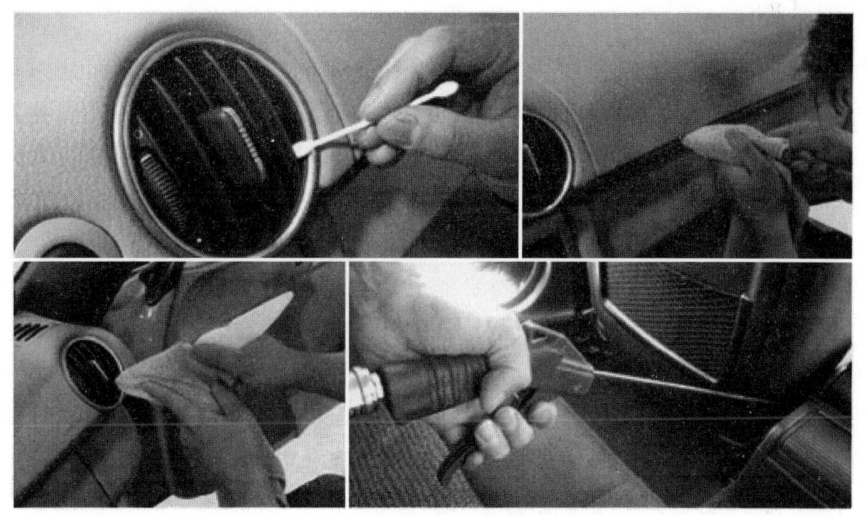

图 6-1　内室清洁

仪表板存在许多沟沟坎坎的地方，除了使用抹布和海绵进行揩抹，还需用专用工具，即：用各种不同厚度的木片式尺子片，把它的头部修理成斜三角、矩形或尖形等不同样式，然后把它包在干净的抹布里面清扫沟沟坎坎。既提高了清洁效果，同时又不会造成被清扫部位损伤，例如：用较为宽口的木片或尺子，裹上抹布来清扫空调送风口的百叶部分，就很顺手而且效果不差；用较尖的木片或尺子，裹上抹布来清洁仪表开关的边角等就很容易把灰尘清扫干净。

4. 清洗空调风道

拆下空调出风口，将空调清洗剂的细管插入空调风道，喷入适量空调清洗剂。然后关闭空调出风口，打开空调内循环，起动发动机，怠速运转大概 10min 左右即可。同时清洗空调滤芯。在后面消杀除臭部分会对具体操作做介绍。

5. 座椅的清洁

由于座椅在车内占了大部分的面积，每个人都坐在上面，沾上脏东西使人很不舒服。

一般不是很脏的时候，可用长毛的刷子和吸力强的吸尘器配合，一边刷座位表面一边用吸尘器的吸口把污物吸出来，对于不同材质的座椅使用此方法都有很好的清洁效果。

6. 车内顶篷的清洁

车内顶篷一般不会沾染其他污物，但是汽车经长期使用，车内顶篷往往积存了很多不显眼的灰尘，使车内顶篷灰蒙蒙的，说不出是干净还是脏。清洁方法通常是先用大功率吸尘机配套刷子，进行大面积清洁除尘，然后将高效泡沫清洁剂喷到污处，或者用中性的洗涤液着重清洁污垢，再普遍清洗全面。必须注意的是车内顶篷内填充物是隔热吸音的材质，吸收水分的能力强，清洁时抹布一定要干一些，否则湿乎乎的抹布使洗涤剂浸湿车顶材料后是很难干燥的。顽固污垢则可用牙刷等工具辅助清洗。

7. 清洁其他内饰件

其他内饰件清洁，包括转向盘、车窗、车门、内侧饰板，脚垫、脚踏板，以及行李舱整理等。

至于转向盘，因为经常用手握，很容易弄脏，如果粘手就会影响驾驶心态，清洁时只要用水擦拭就可以。如果再加一点儿清洁剂更加容易去污，但注意要用水擦拭干净。

汽车里面最容易脏的就是地板。汽车本身自带的地毯基本是和汽车一体的，不容易拆下来清洁，通常在汽车里放置活动的脚垫。如果脚垫不太脏的话，可以拿到车外拍打就可以了；使用毛刷头的吸尘器进行吸尘处理，可以清洁较脏的地毯；对于更加脏一些的地毯，就只能用洗涤剂清洗了，这时需要先进行前述除尘工作，然后喷洒适量的洗涤剂，用刷子刷洗干净，最后用干净的抹布将多余的洗涤剂吸掉，使洗后的地毯既干净又柔软。需要注意的是，地毯不要完全放入水中浸泡刷洗，一方面会破坏地毯内部几层不同材质的粘接，另一方面会使地毯在很长时间内不能干透而影响使用效果，引起车内潮湿。

汽车内部几个立柱部位，由于乘客上下汽车时握、摸、撑等频繁接触，一般油污较多，应使用浓度高些的中性洗涤液进行清洗。

对于汽车内的转向盘、变速器手柄等部件，可以用小牙刷或沾有洗涤液的抹布进行刷洗。

离合器踏板、制动踏板、加速踏板部位需要认真清洁，特别要清除上面的油脂类污垢，防止打滑。

行李舱可能是一个“垃圾站”，可先用吸尘器吸去浮土，然后用地毯清洗剂清洁底部垫板，待其干透，再将东西放回行李舱。同时，还应清洗一下行李舱盖。

8. 车内特殊材质物件的清洁

现代汽车内部为了更美观、舒适，大量运用了多种复杂的材料，其中较多的有乙烯塑料纤维等物件，可在它们上面直接喷洒清洁剂，然后用抹布擦干净即可，最后不要忘记喷涂一层塑胶保护剂，可防止其过早老化变脆变硬。

对于中高档车的皮革内室件，需要坚持定期进行清洁维护，防止干燥老化而裂开损坏。清洁皮革时，将专用清洁剂沾在抹布上清洁作业，完后采用自然干燥为好，最后喷上专用皮革蜡，用干布擦亮即可，只要定期维护得当，皮革饰品几乎是可以伴随汽车终身使用。

9. 完美收工

确认作业车辆内室清洁完毕、外移物件完整复位。

若有需要，喷空气清新剂。最后这道工序就因人而异了，如果不喜欢空气清新剂味道的车主大可不必进行，空气清新剂确实不具备杀毒除菌的功效。

二、内室主要部件

（一）汽车座椅

汽车座椅作为汽车重要的内部附件，具有支撑乘员质量、缓和由车身传来的冲击和振动、保证乘员乘坐舒适性、减轻乘员疲劳等功用，能够有效保护乘员安全。

衡量座椅性能的主要指标是其安全性和舒适性。

1. 汽车座椅种类

按结构形式分类，有分离式座椅、戽斗式座椅、半分离式座椅、长凳式座椅等；按可否调整分类，有固定式座椅和调整式座椅；按乘员人数分类，有单人座椅、双人座椅和多人座椅；按使用功能分类，有驾驶员座椅、乘客座椅、乘务员座椅和附加座椅；按是否带座椅减振器分类，有简单座椅和悬挂座椅；按控制方式分类，有一般座椅和电控座椅等。

2. 汽车座椅组成

（1）座椅框架——支撑机构。

（2）调整机构——调整座椅上下、前后、靠背角度，头枕上下、前后，适应不同人体的要求。

（3）弹性元件——提高缓冲性能、支撑坐垫、靠背。

（4）坐垫、靠背——起缓冲作用，形成座椅形状。

（5）头枕——支撑头部，撞车时保护头、颈，减轻伤害。

（6）表面蒙皮——包覆表面，体现造型效果。

3. 座椅清洁维护

目前，座椅基本上分为真皮座椅和绒布座椅两种，其维护方法也不相同。

对于特别脏的座椅，比如较大污渍、垃圾、污点、污垢等，要进行几个步骤才能彻底打扫干净。首先，均匀喷涂适量的高效泡沫清洁剂，用硬毛刷子清洗较脏的局部；然后用干净的抹布沾少量的中性洗涤剂，在半干半湿时全面擦拭座椅表面，特别要注意的是抹布一定要拧干，以防止多余的水分渗入海绵中，因为坐潮湿的座椅很难受，同时更容易被灰尘污染脏；最后，用吸尘器对座椅再次清洁，以消除多余的水分，尽快使座椅干爽起来，投入使用。

如小孩将尿撒在了椅套或地毯上，清除尿渍可先用热的肥皂水浸湿抹布擦拭，再用1∶1的氨水和冷水溶液将抹布浸湿后覆盖在尿湿的地方，几分钟后拿走抹布，再用清水湿布擦净。

处理呕吐物是一件讨厌的事情，但不能不尽快处理。发生这种情况后，应首先用纸巾把呕吐物水分吸干，然后清除固态物质，再用温肥皂水浸抹布擦拭，最后用苏打水溶液将抹布浸湿后擦拭干净即可。

若座椅或地毯不慎沾染番茄酱等酱类食品染色剂，或不小心将口红等染色剂印在座椅上，可用冷水浸湿的抹布擦拭，或用海绵轻轻擦除，再用泡沫清洁剂清洗。千万不能用肥皂或热水来清洗咖啡、可乐、冰淇淋等饮料留下的污点，因为肥皂和热水会将痕迹固定在座椅表面，只能先用抹布浸上冷水擦拭，再用泡沫清洗剂清洗。

若座椅和地毯上沾有血迹，千万不能用肥皂或热水去清除，因为血液一碰到肥皂或热水就会凝固，可及时用湿冷的抹布擦拭，并在血迹处滴几滴氨水，等几分钟后，再用蘸有冷水的抹布擦拭干净。

（1）真皮座椅。中、高级轿车多是真皮座椅，也有许多驾驶员自行加装真皮座椅，以显舒适、豪华高贵，而且使用寿命也较长。真皮既然是天然之物，维护起来自然不能轻视之。平时清洗时可选用如肥皂水之类清洗剂，再用清水清洗，洗后用棉纸巾擦干。不过，由于皮革座椅频繁用水洗会容易产生裂缝，并影响使用寿命，因此建议使万能效泡沫清洁剂，或者真皮膏、皮革维护类的清洁剂进行清洁维护。日常维护，除了人人皆知的避免尖锐物体刮伤皮革外，还要注意防尘防晒。因为灰尘无孔不入，会将皮革内的天然油脂吸掉，那便成为一张干皮了。炽烈的阳光会使人体皮肤老化，做好预防措施这一点对真皮座椅同样适用。

对于真皮座椅的维护，要做到以下几点。

①汽车皮椅尽量远离热源位置，如离热源太近会导致皮革干裂。

②不要长时间在阳光下暴晒，这样可以避免皮革褪色，尤其是开敞篷跑车的朋友们，不要为了拉风一时，损皮一世。

③经常实施清洁维护，每周使用吸尘器吸去尘灰。

④清洁后应用棉纸或柔软毛巾擦干，也可以在阴凉通风处自然风干，不得使用吹风机快速吹干，还要避免刮伤真皮。

⑤切忌用化学清洗剂清洗，并且少用所谓的皮革保护剂，保护剂会令真皮产生依赖性，如停止使用皮子就会暗淡无光。

（2）绒布座椅。清洁绒布或其他织物面料的座椅一定要细心。织绒座椅不是很脏的时候，可用长毛的刷子和吸力强的吸尘器配合，一边刷座椅表面，一边用吸尘器的吸口把污物吸出来。

对于特别脏的座椅，清洁时就要进行以下几个步骤：首先将高效泡沫清洁剂喷到污处，稍停留片刻，用毛刷子清洗较脏的局部（如较大污渍、垃圾等），直至除去污迹，然后用干净抹布蘸少量中性洗涤液，在半干半湿的情况下全面擦拭座椅表面（注意抹布一定要拧干），最后用吸尘器再次清洁座椅并消除多余的水分。

（3）头枕。头枕只需要在清洁维护座椅时连带处理。

（二）安全带

“安全带虽然只是一根简单的可以扣起来的带子，但在关键时刻能救你一命。发生碰撞事故时，安全带能将驾乘人员牢牢缚在座椅上，配合安全气囊的缓冲保护，可以将撞击引起的伤害大大降低。”汽车工程技术人员常常这样说。

系安全带是一种良好的驾驶习惯，是行车中对生命保障最简单、也最有效的一种保护方式。举手之劳扣好安全带，所收获的却是终身的平安。

随着车辆使用期的加长，安全带也会随之老化，最主要表现是内部卷簧器老化。此时安全带会过松或不能及时拉紧，说明安全带已经不适宜继续使用了。但是很多人忽略了安全带也需要定期维护，否则一旦在需要时它不在工作状态，驾乘人员的生命安全将很难得到保证。

如果安全带过松，容易导致驾乘人员从安全带下滑出，造成严重的损伤。人在碰到气囊后，由于安全带张紧余量过大而未能及时绷紧，人的全部重量都交给了气囊，此时很有可能导致驾乘人员严重受伤。

此外，如果安全带在使用中曾承受过一次强拉伸负荷，即使未损坏，也应更换，不能继续使用。因此，碰撞事故发生后，不论安全气囊是否起爆，都应请维修站人员对相关安全系统做一次全面检修。如果碰撞导致气囊弹出爆破，那么安全带必须要及时更换。

第二节　车内空间与空调循环系统清洁维护

一、车内空间环境

（一）车内毒害之源

1. 新车异味

汽车在生产过程中使用的黏合剂、皮革、塑料、橡胶等都会产生异味，并带有一定毒性，这些都是车内主要污染源，很多消费者认为，高档轿车的用材比较好，车内污染可以忽略不计，而经济型轿车因为成本的原因，用材相对较差，所以车内污染的情况会比较严重。其实不然，新车都会含有甲醛、乙苯等有害气体，它们主要来自车里各部位密封时用的胶等，所有的车上都有，即使是高端车，因为其仪表台、座位等用皮子的地方会有一层表层皮浆，会散发出一定气味，低端车的气味或许会更大一些。

新车异味主要表现为内装饰材料散发的有害气体，包括苯、甲醛丙酮和二苯等，有的新车异味会异常浓烈。众所周知甲醛等许多有害气体是无色、具有极大毒性的气体，经常吸入会造成慢中毒，严重时会诱发癌症。

2. 汗臭异味

夏天极容易出汗，车上乘员若喜欢运动，在出了一身大汗之后，难免将汗臭味带入车内，在开启空调的情况下若长期如此，这种异味更容易残留在车内，产生一股难闻异味。

3. 霉菌异味

空调蒸发器周围阴暗潮湿环境，很难有干燥的时候。于是这里便成为霉菌集聚地。时间一长，只要开启空调，便有源源不断的霉味冲出，还让人误以为是出了问题。

4. 烟酒异味

车上驾乘人员日常喜欢吸烟喝酒的话，难免在车内狭小空间残留味道。如果平时不注意，烟味更会混杂在车厢和蒸发器内，时间长了所产生的异味更让人难以忍受。

5. 香水异味

香水发生化学反应后产异味，尤其是很多车主喜欢选择柠檬座，其实这种香型副作用更大。因为，此类水呈酸性散发出来后，聚集在空调蒸器，易发霉变质，导致异味出现。

这些车内空气中有毒、有害、异味物质，会严重影响到我们的生活质量及身体健康，所以必须用有效措施去除。

车内污染还会与很多车主的错误保护有关，例如车门内旁板、组合仪表和空调面板上的塑料膜，以及座椅上的塑料保护等，很多车主为了这些部件的清洁，不愿意将塑料膜去除，殊不知这样会使原本可挥发的污染久留在车厢内。

（二）车内可能感染的细菌种类

车内可能感染的细菌种类，包括葡萄球菌、肺炎杆菌、曲霉菌、嗜肺军团菌、绿脓杆菌、大肠杆菌、白色念珠菌、黑曲霉、金黄色葡萄球菌等。

（三）车内异味对人体健康的影响

1. 对呼吸系统及循环系统产生的影响

反射性地抑制呼吸、使呼吸次数和呼吸量减少，影响正常的呼吸功能，造成血压的变化，妨碍心脏血管的正常活动，严重时霉菌和细菌对鼻腔、气管、肺泡等呼吸系统造成感染，引起肺炎、气管扩张、人体免疫力下降等。

2. 对消化系统的影响

异味使人产生恶心、厌食的反应，使得消化系统的功能减弱。

3. 对精神上的影响

异味使人产生烦躁感，判断力和记忆力降低，精神不集中，甚至产生情绪化的行为，严重的会导致交通事故。

4. 对内分泌系统的影响

异味对人体的嗅觉系统进行刺激，造成内分泌系统的功能紊乱，影响新陈代谢功能。

二、汽车空调循环系统

汽车空调，调节室内温度、湿度，保持车内空气清新。天热的时候，汽车空调可以制冷，营造一个凉爽舒适的乘坐空间；天冷的时候，汽车空调可以制暖，营造一个温暖宜人的乘坐空间。

无论一辆汽车如何舒适豪华，安全可靠，若车内空调系统不定期清洗、消毒，将会有大量的污秽杂物积聚在空调的蒸发器、滤网、通风口上，发霉，甚至腐烂，从而产生大量的细菌、病毒等，通过空调管道循环系统扩散到车内空间，不但产生难闻的异味，更是在严重危害驾乘人员的健康。

汽车空调系统容易滋生细菌的地方包括风道、暖风水箱、空调蒸发器、进气滤清器。

其中，蒸发器的环境最为阴暗潮湿，且容易积累灰尘，因此是滋生细菌的最佳温床。

空调系统中的滤清器有很好的过滤灰尘的效果，但因为细菌体积极小，能轻易穿过滤网，如果没有定期清洁或更换，那么滤清器本身会成为细菌的繁殖地。

空调系统的清洁方法，包括更换滤清器、将蒸发器拆下清洗、空气净化剂、高温蒸汽消毒、化学杀毒、臭氧消毒、负离子消毒、光触媒消毒、物理除异味、车内专用消毒剂、喷管式高效净化剂等。汽车空调循环系统定时做清洁维护，可让驾乘汽车更加安全舒适。

三、车内空间与空调循环系统的净化与灭菌

1. 高温蒸汽消毒

严格按照除尘、清洁、维护三部曲，进行全车内清洗，对仪表控制板、顶篷、车内后窗平台、座椅、地毯、内门板等进行彻底清洁和全面维护。

高温蒸汽消毒，蒸汽杀菌除了对车内空气进行全面的高温杀菌外，还针对车内的空调出风口、座椅、地毯等几个容易积存灰尘和细菌的部位进行重点杀菌处理，确保完全杀灭那些肉眼看不见的螨虫、霉菌和微生物，保护家人和自己的健康。同时，不会对车内物品造成损伤，也不会对环境产生二次污染。

2. 臭氧消毒

高效性臭氧消毒不需要其他任何辅助材料和添加剂，消毒进行时臭氧发生装置产生一定量的臭氧，在相对密封的环境下，扩散均匀，包容性、通透性好，克服了紫外线杀菌存在的消毒死角的问题，达到全方位、快速、高效的消毒杀菌目的。高洁性臭氧在环境中可自然分解为氧，这是臭氧作为消毒灭菌剂的独特优点。臭氧杀菌设备可根据灭菌所需浓度及时间，自动设置臭氧灭菌的定时控制，操作使用方便，可以随时开启使用。这种杀毒方式在 2003 年上半年“非典”时间曾经独领风骚，它主要是采用一个能迅速产生大量臭氧的汽车专用消毒机进行消毒，臭氧机制造出来的大量臭氧可以在较短的时间内破坏细菌、病毒和其他微生物的结构，使之失去生存能力。

臭氧的杀菌作用是急速的，当其浓度超过一定数值后，消毒杀菌甚至可以瞬间完成，氧化反应能除去车内的有毒气体如 CO、NO、SO_2、芥子气等。与化学消毒不同，利用臭氧消毒杀菌一般不残存有害物质，不会对汽车造成第二次污染，因为臭氧杀菌消毒后很快就分解成氧气，对人体有益无害。

3. 光触媒消毒

（1）光触媒的作用。光触媒比臭氧、负氧离子有着更强的氧化能力，可有效杀灭大肠杆菌、黄葡萄球菌、化脓菌等多种类型的细菌，可强力分解臭源，还能抑制一些病原体的传播。利用光触媒处理的包装食品可明显抑制霉变，在 10 天以后仍能保持新鲜。而光触媒的超亲水特性，能保证污垢不易附着，使外观施工后能长久保持洁净。

（2）光触媒技术的应用。光触媒技术被成功应用于汽车抗菌净化处理上，成为最新的车内净化工具。新车出厂前使用光触媒处理，可以有效除去新车刺鼻的味道，大大提高行车环境和驾驶感受。同时，光触媒可以主动净化废气，这对长时间驾车的现代人来说是一种福音，使用光触媒处理过的车辆，车内的空气往往比车外的要更洁净、更安全，因此备受汽车行业关注。

4. 物理除异味

（1）竹炭、茶叶同活性炭一样具有发达的空隙结构、具有很大的比表面积和超强的吸附能力。

竹炭是以高山老竹为原料，采用高温热解技术，历时 20 多天精心烧制而成。竹炭每克比表面积高达 500~700m^2，具有极强的吸附能力对苯、甲醛、丙酮、氨、一氧化碳、二氧化碳有吸附分解作用，属纯天然绿色环保产品专用除臭、杀菌、防霉、吸潮、防虫、防蛀、净化空气，竹炭目前是日本、韩国等地区最为流行的纯天然吸味除臭调湿剂，在北上广深及国内其他大城市都有销售。

（2）茶叶宜用干燥、新鲜的成品茶，为了降低成本，也可以使用干燥、新鲜的茶梗或者茶末，用专门的容器或布袋包装，按需要在车内不同地方分别摆放，达到最佳效果。

（3）水果除味的办法很简单，可以两三天放一些新鲜的柠檬、菠萝、柑橘、柚子等在车内，这些水果香味重，其所含水分也多，水果本身的空隙和粗纤维也有很强的吸附气味作用。如果用汽车香水来“代劳”，颇有些在车内异味基础上再雪上加霜之感，各种味道长期混杂一起，车内气味更加复杂，但是在购买新车之时，汽车香水往往是最为常见的一种赠品。

水果除味不仅环保，价格便宜。水果除味最好是柚子皮，它有一层厚厚的囊，结构和海绵差不多，不仅具有生物自洁能力有吸味功能，它不像海绵一样吸收多了容易发霉，还有水果味。

（4）其他方法。使用鲜花如金银花、桂花置入分别车内，气味芬芳宜人，充分给人以正能量感受。将干菇如红菇、野山菇、灵芝，以及小叶香樟木屑等，置放车内，空气净化效果也非常好。

需要注意的是，新车必须首先做完除臭去异味的处理工作。有些具有刺鼻香味的鲜花如香水百合等，可能因人而异不都适合置入车内作空气清新净化之用。

汽车内室表面的结构复杂、造型各异，而且内室材料多以塑料、皮革材料为主，对使用水果除味有特殊要求，由于水果会散发芳香烃等类型有机挥发物，这些有机挥发物吸附在塑料、皮革等内室材料上，会促进其中有害气体的挥发，所以，置放水果除味的新车，每次使用之前，必须打开车窗门、排除车内有害气体，再起动汽车、开空调吹风，然后才是关窗门、行驶。

第三节　发动机清洁维护

一、发动机清洗作业

发动机工状非常好的话，就可在最经济油耗情况下，提供充足的动力。但经过一段时间的运行，发动机内会产生积炭、胶质等有害物质，慢慢地累积为油泥，将造成发动机散热慢、功率降低、耗油增加，加速发动机装配元器件和线路老化，严重时甚至造成发动机的损坏。适当清洗发动机，改善散热状况，可以提高发动机的使用功率、延长发动机的使用寿命。

车子刚到施工场所需先放置一段时间以便散热。

图 6-2~ 图 6-9 为发动机清洗施工作业过程。

图 6-2 所示，开始清洗，首先用花洒低压水把发动机打湿。

图 6-3 所示，喷洒专用的发动机清洗剂，等待 5min。

图 6-4 所示，然后用专用的清洗海绵进行清洗。

图 6-5 所示，边擦，边用花洒冲洗。

图 6-6 所示，一些不易清洗的地方，用专用毛刷进行清洗。

图 6-7 所示，再次冲洗。

图 6-8 所示，风管、水管或者电线的正确把持方法是扛在肩上、露出一截抓在手里。

清洗干净之后，发动机上光，擦拭均匀后用干净的毛巾轻轻擦一遍，确保上光均匀无遗漏，使用干抹布或者空气清洁枪，擦干或吹干水分，确保发动机清洁干净。

图 6-2　开始清洗，首先用花洒把发动机打湿

图 6-3　喷洒专用的发动机清洗剂，等待 5min

图 6-4　用专用的清洗海绵进行清洗

图 6-5　边擦，边用花洒冲洗

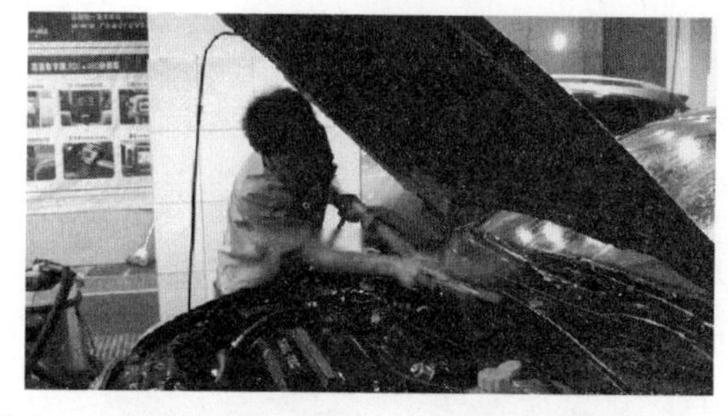

图 6-6　一些不易清洗的地方，用专用毛刷进行清洗

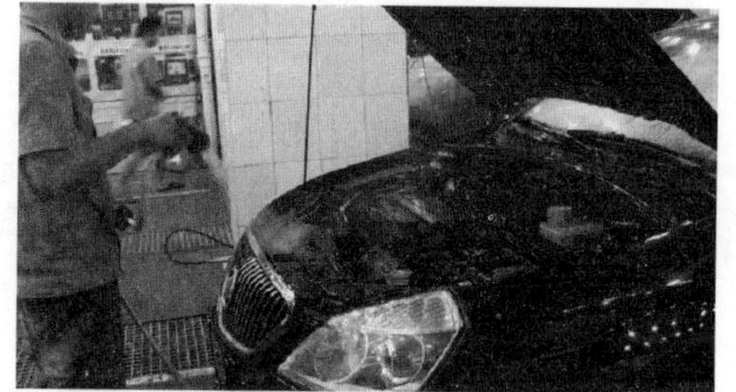

图 6-7　再次冲洗

如图 6-9 所示，经过技师精心的施工之后，可见发动机舱干净整洁。

二、发动机外表维护

发动机外表维护，主要是使用发动机舱清洗剂等专业清洁上光剂，瓦解污垢，清除难以清除的润滑油污垢，配合使用抹布或软毛刷子，通过揩擦，进行清洁上光，长久保光，效果良好。

发动机舱清洗剂，如图 6-10 所示，不含有酸性和碱性清洗成分，不会对发动机表面的橡胶件部位产生氧化和腐蚀作用，更不会使橡胶部件变质。

发动机专业清洁剂与上光剂使用时，需要注意以下事项。

（1）在发动机灼热时，要熄火静置一段时间，等冷却了再施工。

（2）极端恶化的情况，可能达不到理想的上光及维护效果。

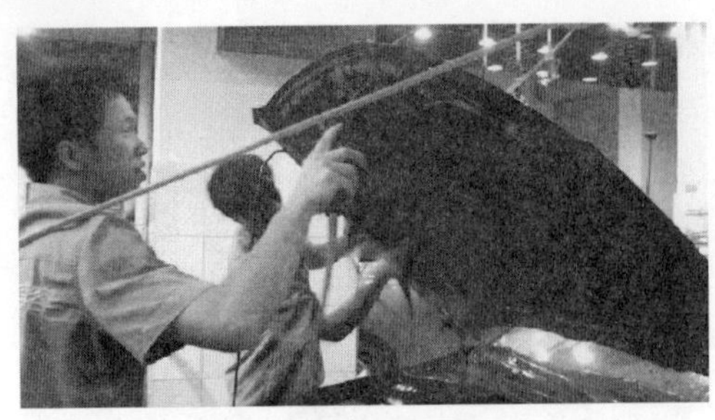
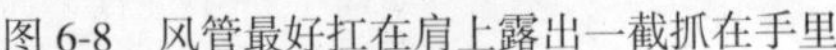

图 6-8　风管最好扛在肩上露出一截抓在手里

图 6-9　发动机清洁维护后干净整洁的效果

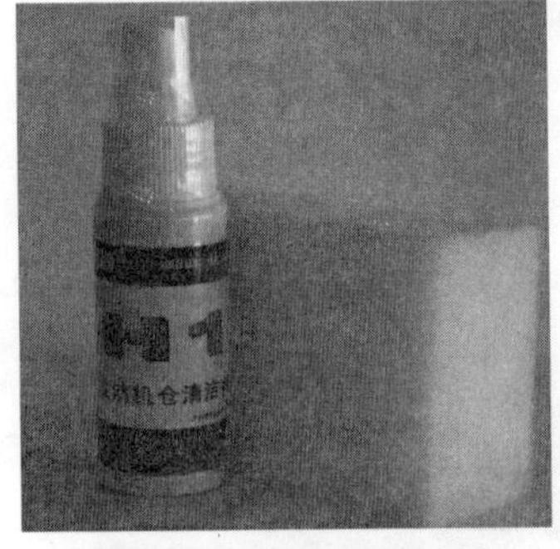

图 6-10　发动机舱清洗剂

（3）避免在发动机以外的部位进行施工。

（4）涂抹过多的情况下，可能会产生斑点。必须适度地进行擦干。

（5）不得放置在高温潮湿的地方、阳光直射的地方、冻结的地方，也不要放置在车内。

（6）误入眼睛后，要赶紧用清水冲洗 15min 以上；误饮药液的情况下，要马上催吐，然后就医；溅到皮肤或衣服时，用水冲洗干净。

第四节　行李舱清洁维护

一、汽车行李舱

汽车行李舱，又称后备厢、行李厢。三厢式车身的乘客室与行李舱是分开的，而两厢车的行李舱则与乘客室合二为一，如图 6-11 所示。

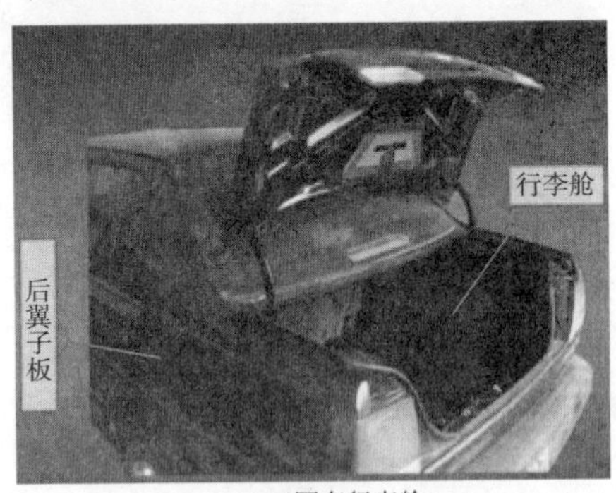

a) 三厢车行李舱

b) 两厢车行李舱

图 6-11　汽车行李舱

行李舱门的闭锁或开锁方式，包括使用钥匙、遥控器或中央门锁开关。行李舱门的电控开关具体结构视各种车型而不同。打开行李舱盖时，行李舱照明灯同时亮灯，便于在夜间确认物品。为了防止蓄电池亏电，在约 30min 后，行李舱灯自动熄灭。

目前不少车型装配了智能电动行李舱装置，通过人的抬脚动作来实现控制行李舱开启操作的自动化装置。当人双手抱着东西或贵重物品想要放入行李舱中，必须要先把物品先放在地下，然后再用手操作遥控器或拿出车钥匙手动开启行李舱，再将物品放到汽车行李舱中，这样的操作模式令人感到很不方便。智能开启汽车行李舱装置是一种能识别人的肢体动作，自动开启行李舱的装置，这将给驾驶员带来极大的方便和愉悦。

二、行李舱清洁维护

行李舱与车身内部极为相似，内饰多为绒布，清洁方法也基本相同，如图 6-12 所示。清洗时，先取出行李舱内的备用胎、随车工具以及杂物和地板防护垫，先用长毛刷打扫，除拍去灰尘，用吸尘机吸去内部的灰尘、沙泥和污垢。

图 6-12　行李舱的清洁维护

然后用电热式喷水、吸尘、吸水三合一多功能清洗机进行清洁。如果没有三合一清洗机时，可用湿毛巾进行擦拭，主要是去除灰尘，对于局部沾污严重的部位，则用化纤织物清洗剂进行清洁。清洁后，对丝绒内饰可再喷涂一层丝绒保护剂或丝绒光亮剂。

对行李舱的密封条，可先用水洗清洁，然后用毛巾吸干水分，再上车蜡或橡胶保护剂。

最后对整个行李舱喷洒消毒清新剂，复装备用胎、随车工具和杂物，注意保持行李舱内物品有序、切勿丢失。如果备胎是安放在行李舱地板下面，还需连带检查备胎状态是否完好，若有故障或其他问题必须告知车主处理。

汽车音响改装的时候大多将功放机和低音炮等设施装置在行李舱，如图 6-13 所示，清洁时切勿弄湿电子设施以及线路系统。

宽敞的行李舱功用真不小。

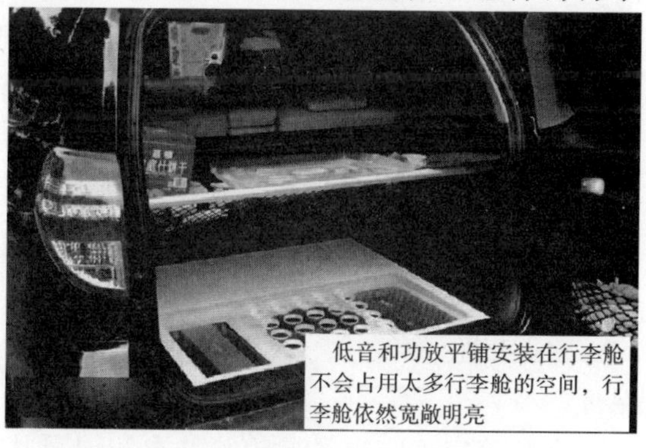

图 6-13　行李舱加装了音响设施

第七章　汽车美容兼业相关知识

第一节　轮胎检查与胎压维持

一、轮胎基本知识

车辆操作稳定性是车辆安全行驶的必要条件。要使汽车在高速行驶时具有良好的操纵稳定性，轮胎必须有良好的附着力，即轮胎必须有良好的花纹。

轮胎花纹，即轮胎胎面上各种纵向、横向、斜向组成的沟槽。轮胎花纹作用包括增大轮胎与地面的摩擦力、降低胎噪、增强舒适性、为轮胎散热和排水、提升车辆操控性能、提升视觉效果等。

纵向花纹因为具有纵向连续性的特点，所以主要承担雨天排水的功能，并且对于轮胎的散热也很有帮助，但其会导致轮胎的抓地能力不足。

轮胎上的横向花纹拥有较高的抓地能力，从而可以弥补纵向花纹的先天缺陷，但排水能力及导向性不好。

我国国家标准规定轿车用的子午线轮胎花纹磨损极限为1.6mm，货车、客车用的子午线轮胎花纹磨损极限为2.0mm，并要求轮胎制造厂必须在轮胎上按标准设置极限磨损指示器。

当轮胎花纹深度磨损到上述极限值时，磨损指示器即应显示，以提醒驾驶员及时更换轮胎。具体做法是：在轮胎的胎冠上沿轮胎的圆周5等分处的花纹沟槽底部，轴向设置一条高1.6mm的凸台。当轮胎花纹磨损到距沟槽底部1.6mm时，这部分的沟槽便开始断裂，因而出现一条清晰的裂纹，从而提醒驾驶员必须更换轮胎。为了便于查核，在埋设磨损指示器位置的两边胎肩上，相应地用印模印出△标志，以提示在这里的轮胎花纹里设置有轮胎磨损指示器。轮胎磨损指示器不仅是轮胎安全行驶的保证，而且还可作为检察轮胎是否正常磨损的依据。当轮胎出现不正常磨损时，从轮胎磨损指示器上便可以清晰地显示出来。

轮胎的正确使用不仅可以延长轮胎的使用寿命，而且是保证汽车安全行驶的重要保证。

汽车美容工应当熟悉轮胎基本知识及其有关标识。

二、轮胎分类

（一）轮胎分类

提起轮胎的种类，其实有很多种分法：有按车种分类的，有按用途分类的，有按大小分类的，有按花纹分类的，有按构造分类的。

（1）按汽车种类分类，大概可分为 8 种。

PC——轿车轮胎；

LT——轻型载货汽车轮胎；

TB——载货汽车及大客车胎；

AG——农用车轮胎；

OTR——工程车轮胎；

ID——工业用车轮胎；

AC——飞机轮胎；

M——摩托车轮胎。

（2）按用途分类，包括载重轮胎、客车用轮胎及矿山用轮胎等种类。

（3）按结构分类，可分为子午线轮胎、斜交轮胎。

（4）轮胎还可按以下分类。

①子午线。这种轮胎的特点是帘布层帘线排列的方向与轮胎的子午断面一致，即胎冠角为零度。由于帘线的这样排列，使帘线的强度能得到充分利用，子午线轮胎的帘布层数一般比普通的斜线胎可减少 40%~50%。帘线在圆周方向只靠橡胶来联系。

子午线轮胎与普通斜线胎相比，具有弹性大，耐磨性好，可使轮胎使用寿命提高 30%~50%，滚动阻力小，可降低汽车油耗 8% 左右，附着性能好，缓冲性能好，承载能力大，不易穿刺等优点。缺点是：胎侧易裂口，由于侧面变形大，导致汽车侧向稳定性差，制造技术要求及成本高。

②无内胎。无内胎轮胎与一般的轮胎不同之处在于没有内胎，空气直接压入外胎中，因此轮胎与轮毂间需有很好的密封。

无内胎轮胎在外观上和结构上与有内胎轮胎近似，所不同的是无内胎轮胎内壁上附加了一层厚 2~3mm 的专门用来封气的橡胶密封层，它是用硫化的方法黏附上去的，当轮胎穿孔后，由于其本身处于压缩状态而紧裹着穿刺物，故能长期不漏气，即使将穿刺物拔出，也能暂时保持胎内气压。

无内胎轮胎胎圈上有若干道同心的环形槽，在胎内气压作用下，槽纹能可靠地使胎圈压紧在轮毂边缘上保证密封。安装无内胎轮胎的轮毂是不漏气的，它有着倾斜的底部和平均的漆层。气门嘴直按固定在轮毂上，其间垫以密封用的橡胶衬垫。

无内胎轮胎有气密性好，散热好，结构简单，质量轻等优点。缺点是途中修理较为困难。

（二）汽车轮胎标识

1. 轮胎规格

一般轮胎规格可描述为：[胎宽 mm]/[胎厚与胎宽的百分比] R[轮毂直径（英寸）] [载重系数] [速度标识]，或者：

[胎宽 mm]/[胎厚与胎宽的百分比][速度标识] R[轮毂直径（英寸）][载重系数]。

如图 7-1 所示轮胎： 225/65 R17 102T，可以解释为：胎宽为 225mm；胎厚与胎宽的百分比为65%，计算出胎厚为146.25mm（225×65%=146.25）；R，即RADIAL的简称，表示是子午线轮胎；轮毂直径为17英寸；载重系数为102；速度系数为T。

图7-1　轮胎标识

2. 速度标识

速度标识参见表7-1。

速 度 标 识　　表7-1

速度标识	最大时速	常用车型	速度标识	最大时速	常用车型
B	50 km/h		R	170km/h	轻型货车轮胎 LT Tires
C	60km/h		S	180km/h	
J	100km/h		T	190km/h	
K	110km/h		U	200km/h	
L	120km/h		H	210km/h	运动型轿车 Sport Sedans
M	130km/h		V	240km/h	跑车 Sports Cars
N	140km/h	备用胎 Spare Tires	Z	240km/h	跑车 Sports Cars（或大于240km/h）
P	150km/h		W	270km/h	特型跑车 Exotic Sport Cars
Q	160km/h	雪地胎，轻型货车轮胎 Winter, LT Tires	Y	300km/h	特型跑车 Exotic Sport Cars

注：1. 较常见轮胎速度标识为：P、S、T、H。

2. 如轮胎无速度标识，除非另有说明，一般认为最大安全速度为120km/h。

上述是轮胎上一些常见标识，系典型北美轮胎标识，仅供参考：Tire Size表示轮胎尺寸，Loading Rating Index表示载重系数，Speed Rating Index表示速度标识。

一般来说，了解胎宽、胎厚与胎宽的百分比、轮毂直径R（英寸），对更换适合汽车轮胎有帮助。了解轮胎的载重系数、速度系标志，对行车安全有帮助。

三、轮胎应用

1. 轮胎选用

轿车的车轮一般使用子午线轮胎。子午线轮胎的规格包括宽度，高宽比，内径和速度极限符号。以丰田汽车CROWN3.0轿车为例，其轮胎规格是195/65R15，表示轮胎两边侧面之间的宽度是 195mm，65 表示高宽比，“R”代表单词 RADIAL，表示是子午轮胎。15 是轮胎的内径，以英寸计。有些轮胎还注有速度极限符号，分别用 P、R、S、T、H、V、Z 等字母代表各速度极限值。

特别要指出的是高宽比，其含义是轮胎胎壁高度占胎宽的百分比，现代轿车的轮胎高宽比多为 50~70，数值越小，轮胎形状越扁平。随着车速的提高，为了降低轿车的重心和轴心，轮胎的直径不断缩小。为了保证有足够的承载能力，改善行驶的稳定性和抓地力，轮胎和轮圈的宽度只得不断加大。因此，轮胎的截面形状由原来的近似圆形向扁平化的椭圆形发展。

近几年的轿车已经实现了子午线轮胎无内胎，俗称“原子胎”。这种轮胎在高速行驶中不易聚热，当轮胎受到钉子或尖锐物穿破后，漏气缓慢，可继续行驶一段距离。另外，原子胎还有简化生产工艺，减轻了轮胎质量，节约原料等好处。因此，装配原子胎已在轿车领域中逐渐成为潮流。

2. 常测胎压除隐患

在轮胎的使用过程中，胎压是一个非常重要的指标，要保证轮胎气压与厂家要求气压相符，否则，无论轮胎的气压偏高还是偏低，都会给轮胎的寿命带来很大的损害。

如果轮胎的气压过高，则轮胎胎面中央的花纹就会较两边的花纹磨损严重，而且当轮胎气压过高时，轮胎与地面的接触面积小，汽车加速行驶，离开地面的一部分轮胎，再回到地面就会因加速产生变形，从而呈现波动现象。这样行驶时不仅轮胎阻力增加，影响汽车加速性能，而且会导致转向盘振动、跑偏。气压过大还会使行驶的舒适性降低，轮胎自身吸收的振动变小，间接会影响到其他零部件的寿命。另外轮胎气压过高，抓地力就会下降，油耗也会随之上升。在气压过高时，当遇到路面的钉子、玻璃等尖锐物体时，很容易扎入胎内，甚至造成爆胎。

如果气压过低，将导致轮胎各部位的运动量增大，造成轮胎的异常发热，轮胎变软，使得帘线以及橡胶的功能降低，引发脱层或者帘线折断，与轮毂之间产生过度的摩擦造成胎圈部位损伤、异常磨损。这种情况下，如果车辆高速行驶，就可能导致爆胎。另外车胎气压不足，与路面的摩擦系数便会增大，油耗也会上升。

总之就是一句话，气压高了不行，低了也不行，必须正合适。

按照厂家要求保持轮胎的标准气压，包括备胎气压。胎压可用胎压计测量，不过必须在轮胎常温的状态下测量，因为在热胎状态下测量的结果是不准确的。需要避免轮胎“过压”和“欠压”。

大概每隔一个月，轮胎就可能损失 45 kPa 的气压。定期检查气压可确保轮胎永远不会过压和欠压。每月及每次长途旅行前检查一次轮胎气压，包括备胎。检查轮胎气压时应在轮胎温度为常温状态下进行，因为冷常温状态下读数最准确，应将轮胎气压补充到汽车使用手册规定的压力。轮胎由于驾驶升温后，轮胎气压高于建议的冷态充气压力是正常的。

3. 轮胎定期检查

抱着对客户负责的态度，平时要多检查轮胎，出现问题，最好在交接清单书面建议车主委托专业技工作出妥善处理。

（1）提高对轮胎安全性的认识，特别是上高速前，一定要做好充分细致的检查，除了胎压之外，还要观察轮胎侧面是否有裂口、胎面磨损状况，发现隐患应及时反映和建议维修。

（2）定期实施轮胎换位，为保持同一辆车上轮胎磨损均匀，车辆每行驶 1 万 km 就应当互换位置，因为一般汽车的发动机放置在前面，前桥与后桥的分配负荷不一样，因此前轮轮胎磨损较大。为了减轻这一现象，最好的方法就是互换位置了。至于何时应该给轮胎进行换位，请参考车辆制造商提供的使用手册中有关轮胎换位的指导，如果没有车辆使用手册，通常情况下，前轮驱动的车辆每行驶 8000~10000km 时应做换位，而四轮驱动车辆则需要在每 6000km 时换位。一旦发现轮胎出现不规则磨耗就应立即对轮胎进行换位，即使行驶不足 8000km。

（3）磨损记号露出应报废。轮胎胎肩上沿圆周 5 等分处有模印的“△”标志，是轮胎磨损极限警报信号标志。当轮胎花纹磨损到距沟槽底部 1.6mm 时，这部分的沟槽便开始断裂，因而出现一条清晰的裂纹。从而提醒驾驶员必须更换轮胎。轮胎磨损指示器不仅是轮胎安全行驶的保证，而且还可作为检查轮胎是否正常磨损的依据。当轮胎出现不正常磨损时，从轮胎磨损指示器上便可以清晰地显示出来。我国国家标准规定，轿车用的子午线轮胎花纹磨损极限为 1.6mm，货车、客车用的子午线轮胎花纹磨损极限为 2.0mm。

（4）轮胎的寿命。国际上给轮胎的寿命的定义一般是三年，言下之意即是：哪怕是全新的轮胎，安然搁置 3 年，也就不能使用了。而且，在轮胎修补方面，一定找专业店热补，注意，一定要热补，不能塞胶条去应付。否则容易造成轮胎内部的束带层等部位老化，形成隆起，对驾车安全造成威胁。修补后可以上高速公路，但千万注意应将修补后的轮胎安装在后轮上。当然，胎侧等不可修补区出现问题，一定将轮胎废弃，切不可再使用。

（5）定期检测备胎。定期检测备胎气压，在日常维护或者长途旅行前，还要检测备胎有无磨损或裂痕。如备胎已磨损到胎面花纹深度标志线，那么就要尽早进行更换，而如果胎侧有细小裂纹就不能用它来跑长途或高速行驶，因为较薄的轮胎侧壁在高速运转时很容易发生爆胎。

四、气压检查和轮胎压力维持

补胎加气的轮胎店有一套说法，只要是轿车，就是四个轮子都是 2.5，基本不考虑前轮与后轮的区别；很多有经验的驾驶员们也有一套判断的方法，因为大部分驾驶员没有气压表，所以都是用眼睛看，俗称“看胎花”，标准是轮胎与地面同时接触的胎花小于三个就行。

那么到底应该多少才合适呢？答案是根据汽车生产厂家提供的有关数据为准。因为这是厂家根据各种情况综合而得出的，应该是最合适的、最权威的数据。以捷达使用说明书里关于轮胎气压的数据做介绍，测量环境为轮胎冷态，参见表 7-2。

捷达使用说明书里关于轮胎气压的数据（kPa）　　表 7-2

<table>
<tr><th>承载状态</th><th>轮胎规格</th><th>前轮压力</th><th>后轮压力</th><th>备胎压力</th></tr>
<tr><td rowspan="2">半载状态</td><td>185/60R14</td><td>200</td><td>180</td><td rowspan="4">260</td></tr>
<tr><td>195/50R15</td><td>190</td><td>190</td></tr>
<tr><td rowspan="2">全载状态</td><td>185/60R14</td><td>200</td><td>260</td></tr>
<tr><td>195/50R15</td><td>210</td><td>250</td></tr>
</table>

车辆半载还是全载，而且很多情况下并不是固定的，总不能在半载时放点气、在全载时再打点儿气吧。通常情况下轮胎气压取中间值：前轮 200kPa、后轮 220kPa。需要跑长途、上高速时，再将胎压提高 10%~15%。

表中的数值指的是轮胎在冷态的气压值，行驶过程中轮胎受热，气压会有所上升，但是没有必要为此而降低气压值。

各汽车生产厂家都有相应车型轮胎气压的建议，应该根据该建议标准进行轮胎气压维持。

使用简单胎压计，如图 7-2 所示，可测出较为精确的轮胎胎压值。把这一数值与汽车门框或门侧面的汽车参考胎压值做比较，便可知胎压是否正常。

图 7-2　轮胎气压表

若胎压值偏大或偏小，则装配该轮胎的汽车不适宜长途驾驶，必须将找专业轮胎维修工调整胎压。

气压的标准计量单位为 Pa。其他计量单位还有 kg/cm^2 、bar、大气压，它们之间的换算关系是：

$1kg/cm^2 = 0.98bar = 98.0665kPa$

1 个大气压 $= 1.03327\ kg/cm^2$

为了容易记忆和换算方便，建议操作人员熟悉常见轮胎气压表的 kg/cm^2 、bar、kPa、大气压等轮胎气压的计量单位，它们之间的换算关系可以简化为：

$1kg/cm^2 \approx 1bar \approx 100kPa \approx$ 1 个大气压。

例如前轮全载气压是200kPa，可以表述为2kg/cm²，或者2bar、200kPa、0.2MPa、2个标准大气压。

五、轮胎检查与维护

轮胎检查与维护包括轮胎清洗、轮槽及其护板等清洗、轮胎气压检查与气压维持、轮胎花纹附着物剔除等。最后是轮辋上光，如图7-3所示。

图7-3 轮辋上光

轮胎检查，包括检查轮胎外形完整，是否存在异常磨损、割伤、扎钉及其他损伤情形。

轮胎磨耗的常见问题与原因，主要有以下几个方面。

（1）双侧胎肩磨损：气压不足。

（2）胎面中心磨损：气压过高。

（3）单边磨损：定位不良。

（4）同侧花纹块锯齿状磨损：车轮定位不良。

（5）胎面呈锯齿状或羽毛状磨损：这是由于胎面不均匀接地所致，通过前束或后束定位可以矫正。

（6）胎面杯状磨损：相关配件磨损严重。

（7）双侧胎肩磨损：气压不足所致。轮胎的天敌就是气压过低。气压不足将导致轮胎过热，从而造成诸多异常伤害，包括：使胎面或帘布层脱层；胎面沟槽及胎肩龟裂，帘线断裂；胎肩部位快速磨耗及不规则磨耗；轮胎滚动阻力增加，油耗增大；胎唇与轮毂之间的异常摩擦，引起胎唇损伤；或者轮胎与轮毂脱离，甚至爆胎！轮胎的异常磨耗也可能是由于定位不良或机械故障引发的。所以，请务必定期检查与维持轮胎气压。

（8）胎面中心磨损：气压过高。轮胎如果气压过高，胎面中心则需要承受车辆的载重，造成胎面中心较两侧快速磨耗，这种不均匀磨耗降低了轮胎的正常使用寿命。气压过高将导致：轮胎受外力冲击时，容易产生外伤甚至爆破；胎面张力过大，造成胎面脱层及胎面沟底龟裂；轮胎抓地力减小，制动性能降低；车辆悬架系统容易损坏；车辆跳动，舒适性降低，驾驶疲劳。

（9）胎面杯状磨损：相关配件磨损严重。杯状磨耗（也称深坑状或沟槽状磨耗）最常见于前轮，当然后轮也可能出现。这表明车轮的平衡不良或车辆的悬架/转向装置磨损严重。

第二节　底盘装甲与加固

汽车底盘装甲，是指汽车底盘涂敷防撞、防锈、隔音涂层，一种黏附性的橡胶沥青涂层。它具有无毒性、高遮盖率和高附着性，可喷涂在车辆底盘、轮毂槽腔、油箱、汽车下围板、行李舱底板等部位，快速干燥后形成一层牢固的弹性保护层，可防止飞石和沙粒的撞击，避免潮气、酸雨、盐分对车辆底盘金属的侵蚀，防止底盘生锈和锈蚀，保障行车安全，同时弹性保护层能够降低驾驶时路面和轮胎等方面的噪声，提高汽车室内的舒适度。

一、底盘装甲功用

1. 底盘防腐蚀

早期部分汽车汽车防锈处理不力，只行驶了两三年，汽车底部边梁已经开始泛出锈斑，而南方本来多潮湿天气，加上每次涉水或者洗车污泥会残留在底部，长久下去就会形成潜在的腐蚀因素，造成伤害。汽车底盘装甲后，可以有效防止酸雨、融雪剂、洗车碱水等的侵蚀。

2. 防碎石撞击

车辆在行驶的过程中，前车会溅起小石子，石子冲击底板的力量与车速成正比，一般 10g 的小石子在时速达 80km 时冲击力会达到自身重量成千上万倍，足以击破 30μm 以下的漆膜，而底盘漆膜一旦被击破，锈蚀便从疵点开始并从铁板内部缓慢扩大。汽车底盘装甲后，犹如石头砸在棉被上，即使砾石的强力冲击都不能击破它。

3. 防振

发动机、车轮均固定在车架底部，它们的振动在某一频率上会与底板产生共鸣，使人产生不舒适的感觉，底盘装甲后可以减轻甚至消除这种共鸣，给驾乘人员一个静心舒适的空间。

4. 隔热省油

进入夏季，打开车内空调冷气向下沉，而车外的地面热气向上升，冷热空气大多集中在车辆的地板上进行交换，车辆底盘装甲防护效果的好坏，很大程度决定了车辆的制冷量损失的大小，汽车底盘装甲后，其膜内的海绵状组织能将地板两侧的冷热交换有效地隔离。

5. 隔音降噪

在高速行驶时，车轮与路面的摩擦声与速度成正比，声音听起来也很吵，汽车底盘装甲后，其膜内的海绵状组织能将地板外侧的噪声有效地隔离。

6. 防拖底

底盘装甲材料的厚度可达 1.5~2.5mm，当底部被路面突起剐蹭时，将减轻对底盘的伤害。

7. 保值增值

车辆维护越好，价值越高。经过一段时间的行驶之后，经过底盘防护处理的车能够拥有更高的残值。

二、汽车底盘装甲

汽车底盘装甲，就是为底盘涂敷一层保护膜，如图 7-4 所示。

汽车底盘装甲的材料可以分为四代产品，第一代使用的是沥青，环保性低且使用期短；第二代是油酚类与水溶剂类，这种产品同样也不环保，而且油酚类的异味比较强，对人体有害；第三代是树脂与橡胶的混合，这种材料属于环保材料，硬度、韧性与耐用度都比前两代要好。第四代是改性橡胶，为环保材料，其特点是可在上面重新喷漆，隔音效果与保护能力更强，能够获得的厚度也更大。

图 7-4　汽车底盘装甲

目前底盘保护最常见的是底盘喷涂改性橡胶，俗称封膜，再有就是加装一些护板，但护板虽然在防撞击的能力较强，对风雨的腐蚀却是一点儿办法都没有。一些高端的汽车厂商出于成本控制，部分车辆也仅做局部封膜，护板的材质也不尽完美。

虽然底盘有没有护板与封膜，或者护板的质量好不好，封膜是局部还是全面等，都不是购车者考虑的主要因素，但是它却是日后用车必须关注的事情。

铲除旧的保护层很容易伤害到原厂底盘的漆面保护层与防腐蚀层。

一般来说，沥青类的使用期是 3~5 年，油酚类与水溶性类的是 4~7 年，树脂类的是 7~8 年，改性橡胶树脂的是 10 年以上。

诚然，现在都不会选择第一代与第二代产品了。那么，第三代与第四代产品又有什么区别呢？毕竟都是两者都有共同成分——橡胶。

第三代与第四代的区别主要在，第四代可以达到的厚度更大，韧性也更好，耐磨性也更好。而且中间有海绵体的结构，自然底盘隔声效果也会更好。

目前市场上后装底盘护板也多种多样，但是绝大部分产品都是专车专用，全部螺孔都是对应位置与大小，形状也与专用车型的完全一致。材质包括钢铁与铝合金护板，其刚度、韧性差别都不是很大，唯一的区别就是价格，不是重的比较贵，而是轻的比较贵。

底盘装甲的操作步骤：

1. 准备工作

准备工作包括清洗、遮蔽等，如图 7-5 所示。

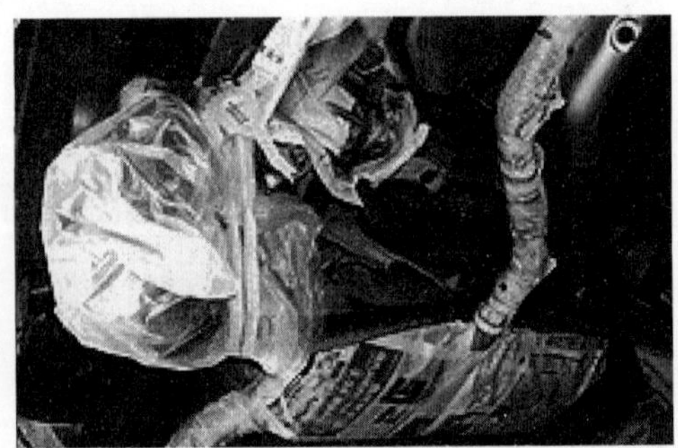

图 7-5　底盘装甲的准备工作

（1）用举升机提升车辆，拆除车轮和翼子板内轮槽的保护胶板。

（2）用高压喷枪将汽车底盘彻底清洗一遍，去除底盘上黏结的油污和泥沙，还可以用钢丝刷或砂纸，把车底附着的泥沙、油污、腐锈和其他杂物磨掉、砂光，达到无尘、无油。

（3）清洗干净后，用空气清洁枪将水渍彻底吹干净，晾干。

（4）无需喷涂的部位须用防涂纸严密覆盖、裹严实。发动机油底壳、变速器外壳、进排气歧管、排气管、避振弹簧、避振器、方向轴等部位，在喷涂前要用遮盖纸来包裹，避免涂敷材料超喷在上面。

由于发动机底壳、变速器外壳需要散热，如果防锈材料喷在它们上面，会影响散热；还有排气管，更不能直接喷涂在覆膜，车辆行驶时排气管的高温，会将表面的附着物烤焦而发出难闻的臭味，甚至发生引燃事故。所以，在做底盘装甲的时候，必须先用遮盖纸将这些部位遮盖，尤其注意车身上的传感器和减振器要遮蔽良好。

2. 喷涂覆膜

（1）使用产品前，应上下摇动产品，使罐内物料充分混合均匀。

（2）连接压缩机，调节气压 0.35~0.5MPa，然后距喷涂部位约 25cm，从起喷位置，薄薄地向喷涂终点位置连续喷涂第一遍，待产品表干后再喷涂第二遍，如此反复操作至所需涂膜厚度。

（3）干透后装件，完工。

3. 验收标准

底盘装甲标准是，封膜具有良好的耐水性、耐酸碱性、耐汽油性，以及耐耐化学腐蚀及耐锈性能等。其检测方法与性能指标如下：

（1）耐水性。耐水性是底盘装甲对水的作用的抵抗能力。表现为将底盘装甲置于水中浸泡 24h，底盘装甲有无发白、失光起泡、脱落等现象。

（2）耐盐雾性。耐盐雾性是底盘装甲对盐水侵蚀的抵抗能力。可用来实验判断涂层防护性能。用 5% 的盐水浸泡 24h，底盘装甲有无发白、失光、起泡、脱落、生锈等现象。

（3）耐酸碱性。耐酸碱性底盘装甲对有机溶剂侵蚀的抵抗能力。用 3% 的硫酸浸泡 24h，底盘装甲有无发白、失光、起泡、脱落、生锈等现象

（4）耐汽油性。用 95 号汽油浸泡 30min，次品会起泡、脱落。

底盘装甲施工人员，严格按照相关涂料的使用说明与操作规范进行涂装，即可获得合格的封膜。

4. 注意事项

（1）进行水性底盘装甲涂料施工前，必须对喷涂部位进行严格的清洗工作；若因操作不严格而导致喷涂部位还残留着灰尘、油污渍等，将会出现新涂膜脱落现象。

（2）进行油性底盘装甲涂料施工前，喷涂部位清洗应保证无锈、无沙尘、无水，否则将会导致新涂膜脱落现象。

（3）进行底盘装甲喷涂施工时，切勿一次性喷涂过厚，以免产生流滴和难干等不良现象。

（4）新车进行油性底盘装甲施工时，应先观察喷涂部位是否存有白色或透明的防锈胶或漆类物质（此为新车在原厂已喷涂上的），若存在此类物质的，操作时务必要小心，

施工时一定要薄薄地喷涂，待表干后再喷涂第二遍，如此反复操作至所需用量。若一次性喷涂过厚，会导致产品在短时间内难以完全挥发，从而会引发溶剂溶解原防锈漆或胶类物质，两种物质混合互溶后会出现长时间不干和柔软、粘手的现象（此现象以油性低档底盘装甲表现最为严重）。若因操作不慎出现此现象的，可再薄薄地喷涂上一层水性底盘装甲，然后用软刷子来回涂刷至不干的表面完全被覆盖，再用气枪吹干就有可能解决问题。

（5）对较为隐蔽或难喷涂的部位，不要采取连续喷涂操作，应进行点动式喷涂（即"一喷、一停"），如此喷涂至完全覆盖较为隐蔽或难喷的部位，以防止因连续喷涂过厚而产生的不良现象。

（6）喷涂过程中，视气压和产品的雾化情况来调节与被喷涂部位的距离；气压高，雾化好时适当离远一些，随着气压的下降和雾化不太好的情况，与被喷涂部位的距离也相应地调近一些，此操作既可保证喷涂过程中不会产生过厚的现象，又能充分地提高产品的利用率。

（7）在晴朗干燥的天气下施工，汽车在喷涂完工 2~4h 后就能投入使用。但完全干燥还需要等待三天，在这三天内，最好不要让底盘接触到水。干燥后的保护膜可以很好地黏附在清洁的汽车底盘上，具有极强的耐磨性和抗腐蚀性。当然，材料、工艺等决定效果。

汽车底盘装甲操作简介，如图 7-6 所示。

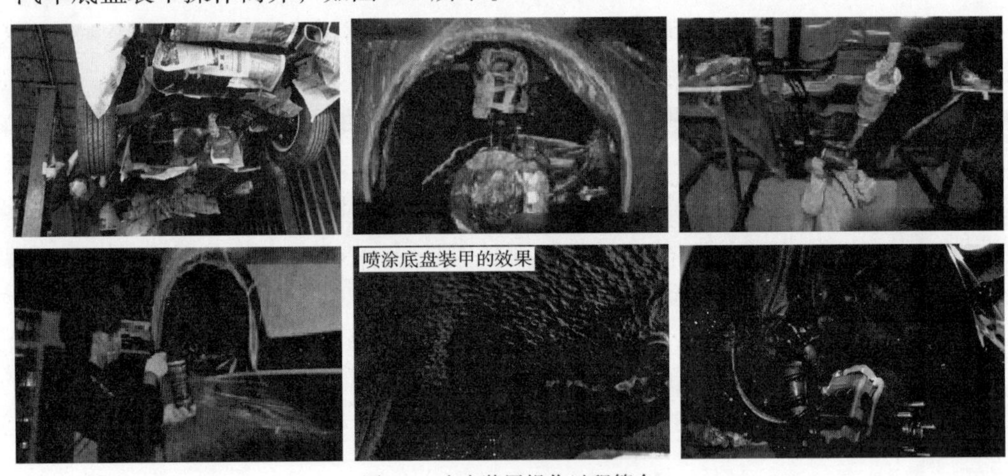

图 7-6　底盘装甲操作过程简介

三、底盘加固

（一）发动机护板

有些生产厂家会给汽车发动机加装护底胶板，如图 7-7 所示，防护效果有限。

发动机保护板主要有四类：硬塑、树脂、钢质和铝合金。不同材质种类的保护板，其特性有本质的区别。

1. 硬塑、树脂保护板

优点是重量轻、价格较为便宜，生产工艺简单，但需要注意的是这种材质护板容易破碎，冬季更甚，保护板本身就易受损伤，破碎之后无法修复，起不到长期的保护作用。

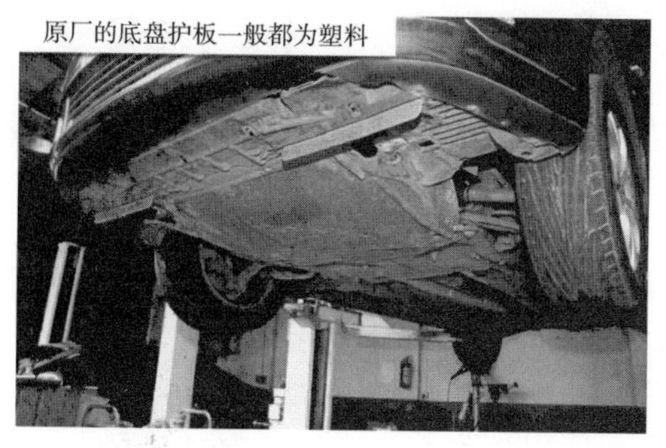
原厂的底盘护板一般都为塑料

图 7-7　发动机底护板

2. 钢质或者锰合金保护板

选择这种保护板时，需要注意的是其设计的款式与车型匹配性及配套附件的品质。一定要选用正规厂家的产品，这种材质的护板可以最大限度地保护发动机和底盘重要零件。优点是抗冲击性强；缺点是重量沉、增加油耗。

3. 铝合金保护板

铝合金保护板的硬度远远不如钢质的保护板。其破损修复难度较大，合金材质极端复杂很难断定其特性，不过其特点就是重量轻。缺点是价格高，而材料强度并不很高。

发动机护板安装起来非常简单，只要购买符合车型的护板，都可以在短时间内安装完毕，甚至车主自己动手都可以完成操作，车主可以根据自己喜好进行选装。

安装时，注意底护板需要有弧度，保证离地间隙，以免装后反而更易碰到底板。如果厂家没预留安装螺孔，最好请专业定做铁板的厂家钻孔打眼。

车主可以根据自己用车的习惯与当地的路况进行选择，如果大部分时间都在城市开车，选择玻璃钢的几乎都可以满足需求，因为这时防止的不是烂路、大石头，而是一些路基、减速带，或者别人不小心留在公路上的物品等。如果经常行驶于路况较差的乡道，钢铁与铝合金的护板才是最合适，因为在不清楚什么时候会遇到什么样的路况，保护底盘是首要任务。

加装发动机护板这个措施非常有用，特别对于那些悬架弹簧较软的车型来说更加有用，因为在较高速度行驶时，路过坑坑洼洼的路面时，过软的弹簧压缩量会达到极限从而导致发动机等重要部件与地面物体接触导致损坏。

若选购强度非常高的底盘护板，当车辆发生前部剧烈碰撞事故的时候，这种托板对于驾驶室前排乘员来说可能是一种危害。若一定要选购高强度的底盘护板，则要选择中间有开出一条纵向虚线的护板，它不但能够抵御纵向撞击，而且能够在车祸发生时，让发动机能够顺利下沉，从而不会被挤进驾驶室。保护性能好的底盘护板，自然能够保证车辆性能，也足以保证行车安全。

有些经济型轿车为了节省成本不在发动机和变速器下面安装保护装置，这让发动机和变速器与路面直接接触。安装了发动机护板之后，则可以人为地将发动机和变速器以及位于车头底盘部分的重要零件保护起来，这样即使真的发生拖底情况，也会由于护板防护，而不会损伤重要零件。

（二）保险杠

一般保险杠是由外板（保险杠的外皮）、缓冲材料（一般为泡沫俗称杠衬），以及横梁（俗称杠铁）与连接车身的骨架三部分组成。其中，外板和缓冲吸能材料用塑料制成，横梁用冷轧钢板冲压成U形槽；外板和缓冲材料附着在横梁上，横梁与车架纵梁连接。

作为汽车被动安全的第一道屏障，保险杠是吸收和缓和外界冲击力、防护车身前后部的重要安全装置。简单的理解，在车速时30~40km/h左右吸能区起作用，减少撞击惯性对乘客的伤害。在高速被撞时则需要刚性结构来减少车身变形对乘客的伤害。

防撞横梁是焊接在汽车纵向车架上的。它的作用是在车子受到轻微碰撞的时候防止后门等部位受到挤压破损。但若是剧烈碰撞，是起不到任何防护作用的，原因是防撞横梁的支撑点在纵向车架上。也就是说纵向底盘车架的支撑力确定了车子抗撞击的能力。20世纪90年代中期之后设计的车架多是带有溃缩吸能的（不只是日本车，德国车、美国车都一样），所以说在遇到剧烈撞击的时候是靠纵向车架来抵消撞击的力度。

平时说得比较多的保险杠，只是最外层的塑料件。很多时候它只起到装饰作用。真正起到安全保护作用的是保险杠内的防撞钢梁。按正常思维，防撞梁肯定是应该装备两根的，前面一根，在追对方车尾的时候起作用，后面一根，在对方追尾时起作用。这里说没有后保险杠，其实说的是车没有后防撞钢梁。没装后防撞钢梁的车，就没有起到保险的作用。一位常年从事汽车维修的师傅透露，并不是所有的日系车都没有防撞钢梁。如图7-8所示，部分汽车厂家在经济型轿车上省略后保杠，主要目的还是为了节省成本，追求最大的利润。一旦发生追尾事故，由于没有后防撞钢梁的保护，汽车尾部会变形过大，危及后排乘客的安全。

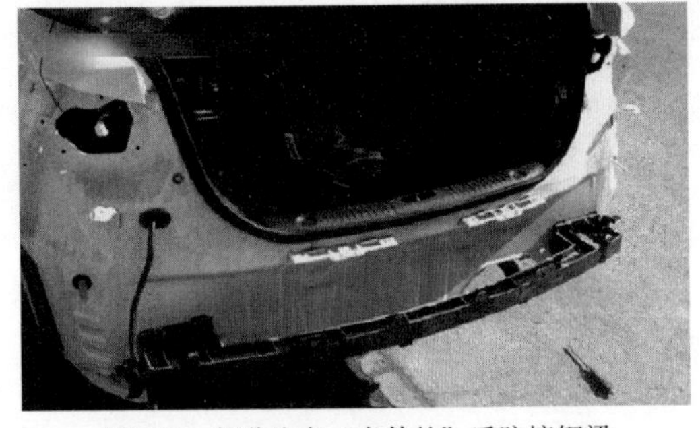

图7-8　部分汽车“虚伪的”后防撞钢梁

诚然，对于一辆车来讲，前后防护钢梁一样重要。

那么，防撞钢梁的厚度几毫米才比较合理？答案是3mm左右。

欧美的轿车前后都有防撞钢梁钢板厚度都为3mm，而不少日系汽车最多只在前面有1.5mm，后端或者根本没有。

部分车辆的防撞梁如图7-9所示。

后防撞钢梁平日默默无闻，关键时刻显英雄本色，只要车速在100km/h内，在碰撞时对车内人员绝对是有效保护的。但是车子时速度在100km/h以上，或者撞你车的是坦克之类的话，那只有听天由命了。开车的时候，守法驾驶、控制安全车速才是关键，尔后才考虑该车型是否有后防撞钢梁。

目前，所有进入高速公路的大货车尾部都将装上防撞装置，有关方面正在研究更为严格的规定，强制上路大货车安装后防护装置，货车不安装尾部防护装置将不能年审。

综上所述，保险杠的作用是，在一定车速下，碰撞时对车辆的保护、对乘员以及行人的保护，此外还有车身外观装饰性。

保险杠的修复比较简单，如图 7-10 所示，使用热风枪，加热后复原、破损处专用塑胶条热焊补，视情需要在做喷漆修复。

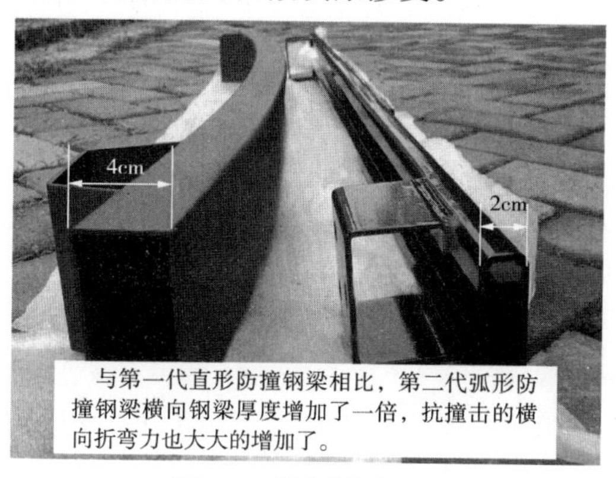

图 7-9　部分车辆的防撞梁

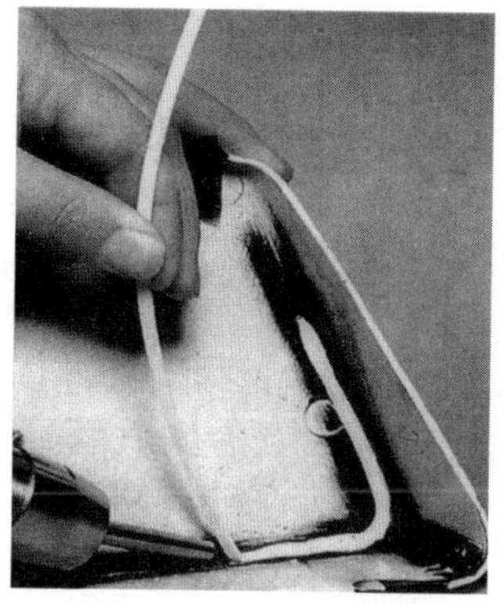

图 7-10　汽车保险杠热焊补

第三节　汽车蓄电池维护

一、汽车蓄电池

电池主要分为三大类，即为化学电池、物理电池以及生物电池。现阶段物理电池和生物电池未在汽车上广泛使用，在此重点介绍化学电池。

（一）蓄电池品质评判

汽车电池是一种可逆的低压直流电源，是汽车电源的重要组成部分。电池不仅可以为车辆提供电能，还能储存电能，这是汽车电池通常叫作“蓄电池”的原因。蓄电池既能将化学能转换为电能，也能将电能转换为化学能。“供电”和“蓄电”分别对应蓄电池的放电和充电过程。

新能源汽车对电池系统有着苛刻的要求，而这几项对于电池组的要求，直接关系到新能源车在电动驱动方面的效能等问题。

（1）比能量。为了提高电驱动的续航里程，要求汽车上动力电池需要最大限度地存储能量，但其前提是不能过多地增加车体自重、占用空间，所以需要电池组有很高的比能量。

（2）比功率。为了使电驱动的加速性能、爬坡性能以及负载性能与内燃机车相提并论，所以对于电池组的比功率会有很高的要求。

（3）充放电效率。电池中能量必须经过充电—放电—充电的循环，高充放电效率对于电驱动的行驶效率有着至关重要的作用。

（4）稳定性。电池组应当在快速充电和放电的往复工况中保持性能的稳定性，使其在动力系统使用条件下能达到足够的放电循环次数。

（5）成本。除了降低电池的初始购买成本，还要提高电池的使用寿命。

（6）安全性。电池不能引起自燃或者燃烧，同时在发生车辆碰撞的时候，不会对驾乘人员造成人身伤害。

（二）蓄电池的作用

（1）起动发动机时，供给起动机大电流，故称为起动型蓄电池。

（2）在发动机起动或低速运转时，由于汽车发电机不发电或者电压很低，这时候起动机、点火系统及车内用电设备所需要的电能，全部由蓄电池供给。在发动机正常运行时，发电机向车内用电设备供电，同时给蓄电池充电。

（3）当汽车用电设备用电量过大，超过发电机的供电能力时，蓄电池协助发电机共同向车内用电设备供电。

（4）蓄电池存电不足，而发电机负载又较小时，它可将发电机的电能转变为化学能储存起来（即充电）。

（5）蓄电池相当于一个大电容器，它可随时将发电机产生的过电压吸收掉，起到保护晶体管、延长其使用寿命的作用。

（三）蓄电池的种类

蓄电池的类型按其外部结构，可分为橡胶槽和塑料槽蓄电池。按其性能，可分为湿荷电、干荷电和免维护蓄电池等。目前汽车上广泛采用干荷电、免维护塑料槽的铅酸蓄电池。

1. 铅酸蓄电池

铅酸蓄电池自发明以来，其使用和发展已经有近百年的历史，其广泛应用于内燃机车的动力端，而新能源车所使用的铅酸蓄电池因为需要为车辆提供动力，所以它的主要发展方向是提高比能量，增大循环使用的寿命。铅酸蓄电池是最成熟的新能源电池系统，1881年，世界第一辆电动三轮车使用的就是铅酸蓄电池，由于铅酸蓄电池成熟、可靠性好、原材料价格低廉，同时比功率也基本上可以满足电动驱动的动力要求，所以在新能源汽车中广泛应用。汽车铅酸蓄电池，如图7-11所示。

图7-11 汽车铅酸蓄电池

（1）铅酸蓄电池的优点。

①除锂离子电池外，在常用蓄电池中，铅酸蓄电池的电压最高，单组为2.0V。

②制造成本低廉。

③可以做成小至1Ah、大至几千安时的各种尺寸和结构的蓄电池。

④高倍率放电性能良好，可用于发动机起动。

⑤电能效率可以达到60%。

⑥高低温性能良好，可以在-40~60℃条件下工作。

⑦易于浮充使用，没有记忆效应，且易于识别荷

电状态。

（2）铅酸蓄电池的缺点。

①比能量低，在新能源车中所需要占用的整体质量以及体积比较大，一次充电可行驶的历程比较短。

②使用寿命短，且后期使用成本高。

③充电时间长。

④铅是重金属，存在污染，与新能源绿色环保相背道。

2. 镍氢电池

镍氢电池是20世纪90年代发展起来的一种新型电池，它的正极活性物质主要由镍制成，负极活性物质则由氢合金支撑，属碱性电池。镍氢电池具有高比能量、高功率，适合大电流放电、可循环充放电、无污染，属于一种绿色能源，目前很多新能源动力车型所使用的电池组都会选择镍氢电池。

大众途锐所使用的电池即为镍氢电池。

镍氢电池具有无污染、高比能、大功率、快速充放电、耐用等诸多特性，与铅酸蓄电池相比，镍氢电池具有比能量高、质量轻以及循环寿命长等特点，同时还具有以下特点。

（1）比功率高，目前镍氢电池比功率可以达到1350W/kg。

（2）循环次数多，目前应用在电动车辆上的镍氢动力电池组，80%放电深度循环可以达到1000次以上，为铅酸电池的三倍以上，100%DOD循环寿命也在500次以上，在混合动力的汽车上可以使用五年以上。

（3）无污染，镍氢电池不含铅、镉等对人体有害的金属。

（4）耐过充过放，无记忆效应。

（5）使用温度范围大，正常使用温度范围在–30~50℃，存储温度范围在–40~70℃。

（6）安全，可抵抗短路、挤压、针刺、跌落、加热、振动等情况，且不会发生爆炸或者燃烧现象。

3. 锂离子电池

锂离子电池与其他电池相比，其有电压高、比能量高、充放电寿命长、无记忆效应、无污染、更快的充电、自放电率低一级工作温度范围宽和安全等优势，相比较镍氢电池，混合动力汽车采用锂离子电池，可使电池系统的质量下降40%~50%、体积减小20%~30%，能源效率也有提升。

锂离子电池按照不同的正极材料可以分为锰酸锂离子电池、磷酸铁锂离子电池以及镍钴锂离子电池（镍钴锰离子电池）等，大多数新能源车型所使用的第一代锂离子电池均为锰酸锂离子电池，其成本更低、安全，但是循环寿命欠佳，同时在高温状态下循环寿命短，甚至在高温状态下会出现锰离子溶出现象，而现在大多数新能源车型所使用的第二代电池组为磷酸铁离子电池，也是未来锂离子电池的发展方向所在。

锂离子电池具有以下优点。

（1）工作电压高，其工作电压为3.6V，是镍氢、镍镉电池工作电压的3倍。

（2）比能量高，其比能量达到150Wh/kg，是镍镉电池三倍，镍氢电池1.5倍。

（3）循环寿命长，其循环寿命可以达到千次以上，在低放电深度下可达几万次，超过其他几种二代电池。

（4）自放电率低，锂离子电池的自放电率仅为6%~8%，远低于镍镉电池和镍氢电池。

（5）无记忆性、无污染、随意塑形。

锂离子电池缺点，一是成本高，主要是正极材料的成本高；二是必须有特殊的保护电路，以防止过充现象。

4. 燃料电池

燃料电池（Fuel Cell，FC）是一种化学电池，它直接把物质发生化学反应时释放的能量转化为电能，工作时需要连续地向其供给活物质（起反应的物质）——燃料和氧化剂。由于它是把燃料通过化学反应释放出的能量变成电能，所以成为燃料电池。燃料电池的发展是以电化学、电催化、电极过程动力学、材料科学、化工过程和自动化等学科为基础的，将化学能转化为电能后输送给电池，它的优点多，不过缺点同样存在，其成本与其他新能源动力一样非常高，同时对氢的纯净度要求非常高，以及因为氢属于活性物质，所以对于其储存器具的要求也颇为严苛，致使其在科技含量以及成本上都不会比其他新能源动力低，而这些也正是制约燃料电池发展的主要瓶颈，其瓶颈依然卡在电池能量密度、制造成本等问题上。更加前沿的，当然是石墨烯电池，在此不展开表述。

二、蓄电池的识别

1. 蓄电池型号

根据《铅酸蓄电池名称、型号编制与命名方法》（JB/T 2599—2012）规定，蓄电池型号由三部分组成，各部分之间用破折号分开，其内容及排列如下。

①第一部分为串联的单体蓄电池数，是指在一只整体蓄电池槽或一个组装箱内所包括的串联蓄电池数目（单体蓄电池数目为1时，可省略）。

②第二部分为蓄电池用途、结构特征代号，其中蓄电池结构特征划分见表7-3。

蓄电池结构特征划分 表7-3

序号	蓄电池特征	型号	汉字及拼音或英语字头	
1	密封式	M	密	mi
2	免维护	W	维	wei
3	干式荷电	A	干	gan
4	湿式荷电	H	湿	shi
5	微型阀控制	WF	微阀	wei fa
6	排气式	P	排	pai
7	胶体式	J	胶	jiao
8	卷绕式	JR	卷绕	juan rao
9	阀控式	F	阀	fa

③第三部分为标准规定的额定容量。额定容量以阿拉伯数字表示，其单位为安培小时（A·h），在型号中单位可省略。

2. 免维护蓄电池和普通铅酸蓄电池的区别

一般的蓄电池为铅酸蓄电池，是由正负极板、隔板、壳体、电解液和接线桩头等组成，其放电的化学反应是依靠正极板活性物质（二氧化铅和铅）和负极板活性物质（海绵状纯铅）在电解液（稀硫酸溶液）的作用下进行，其中极板的栅架，传统蓄电池用铅锑合金制造，免维护蓄电池是用铅钙合金制造，前者用锑，后者用钙，这是两者的根本区别点。

不同的材料就会产生不同的现象。

（1）传统蓄电池在使用过程中会发生减液现象，这是因为栅架上的锑会污染负极板上的海绵状纯铅，减弱了完全充电后蓄电池内的反电动势，造成水的过度分解，大量氧气和氢气分别从正负极板上逸出，使电解液减少。

（2）用钙代替锑，就可以改变完全充电后的蓄电池的反电动势，减少过充电流，液体气化速度降低，从而降低了电解液的损失。由于免维护蓄电池采用铅钙合金栅架，充电时产生的水分解量少，水分蒸发量低，加上外壳采用密封结构，释放出来的硫酸气体也很少，所以它与传统蓄电池相比，具有不需添加任何液体，对接线桩头、电线腐蚀少，抗过充电能力强，起动电流大，电量储存时间长等优点。

免维护蓄电池因其在正常充电电压下，电解液仅产生少量的气体，极板有很强的抗过充电能力，而且具有内阻小、低温起动性能好、比常规蓄电池使用寿命长等特点，因而在整个使用期间不需添加蒸馏水，在充电系正常情况下，不需重新拆下进行补充充电。但在维护时应对其电解液的比重进行检查。

3. 蓄电池电量检查

对于免维护蓄电池来说，查看其电量非常简便。有的蓄电池顶部会有一个电量指示孔，观察其显示颜色即可判断蓄电池电量。一般情况下显示绿色为正常，如果显示为淡黄色或无色，则说明蓄电池电量已不足，需要及时更换。如果蓄电池没有电量指示孔，可以开车至汽车美容店或4S店，维修技师会使用专用的蓄电池检测仪，通过检测蓄电池当前的电压和电流来判断蓄电池电量是否正常，如果检测数据低于规定数值，就需要对蓄电池进行必要的维护或者更换。如果平时发动机不易起动，也可能是由于蓄电池电量不足引起的，最好找汽车维修电工进行检查，必要时需要进行更换。

大多数免维护蓄电池在盖上设有一个孔形液体（温度补偿型）比重计，它会根据电解液比重的变化而改变颜色，如图7-12所示。

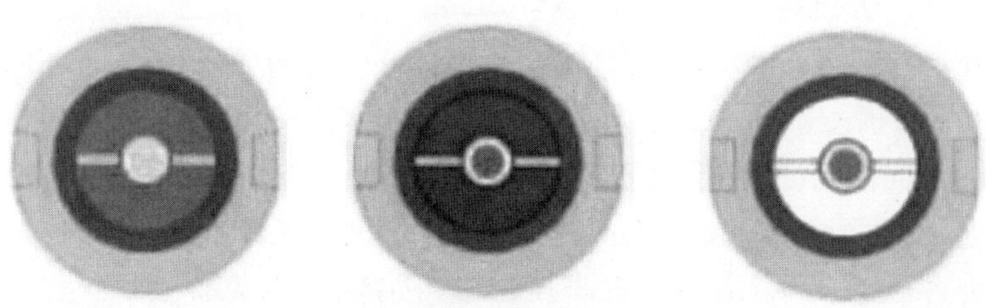

图7-12　免维护蓄电池存放电量显色效果图

比重计可以指示蓄电池的存放电状态和电解液液位的高度。当比重计的指示眼呈绿色时，表明充电已足，蓄电池正常；当指示眼绿点很少或为黑色，表明蓄电池需要充电；当指示眼显示淡黄色，表明蓄电池内部有故障，需要修理或进行更换。

4. 蓄电池的正确使用与维护

（1）汽车蓄电池拆装。任何情况下避免负极单独连接蓄电池！如图7-13所示。就是说，断开时先负后正；连接时先正后负。

图7-13　任何情况下避免负极单独连接蓄电池

拆装蓄电池首先要看清蓄电池的正负极。安装时要做到先从正极开始安装，其次再接负极。而拆卸蓄电池时，却恰恰相反，先从蓄电池的负极开始拆，然后再拆正极，顺序千万不可错。

一旦正负极线路接错，蓄电池就会立刻报废。如果遇到蓄电池问题，尽快到维修店找专业人员检修。

（2）普通车辆蓄电池更换流程。

①关闭发动机和车辆上所有用电设备。

②先断开蓄电池的负极，再断开正极。

③取下蓄电池。

④确认新蓄电池和旧蓄电池性能相一致，使用万用表确认电池极性符合及电池质量状态。

⑤清洁蓄电池端子和车辆连接线头。

⑥安装并固定蓄电池。

⑦连接蓄电池与车辆的连线（先正后负）。

（3）具备电脑控制车辆更换流程。

①取一只备用蓄电池。

②将备用电池用导线接到原电池夹头。

③正接正，负接负。

④松开原电池夹头取出要更换的电池。

⑤新电池更换后，锁紧夹头，再将备用电池拿掉（电脑绝不能断电，否则系统将错乱）。

（4）注意事项。

①安装过程中，防止蓄电池正负极意外短路。

②定期检查蓄电池正负极连接线是否松动，如有松动应及时紧固。同时，还要定期检查蓄电池盖上的小孔是否通气。倘若蓄电池盖小孔被堵，产生的氢气和氧气排不出去，电解液膨胀时，会把蓄电池外壳撑破，影响蓄电池寿命。

③保持蓄电池表面清洁。如果发现蓄电池的正负极接线柱上有白色的粉状结晶物，请及时到汽车美容店或4S店由专业维修技师进行清理，以免影响正负极连接线与接线柱之间的导通性。

④维护得当延长蓄电池寿命。

从目前来看，免维护蓄电池的寿命平均在两年左右，一旦到期，就需要及时更换。但是如果注意日常维护，维护得当，那么蓄电池的寿命还可延长 1~2 年。想要做到延长蓄电池寿命，首先要知道什么情况下，蓄电池最耗电，最损坏蓄电池。很多车主喜欢将车停在路边，熄火后，顺手打开收音机或者 CD 来消遣，这种做法会大大耗损蓄电池的寿命。其次，一些粗心的车主在离开之前，忘记关掉车前照灯，让车前照灯亮很长时间，这对蓄电池的消耗是很大的。因为在发动机不工作的时候，不能给蓄电池供电，而此时使用 CD 和前照灯会消耗蓄电池电能。如长时间使用，蓄电池只放电而得不到补充，电量就会消耗殆尽，造成车子不能正常起动。

很多人认为，只要将车子长时间停放，不使用就不会耗电，这样可以延长蓄电池的使用寿命。事实上这种想法恰恰相反，因为蓄电池是和大气相通的，即使在静止的状态下，汽车内的一些电路还是在运转，有一定的消耗。如果车子停放一段时间后再使用，可将车子发动，停放十几分钟后再行驶，让发电机给蓄电池短时间充电，蓄电池中的电就会立刻充足起来。

对蓄电池进行定期检查，每次需要 1~2min 就足够了，这样可以避免蓄电池过早到达使用寿命。检查时，要看蓄电池电线接头是否松动，如果松动，会使电流无法顺利输出或输入，除影响车上电气系统的工作效率之外，更重要的是会直接减少蓄电池的寿命。同时要注意看车上设备装载是否费电，如果用电量过大，就应经常检查蓄电池，一旦一次性将蓄电池中的电耗完，对蓄电池的损坏非常大，而且会加大发电机工作负荷，导致发电机损坏。

第四节　更换润滑油

一、润滑油的检查

对于日常使用的汽车，必须经常检查油水电是否正常。即检查仪表板上的各种显示是否正常，各种润滑油的油面高度、油质，副水箱和刮水器水箱的水量，电池电量和各种灯光是否正常等。

对于发动机润滑油的检查，有热车检查和冷车检查之分：冷车是指车辆经过一个晚上静置，第二天先不要发动汽车，润滑油全部都流回了油底壳，用润滑油尺来检查润滑油液面应该在上下刻度线之间；热车是指发动达到正常温度，停车熄火，过 5min 左右，润滑油全部都流回油底壳，这时拔出润滑油尺检查，润滑油液面也应该在上下线之间。

检查时，最好准备一块干净的白色抹布，第一次检视完润滑油尺后，用白色抹布把润滑油尺抹干，插回润滑油尺座孔、量取油面高度值，再抽出检视完润滑油尺对比是否与上一次检查结果吻合。检视白色抹布揩抹润滑油尺后留下的油渍残渣及其颜色，可以判断发动机油品质。

1. 润滑油颜色

取一张白色纸巾，拔出润滑油尺在纸上擦拭，观察润滑油光彩和杂质的情况。一般在换过润滑油后，车辆使用一段时间后润滑油会稍为变黑，这是正常的。而其他颜色都是不正常的现象。假如发现润滑油的颜色变灰、变白或有乳化现象，说明润滑油中混进水。可能是发动机冷却系统和燃烧系统有连通、润滑油泄漏情况。

2. 检查润滑油量

拔出润滑油尺，首先检查油面，油面高度应在“满”或“FULL”的位置。假如油液面过低，会因润滑不良而损坏发动机，也会给气门、汽缸垫、活塞环造成损坏。观察汽车底部的地面是否有渗漏的润滑油，假如有条件可以检测汽缸压力，看是否出现泄漏而给发动机部件造成损坏。

3. 检查润滑油质

拧下加油口盖，检查润滑油盖口，将它翻过来观察底部，可以在加油口盖底部看到旧油甚至脏油的痕迹。假如加油口盖底面有一层具有黏稠度的深色乳状物，还有与油污混合的小水滴，这就是不正常的情况，可能是汽缸垫、汽缸盖或汽缸体有损坏，造成冷却液渗透润滑油中。假如有这种情况发生，被污染的润滑油会对发动机内部造成危害，是需要专业检修的。

二、润滑油的更换

汽车美容技工日常为汽车做美容作业，其实，还有必要熟悉汽车常规维护知识。

常规维护对于汽车非常有必要，其主要项目包括：更换润滑油、润滑油滤清器、空气滤清器和汽车空调滤清器，火花塞的维护与更换等。当然根据车辆累积行驶公里数还要进行其他项目的检查与更换，如变速器油、制动摩擦片等项目。其实在各厂家车辆使用说明书上，都有按不同累积公里数需要进行维护的项目，这些项目都需要由汽车维修厂专业师傅来完成。这里主要介绍更换润滑油。

根据发动机润滑油使用时间和润滑油状况，确定需要更换发动机润滑油后，首先要考虑以前使用的润滑油牌号，如果想更换不同牌号的润滑油，最好不要将新牌号润滑油直接加入混兑，应该彻底放空原有润滑油、再更换新品润滑油，因为两油品使用的基础油和添加剂可能不同，混合后有可能造成润滑油过早变质失去作用。

更换润滑油过程，如图 7-14 所示。

（1）拧开加油盖，确保放油时无负压。

（2）用举升机将汽车举起，便于放掉旧润滑油和拆装润滑油滤清器。

（3）拧开油底壳上的放油螺钉，放油。应趁热放出底壳、精滤清器、细滤清器中的旧润滑油。

（4）若放油螺栓带有磁性，应将所吸附的铁屑清除。

（5）必要时增加清洗环节——确保润滑油放净后，向发动机底壳内注入新润滑油，数量应相当于正常量的三分之一，然后使发动机运转 3min 左右，再将润滑油放净。

（6）拆卸润滑油滤清器，重新更换新的滤清器，拧紧的力度适当，并且确保密封。

（7）向发动机加入正常规定量的新润滑油。

（8）更换完润滑油，再次检查一下，并且装上发动机护板，更换润滑油结束。

（9）润滑油更换完毕后，起动发动机3min左右，同时观察油压、水温，如无异常可正常行驶。

图7-14　更换润滑油过程

第五节　汽车安全防盗与电气知识

我国于2000年开始制定关于车辆防盗报警器材安装的公共安全行业标准《车辆防盗报警品格安装规范》，于2001年开始实施。国际上通行的汽车防盗核心是防止“汽车整车”被盗，也就是说即使窃贼打开车门仍然也无法将车开走。

汽车防盗器品牌繁多，可以归纳为四代产品。

第一代：机械式防盗器。

第二代：电子式防盗器，包括插片式、按键式和遥控式等。

第三代：芯片式数码防盗器。芯片式数码防盗器是现在汽车防盗器发展的重点，大多数轿车均采用这种防盗方式作为原配防盗器。其基本原理是锁住汽车的起动机、电路和油路，在没有芯片钥匙的情况下无法起动车辆。数字化的密码重码率极低，而且要用密码钥匙接触车上的密码锁才能开锁，杜绝了被扫描的弊病。目前许多中高档车，都已装有原厂的芯片防盗系统。

第四代：网络式防盗器。网络防盗是指通过网络来实现汽车的开关门、起动机、截停汽车、汽车的定位以及车辆会根据车主的要求提供远程的车况报告等功能。网络防盗主要是突破了距离的限制，包括全球卫星定位监控系统、手机App安防等。它将报警信息和报警车辆所在位置无声地传送到指定终端，此类防盗器现在用于高档车的比较多。

一、汽车机械式防盗锁

结构越简单，性能越可靠。机械式防盗锁是最简单、经济的防盗手段之一。

钜甲锁，锁住在转向盘的横幅，用前后钢甲保护着转向盘，使车贼无法由锯剪转向盘而卸下防盗锁，锁的关键部件上焊接有经热处理的加强钢板，使锁体防锯防剪；锁芯是双排12弹子月牙型锁，万能匙打不开；钢盒包罩着锁芯，只留有一小孔缝，钻、撬、敲等暴力也无法打开锁；前侧钢甲不仅能够防止从仪表台方向处锯转向盘，而且盖住安全气囊固定镙孔，使车贼无法用拆换转向盘的方法将车开走；加长钢甲既可从正面保护转向盘，又可以当非法开锁时触动汽车喇叭鸣叫报警，如图7-15所示。

图7-15　汽车防盗钜甲锁

还有比较简单实用的是油路锁。油路锁需要改变汽车的排线，就是在油路排线上剪断然后接上一个电子开关，利用钥匙可控制油道的通断，达到防盗的目的。好处是即使汽车被解码，也不能起动汽车，缺点是有行车安全隐患，可能在开车的时候因为误关而突然熄火，所以安装的位置是关键。

二、网络汽车防盗器

GPS、北斗卫星定位防盗器功能强大，几乎综合了所有的防盗功能，并能用卫星准确定位在几米范围内。其传感器采用无线传感，很难被破坏。

此类防盗器除了有比电子防盗器更强的功能外，还能把警情发送到车主的手机上，并具备锁死发动系统的能力，手机定位可把车辆定位在某个范围内。

网络防盗有两种类型：一种是在车上没有安装单、双向防盗器或遥控中控锁的车，这类车可以选用通用型，还有一类车本身就有安装单、双向防盗器或遥控中控锁，可以用原车的遥控器和喇叭等报警，这类车定期更新升级系统信息。

这种追踪式防盗器并非一次性购买产品，在后期使用过程中还会产生费用。消费者在选购汽车追踪防盗器时，一定要问清楚产品的后期花费。因为汽车追踪防盗器要用到手机SIM卡，故每月均会产生费用，一般来说，每个月的花费为几元钱。汽车追踪防盗器在工作时依靠发射信号进行定位，如果非专业人士安装在不当位置，会导致信号接收不良。一定要选择正规厂家和专业安装团队。因为如果车辆被盗，安装位置不够隐蔽，则会被不法分子拆除，造成不必要的损失。

三、汽车中控

1. 功能

汽车中控包括中央控制门锁系统，驾驶员可以通过汽车中控控制整车车门开关及玻璃升降系统。

（1）中央控制。当驾驶员锁住其身边的车门时，其他车门也同时锁住，驾驶员可通过门锁开关同时打开各个车门，也可单独打开某个车门。

（2）速度控制。当行车速度达到一定时，各个车门能自行锁上，防止乘员误操作车门把手而导致车门打开。

（3）单独控制。除在驾驶员身边车门以外，还在其他门设置单独的弹簧锁开关，可独立地控制一个车门的打开和锁住。

2. 结构

汽车上装用的中控锁种类很多，但其基本组成主要有门锁开关、门锁执行机构和门锁控制器。

中控的另一种说法是仪表台中央控制，均为触摸屏，有图音、导航、信息等方面综合调控功能，如图 7-16 所示。

图 7-16 汽车中控台

四、汽车电气

（一）汽车音像系统

汽车音像系统，包括音箱、功放，外加单纯的 CD 机，或者将原车 CD 机改为具有导航功能、触屏式中控机 DVD 机。

1. 汽车音像系统需要细心呵护

（1）防潮防尘防振。汽车音响和别的电气产品一样，经不起湿润、灰尘和剧烈振荡。音响在使用过程中要避免突然将音量放到最大，这样易使喇叭线圈损坏，对功放造成影响，振幅突然加大也会烧毁功放。

除了要避免振幅突变外，湿润和灰尘也是造成音响故障的两大因素，汽车美容清洁汽车室内时，一定要留意尽量不要朝着音响的方向喷洒香水和清洁剂之类的液体，音响上有灰尘，可以用干毛巾或者专用的湿巾纸擦拭，汽车室内进行清洁后，最好开窗一段时间，让水分蒸发后再关窗。

（2）注意清洁。播放机的激光头是易损件，需要细心呵护。除了保证主机的清洁外，光盘上的污垢会影响播放的音质，也会对音响造成损伤，激光头在高速运转时，假如碰到尘土，使激光头偏离轨道，音质就会失真，并对激光头造成损害。

（3）音响改装。音响改装首先需要注意的就是电路问题，布线时，一定要做到单独布电源线、音频线、信号线，而且线路之间做好屏蔽与保护，做到万无一失。

很多时候，在对汽车音响进行改装时，常常忽略了日后的升级空间。改装音响一般有着循序渐进的过程，大致的顺序是先换喇叭，然后升级功效，再增加低音喇叭，最后更换主机。预留一些升级空间，日后如若要升级解析力强的主机，就能达到 hifi 的音质效果了，而如果不预估日后升级空间，待到有升级需求时就会遭遇升级瓶颈。

2. 车载音响故障预防及排除

汽车音响由于使用环境的原因，一般很难达到同档次的家庭音响的效果，在使用过程中也比家庭音响更容易出现一些故障，下面介绍一些常见的汽车音响故障及故障的排除方法供参考。

（1）音响左右声道音量不一样。首先检查主机平衡钮是否在中间位置，再检查前级输入和输出左右控制钮是否一样，以及功放机输入灵敏度左右声道设定是否一样，如仍无法排除，可将主机信号线左右对调，喇叭位置较小的那一边会不会变大，如果会，表示主机有问题，反之则是后段的问题。

（2）某一声道高音无声。先检查分音器的配线是否接通，然后用电表从分音器端去测量有没有声音，可能是错将喇叭线输入端接至低音输出端。

（3）噪声大。检查RCA信号端子的负端是否接通，如果主机端的RCA信号输出端负端已经断路，可用电表测量，负端与主机机壳是否接通。

（4）音量时大时小。先检查电源地线与车壳的接点是否松动，再检查前级和后级的输入和输出RCA是否正常，最后看看灵敏度旋钮是否正常。

3. 汽车音像系统升级介绍

在国际上真正生产专业汽车音响器材的公司并不以其所生产的系列套餐而闻名，而大多以其生产的专业性强的某一器材而名声大振，比如，日本生产的主机，其电子数码科技和敏感便捷的操纵性能领先其他国家，而欧美生产的喇叭，其优质的材料和精纯的质地以及传统手工的精细铸造技术又是日本生产商无法比拟的，所以在汽车音响改装前，首先要选择好采用哪些公司生产的专业器材，所有的材料都选自一个公司的产品并不一定是最好选择。

无论是从无线遥控、转向盘操纵键、多碟转换器、DVD多媒体、卫星定位功能等，这些东西并不能提升汽车音响的实际效果。在选择主机的时候，一定分清主次，切勿喧宾夺主，其他附件可根据车的实际情况并结合个人的爱好在以后逐渐加装。

主机是整个音响系统的原声，选择好主机是提升音响效果的首要前提。无论选择了什么主机，它的作用只占整个音响系统的20%，喇叭、功放器（AMP）、超重音箱和安装这四个方面占80%，这5个部分决定的了整个音响效果。

功率大的喇叭需要分音功放器。分音功放器的作用不光是增大音响功率，它主要的作用是将主机里的音乐分解出高、中、低音后，再经过过滤、提炼后将三个音推到不同的高、中、低音的喇叭上，所推出的声音不但纯度提高而且高低音泾渭分明，常见有一推一喇叭和一推三个喇叭的功放器、也有一推五个喇叭的，因功放器体积较大，通常安装在座椅下或尾箱中，功放器通常由专业公司生产。

汽车音响喇叭以欧美生产的具有代表性，各种品牌的喇叭效果各有侧重，一部车中最少需要4组喇叭，选择好喇叭基本可以说是选择好了车主自己对音响的偏好，但是越酷花钱会越多。

加装超重低音，它发出的低音产生的气流和压力，仿佛能够穿透物质，表现出极强烈的震撼力来，而且无论将音量开得多大其音质也非常纯净，没有任何浑浊的杂音，即便将音量开得很小，整个汽车里也能感受到那低沉的声音中渗透出重金属的质感和颤动的力量。没有加装超重低音音箱，不可能真正感受到它的低音音质，也不可能体会到它的震撼力。

汽车音响的安装最重要的是钣金和木工方面的技术。这种活儿烦琐费工，需要安装人员认真细致，为了保证质量，急不得，快不了，用户要有耐心，当然，安装质量必须有保障。

（二）倒车雷达

倒车雷达能以声音或者更为直观地显示告知驾驶员周围障碍物的情况，解除了驾驶员泊车、倒车和起动车辆时前后左右探视所引起的困扰，并帮助驾驶员扫除了视野死角和视线模糊的缺陷，提高了驾驶的安全性。

经过几年时间的发展，倒车雷达系统已经过了六代的技术改良，不管从结构外观上，还是从性能价格上，这六代产品都各有特点，使用较多的是数码显示、荧屏显示和魔幻镜倒车雷达这三种。

第一代：倒车喇叭提醒。

第二代：蜂鸣器提示。这是倒车雷达系统的真正开始。倒车时，如果车后1.5~1.8m处有障碍物，蜂鸣器就会开始工作。蜂鸣器越急，表示车辆离障碍物越近。它没有语音提示，也没有距离显示，虽然驾驶员知道有障碍物，但不能确定障碍物离车有多远，对驾驶员帮助不大。

第三代：数码波段显示。比第二代进步很多，可以显示车后障碍物离车体的距离。如果是物体，在1.8m开始显示；如果是人，在0.9m左右的距离开始显示。

第四代：液晶荧屏显示。这一代产品有一个质的飞跃，特别是荧屏显示开始出现动态显示系统。不用挂倒挡，只要发动汽车，显示器上就会出现汽车图案以及车辆周围障碍物的距离，动态显示，色彩清晰漂亮，外表美观，可以直接粘贴在仪表板上，安装很方便。但灵敏度较高，抗干扰能力不强，所以误报也较多。

第五代：三维倒车雷达。结合了前几代产品的优点，采用了最新仿生超声雷达技术，配以高速电脑控制，可全天候准确地测知2m以内的障碍物，并以不同等级的声音提示和直观地显示提醒驾驶员。三维倒车雷达把后视镜、倒车雷达、免提电话、温度显示和车内空气污染显示等多项功能整合在一起，并设计了语音功能，是目前市面上最先进的倒车雷达系统，其外形就是一块倒车镜，所以可以不占用车内空间，直接安装在车内倒视镜的位置。而且颜色款式多样，可以按照个人需求和车内装饰选配。

第六代：无线倒车雷达，如图7-17所示，全新无线液晶倒车雷达，融无线连接、倒车雷达、彩色液晶显示、BP警示音于一体。由于普通倒车雷达安装时，从车后雷达主机到车前仪表台上显示器要布一条线，这样要拆装车内的装饰板、胶条等，非常不方便。现在最新推出的第六代无线液晶倒车雷达，一举解决此问题，车后主机和显示器之间无线连接，方便快捷。更可在大巴、货车等车身长的车上使用，安装更容易。

倒车雷达相当于超声波探头，从整体上来说超声波探头可以分为两大类：一是用电气方式产生超声波，其二是用机械方式产生超声波，目前较为常用的是压电式超声波发生器，它有两个电晶片和一个共振板，当两极外加脉冲信号，它的频率等于压电晶片的固有振荡频率时，压力晶片将会发生共振，并带动共振板振动，将机械的能转为电信号的这一过程，是超声波探头的工作原理。

图 7-17　无线倒车雷达

挡位杆挂入倒挡时，倒车雷达自动开始工作，测距范围达 1.5m 左右，故在停车时，对驾驶员很实用。

探头装在后保险杠上，根据不同价格和品牌，探头有二、三、四、六只不等，分别管前后左右。探头以 45° 辐射，上下左右搜寻目标。它最大的好处是能探测到那些低于保险杠而驾驶员从后窗难以看见的障碍物，并报警，如花坛、蹲在车后玩耍的小孩等。

在选购时要注意探头的质地和颜色应该与原车相统一，这样才不会影响整体效果。如今探头的安装方法多采用“嵌入式”，即在保险杠上打几个孔，这样做不但容易固定，而且看上去也更加美观。注意，必须由专业人员进行专业安装。

进行汽车美容作业时，需要对倒车雷达的探头进行清洁，擦除附着污物。

（三）智能泊车辅助系统（图 7–18）。

自动泊车辅助系统能帮助驾驶员轻松倒车，但不可否认，此自动并非纯粹的“自动”。

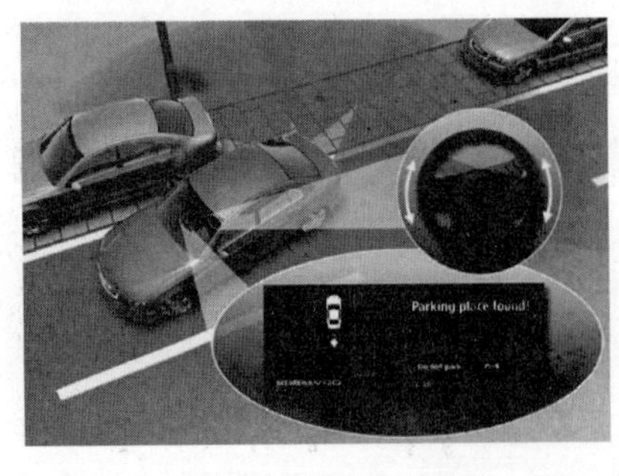

a)

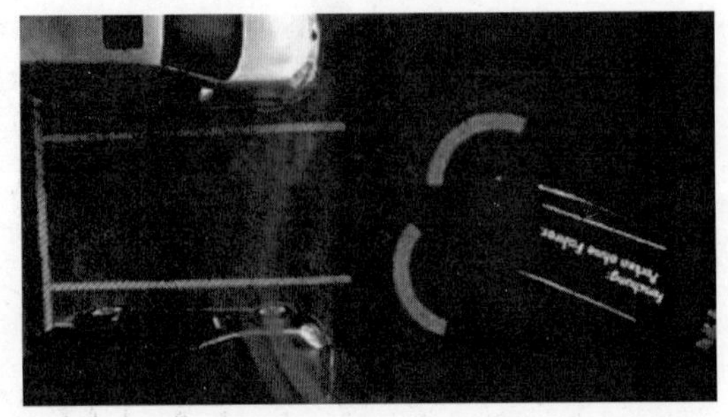

b)

图 7-18　自动泊车示意图

首先，不少自动泊车辅助系统在使用过程中需要驾驶员踩住制动踏板以控制车速；此外，针对不同版本的自动泊车系统，在具体使用中也有不同的要求和注意事项，例如，不同自动泊车辅助系统对停车间距有着不同要求，具体来说，早期大众和斯柯达品牌的汽车要求停车位比车身长大约 0.8m，宝马要求长 1.2m，而奔驰由于车身偏长，故要求停车位比车身长 1.3m。

此外，有一些自动泊车辅助系统依然需要驾驶员手动配合，如早期上海大众途观在完成自动泊车后，车轮并不能自动回正，需要驾驶员调节转向盘以帮助车辆正向停稳；奔驰 B200 在进入自动泊车状态后，驾驶者双手不能触碰转向盘，否则系统将自动停止；当大众 CC 自动泊车系统探测到车位旁出现树木、路灯等柱状物时，为避免发生碰撞风险，自动泊车辅助系统将不被激活。

我国研发团队开发的“德尔福”，是一种低成本智能泊车辅助系统。据介绍，该系统利用先进的后视摄像头和高级算法来计算倒车轨迹，系统首先辅助测量停车位可用空间，确定是否可以容纳本汽车，然后引导驾驶者完成泊车操作。泊车过程中，系统为驾驶者按步骤提供听觉指示，同时在车内显示屏上显示指示信息。操作者只要按照系统提示的操作，非常轻松地就可以准确完成泊车入位。如果车辆具有自动转向功能，该系统也可以很容易升级为全自动泊车系统。

随着成本降低与技术水平的提高，自动泊车辅助系统正越来越被汽车生产厂商所重视，并且有望被推广使用到大多数车型。

第六节 儿童安全座椅

2011 年 12 月 30 日，国家标准《机动车儿童乘员用约束系统》正式出台，2012 年 7 月 1 日开始实施。新法规想要在全国范围内强制实施往往需要 3~5 年的缓冲期，至 2016 年已经正式推行。法规明确规定，未满 12 周岁的孩子不能被安排坐在副驾驶座位，4 周岁以下的孩子乘坐私家车应该配备并正确使用儿童安全座椅。儿童安全座椅，就是一种专为不同体重或年龄段的儿童设计，安装在汽车内，能有效提高儿童乘车安全的座椅。

儿童安全座椅的使用如图 7-19 所示。

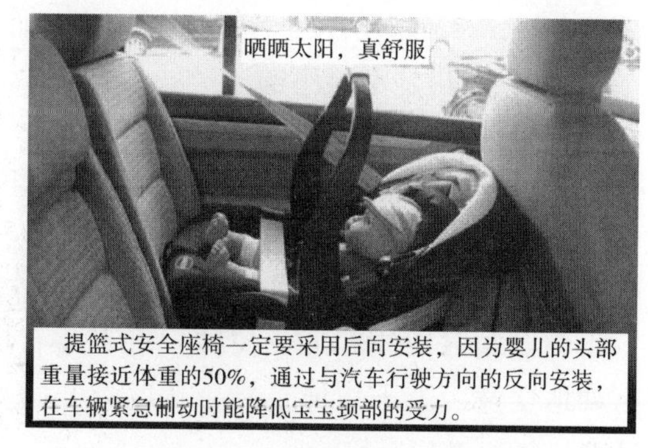

图 7-19 儿童安全座椅的使用

一、儿童安全座椅的强制实施

1. 使用儿童安全座椅重要性

（1）车辆内的安全带都是按成人设计的，对于儿童仅适用于身高 1.4m、体重 36kg

以上者。对于身高体形发展尚未健全的儿童来说，若只使用车上安全带，当碰撞发生时，安全带有可能对儿童造成肋骨骨折、窒息甚至颈骨折断的危险。反而会伤害宝宝脆弱的颈部，根本起不到安全功能。

（2）根据研究数据，假若宝宝 10kg，汽车以 50km/h 的速度在行驶的过程中突然发生碰撞或制动车，车内的物体会产生 30~40 倍自身重量的冲击力，父母怀抱中的宝宝会以 300~400kg 的冲击力冲出，这种突如其来的冲击力，对父母而言，是无法在一瞬间可以立即反应处理的，即使是再强壮的手臂，宝宝都可能撞上风窗玻璃。

（3）使用安全座椅可以将冲撞意外事故中孩子的死亡率大大降低，根据交通事故数据统计，汽车未安装汽车座椅的婴童致死率比安装汽车座椅的要高出 8 倍，受伤率为 3 倍。

（4）儿童安全座椅这款产品对于经营儿童产品的朋友来讲并不陌生，但是大众对这款产品的认知度却都很少。就像大多数家长一样，对于儿童的乘车安全更相信自己的保护，喜欢自己抱着、揉着，而不是用专业的儿童安全座椅，加上目前儿童安全座椅的价格比较昂贵，所以儿童安全座椅的普及速度很慢。然而，对于无法预知的意外危险，儿童座椅就是宝宝的保护神。

2. 儿童安全座椅选购

选购儿童座椅应该考虑以下事项。

（1）宝宝的年龄。

（2）安全性。现在普遍使用的是五点式安全座椅，相对于前置护体来说，五点式在安全性和便捷性方面都更胜一筹。五点式安全带能在 5 个不同方向同时消散撞击产生的力量，将外力从孩子身上转移，五点式安全带消散力量的过程就是最大限度地减少力量的积聚，避免更大的伤害。高性能肩垫能有效地吸收巨大的冲击力，同时其防滑特性能降低宝宝前向以及头部的位移，避免头部受伤。

五点式安全带可根据宝宝的体型大小不断调整，在最安全的状态下保护宝宝足够的活动空间，从而更贴合全面地保护宝宝，而宝宝却无法打开卡扣，让父母更安心。

（3）用料是不是厚实。

（4）拉伸问题。

①儿童座椅一般都是可以拉伸的，上下左右拉伸、无挡位的拉伸。

拉伸分为无挡位的拉伸、有挡位的拉伸、没有拉伸。

无挡位的拉伸就是自由拉伸，即随便怎么拉，性能最优。

上下左右拉伸和上下拉伸。上下左右拉伸是指：往上拉座椅头枕的时候，左右也会自动地变宽。上下拉伸是指：宽度刚开始就是固定的，如果宝宝长大了只能拉伸头枕的高度。

②保护性。上下左右拉伸更能包裹住宝宝，能防止宝宝在转弯的时候乱晃左右撞。

③舒适性。相对来说都差不多。提醒：系安全带的时候，不能过紧，也不能太松，以能放进家长的两根手指的松紧度为宜。如果系得太松的话，宝宝是舒服了，但缺存在安全隐患，如果真的遇到碰撞，宝宝容易从安全带中窜出。

（5）确定自有的车型适合哪种类型的座椅固定方式。目前主要的安全座椅固定方式，分为欧洲标准的 ISO FIX 固定方式、美国标准的 LATCH 固定方式和安全带固定方式。

使用安全带来固定儿童安全座椅的好处是显而易见的，即通用，只要有安全带就行。不过这种固定方式经常容易松动，所以说我们需要经常检查座椅是否牢固。

（6）建议不要接受或者购买二手座椅。任何一个二手的汽车儿童安全座椅都有安全隐患，因为无法判断这款座椅在使用中有没有发生过碰撞。在汽车发生碰撞时，座椅只有通过变形才能吸收大部分的冲击力，而部分变形是永久性的。因此座椅只能保证发生一次碰撞时对孩子产生保护作用，当再次发生碰撞时极有可能因为一些永久性的变形而失去保护孩子的功能，甚至有其他安全隐患。因此为了孩子的安全，建议购买全新的汽车儿童安全座椅。

3. 儿童安全座椅的安装

选购一款适合宝宝的儿童安全座椅后，必须严格按照产品安装说明书进行安装，增高垫放在汽车后座上，儿童坐在儿童安全座椅上，直接用汽车安全带固定（同成人固定方式）。

应尽可能把儿童座椅安装在汽车的后座上，这样会比较安全。如果要把一个前向儿童座椅安装到汽车的前排座椅上，请务必把副驾驶座椅尽量向后移动，以使孩子离仪表板尽可能远。这样可以在汽车发生碰撞时，为孩子的头部和胸部提供尽可能多的保护。尽管有时出于各种因素的考虑不得不把儿童座椅安装在汽车的前排座椅上，但是，如果汽车的副驾驶位置设有安全气囊，则无论如何也不能把儿童座椅放到前排座椅上，因为在汽车发生碰撞时，弹出的安全气囊会对座椅产生相当大的冲击力，从而对儿童造成伤害。

仔细阅读使用说明书，并严格遵照其要求进行座椅安装，确保将安全带按照正确的方法穿过安全座椅。有些座椅提供了可替代的穿引通道，以便在汽车安全带较短而不能从主通道穿过时使用。在将儿童安全座椅拴紧在汽车座椅上时，应稍微使劲将座椅压到汽车座位上再绑紧，以确保儿童安全座椅被可靠地固定在座位上。座椅皮带不应该有任何松弛。安装方式是否正确对于儿童安全座椅能否发挥其应有的保护功效至关重要，若有任何不熟悉事宜，务必咨询厂家和正确落实。

任何情况下不要擅自对儿童安全座椅或汽车安全带的设计进行任何改动，以使一个原本不适合的儿童安全座椅能够安装到汽车上。如果经常拆装儿童安全座椅，需在每次将座椅安装回汽车上后，仔细检查其是否安置妥当。如果是将儿童安全座椅长期地安装在汽车上，也需经常性地对其进行检查，以确保其安装牢固。

4. 儿童安全座椅的安全提示

（1）汽车的后排座位的中间位置是安装儿童安全座椅的理想安全位置。

（2）汽车行进过程中，将孩子始终放置在儿童安全座椅中。

（3）建议每张儿童安全座椅尽量只供同一名儿童使用，以避免经常调整座椅的角度及安全带松紧而可能带来的安全隐患。

（4）每次使用儿童安全座椅时，确认汽车安全带扣紧、儿童安全座椅与汽车座位平贴。

（5）定期检查儿童安全座椅的完好性，并根据儿童的体形及穿着的变化及时调整儿童安全座椅安全带的松紧。

（6）如长时间不用，请将儿童安全座椅收藏至其他安全地方保存，并避免暴晒及潮湿环境。

（7）当汽车紧急制动或受到撞击后，请确认儿童安全座椅的完好并重新绑紧，如有损坏或变形应立即更换，不得再次使用。

（8）炎热天气应等儿童安全座椅充分散热后方能让儿童入座以免灼伤。

二、儿童汽车安全座椅的清洁维护

（1）把布套取下，用中性洗涤剂轻轻擦洗。

（2）不可使用溶剂，不可熨烫，不可使用离心机，唯有自然晾干。

（3）座椅的塑料部分可用湿布轻轻擦洗。

（4）视需要偶尔把布套拆下来晒一下，但是不要把座椅一起晒，暴晒对塑料不好。

第七节　汽车装饰装潢

一、汽车装饰条粘贴

汽车装饰装潢精品种类繁多，在此仅做简略介绍。汽车装饰粘贴精品包括汽车保险杠防护装饰条、汽车前后四角防护装饰条、汽车门边防护装饰条、车门与车身中部防护装饰条、后视镜防护装饰条等，不胜枚举，见图 7-20。

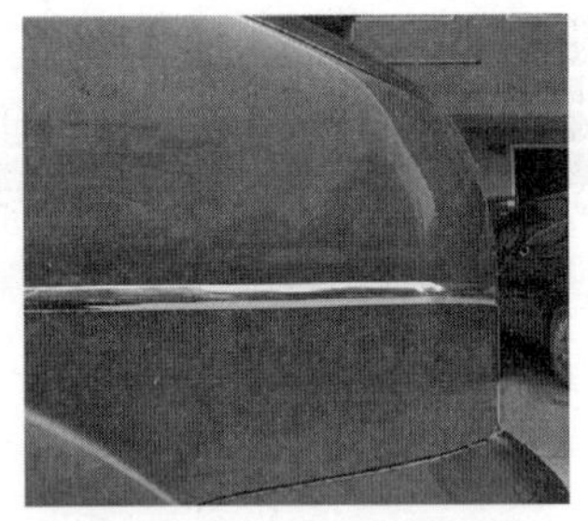

图 7-20　形形色色的汽车装饰装潢精品

汽车装饰装潢精品材质有彩色防护装饰条、透明荧光防护装饰条、软塑 PVC 镀锌等；规格有多个宽度，截面为中间厚两边薄（弧形截面），中间厚度约 2mm；宽度有 1.5cm 和 1.8cm 两种尺寸；长度最长 15m。

装饰条粘贴步骤如下。

（1）根据图纸或者指定粘贴的部位，测量粘贴的部位尺寸，预留裁剪余量，进行开料。

（2）彻底清洁需要粘贴的地方，如有油或蜡需要用脱脂除油剂或者酒精清洁干净。

（3）清洁剂与水按 1∶10 混合，均匀地喷在车身部位以保持湿润，溶液能使贴膜更易控制。

（4）撕开装饰条粘贴面的保护膜后，在其黏附前正确定位，小心用力压贴牢固，然后剪去多余部分。装饰条分为三层，分别是粘贴面的保护膜、装饰条本身、装饰条表面的保护膜，表面的保护膜在最后完工后再揭去。在贴的过程中，注意不要用力拉扯贴纸，以防拉长变形。

（5）其他方面，如门柱、护板、地毯等，一般整体成型为主，体现美观、保温、脚踏感好。

（6）温度 20℃以下时，先用电热风把背胶烤热后粘贴以取得良好效果，粘贴后 1 天内不要洗车。

二、汽车装饰装潢

（一）汽车各式装饰装潢精品

林林总总的汽车装潢精品，见图 7-21。

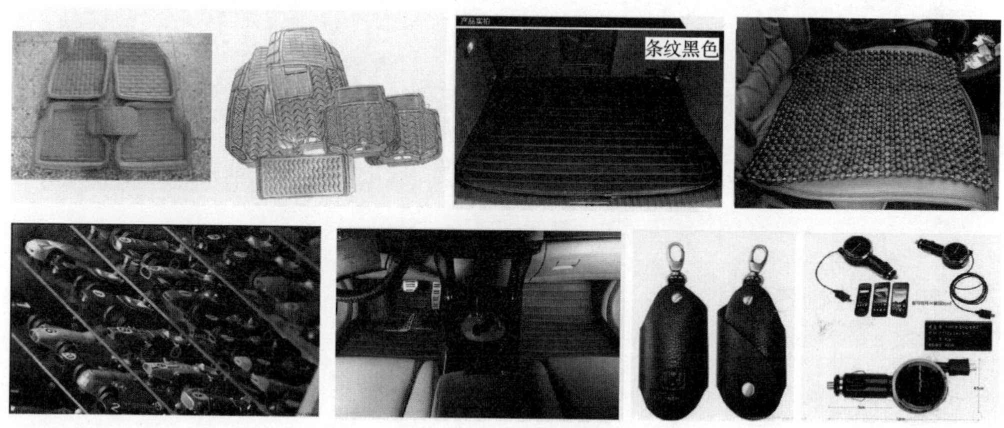

图 7-21　汽车各式精品

（二）汽车内饰翻新

汽车内饰翻新过程如图 7-22 所示。

（1）正确、妥当拆解相关装配件，牢记拆装顺序，由外及里进行拆解，不得强行拧、掰，以免造成损坏。螺栓、螺母、卡扣、压条以及其他物件必须集中妥善保存，必要时做好标记说明。

（2）把拆下来的装配件清洗干净，彻底晾干。

（3）根据客户选定的品种下单裁料。

（4）用料环保、精工细作。

（5）顶篷模板必须先行均匀喷涂黏合剂，如此大面积覆膜必须两人配合才能贴合完美。

（6）按照拆解过程反向操作，即由里及外进行安装，旧貌变新颜。

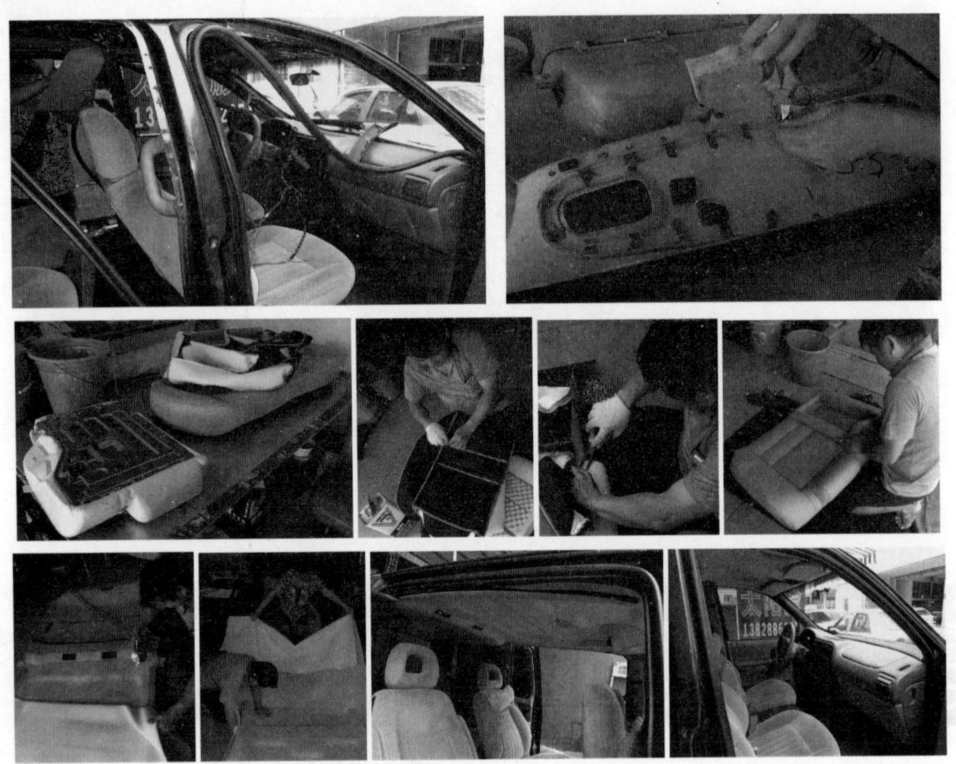

图 7-22　汽车内饰翻新过程示图

三、特殊的装饰效果

除了木纹之外，使用贴膜还能获得其他的装饰效果。例如：许多顾客喜欢在车上增加个性化的条纹设计。制作条纹的方法包括粘贴胶带方式、条纹引导器涂纹饰、贴花或转换式贴膜、手工喷涂彩带彩条等。

（一）粘贴彩色胶带

（1）使用没有可撕除表层的胶带贴出直线。

①测量所需贴条的长度。

②将胶带拉直，并剪下比所需长度长几英寸的胶带。

③保证车身表面清洗干净。

④将胶带的背纸撕去，并将前面一小段先贴到要贴的位置。

⑤抓住胶带的松端。避免手指弄脏胶带，皮肤上的油脂影响附着性能。

⑥小心地拉紧胶带，但注意不要拉长。如果在粘贴时，胶带被拉长了，以后就会产生起皱的问题。

⑦仔细检查胶带是否对齐。利用车身的轮廓线作为对齐的参考线，很有帮助。

⑧一旦条纹对齐了，小心地将胶带剪下，贴到车身表面上。贴条纹必须一长条地贴，贴完以后再根据车身区间分块裁剪，以保证直线度，不要一小段一小段地贴。

⑨再次检查条纹对齐的情况，如果条纹不够直，小心地把胶带撕开，再试一次。

⑩用橡皮滚子或软擦布摩擦胶带。

按这种方法贴好每一条条纹。磨光之前确保站起来检查两次。对于板件的末端，例如车门的开启处，使用小刀或单刃剃刀。如果有可能，用刀背对着胶带表面，以防刀刃扎进。切记过重的切割动作会割穿车身表面的涂层。从板件末端的3mm处切断胶带，留下平整连续的附着面。要想获得额外的保护层，可在胶带的末端涂一些透明的清漆。

（2）使用没有可撕除表层的胶带贴出曲线。当贴复杂的曲线时，应使用底图的帮助和曲线板等划线工具绘制导向图。切记，胶带不能贴到标志线上去。习惯徒手贴也许更好一些。贴曲线条纹可按下述步骤进行操作。

①剪下足够用的胶带。

②放线，即画出曲线的外沿。

③顺着曲线的内沿，用左手的食指把胶带按压在车身上。

④不要撕过多的背纸，为避免弄脏附着表面，手持胶带处的背纸不要撕。

⑤保持两手沿所画的曲线内沿运动，贴曲线运动过程当中可能会需要一些轻度的拉长，但是最好尽可能避免出现拉长。

⑥如果第一次操作失败，小心地撕开胶带再试一次。在不好操作的某些情况下两手交替进行也许会更容易一些。

⑦一旦曲线正确地贴好了，稍微用力擦压胶带以获得持久的附着性能。

（3）使用有可撕除表层的胶带。带有可撕除表层的胶带的使用方法和不带可撕除表层的胶带的一样，至少在抹平之前一样。抹平胶带时，必须撕除胶带表层。将胶带的前端提起来，然后慢慢地将它拉回到剩余条纹的方向上，使其贴近车身，然后将胶带抹平，修整胶带的方法如前所述。

（二）手工喷涂彩带彩条

手工喷涂车身彩带彩条时，首先也是设计拼图，并征得顾客同意，或者根据顾客提供的样车的线条及其颜色进行喷涂。

在进行拉线放样之前，必须将彩带彩条喷涂区域稍为扩大地进行去光，处埋方法可采用用P2000号砂纸水磨光或用百洁布蘸清洁除油剂打磨去光，再用清洁除油剂抹拭干净，目的是使新旧涂膜接合牢靠。

放线方法可参照前述粘贴彩色胶带的方法，两者不同之处是粘贴彩色胶带是粘贴在放线位置的内沿，而在喷涂彩带彩条场合该位置必须留空，放线用的皱纹胶纸带是作为防涂遮蔽用，其外缘还需再行用防涂纸扩大地遮蔽以防超喷。完成防涂纸的遮蔽后，最好在原放线胶纸带表再加贴一条皱纹胶纸带，在喷涂完彩带彩条以后10~20min，即把加贴的这条皱纹胶纸带撕去，这样有助于获及两边平直的彩色带。然而，最佳方法是在实际彩带彩条喷涂线两侧预留3~5mm，然后先粘贴防涂遮蔽纸，最后反过来再依实际喷涂区域的两侧各粘贴一条皱纹胶纸带进行定位。这样，在彩带喷涂完毕约20min，将这两侧最后贴上的定位用皱纹胶纸带撕去，即可得完美的彩色带子。切记，待喷涂的彩带彩条干硬后，必须将原来去光的部分进行抛光。

（三）喷涂字体图案

喷涂字体图案最常见的方法，是先将字体图案镂空，然后一人按住，另一人边按边喷涂即成。

字体图案要求考究，最好采用带保护纸的不干胶纸，在不干胶纸背面印上字体图案后，用刻刀将字体图案刻出，注意千万不要刻穿保护纸层。最快捷方法是送给广告制作商进行电脑制作。

选定喷涂位置后，先将整块不干胶纸粘贴，然后剔出字体图案，按压牢靠后再行施喷即成。

第八节　汽车美容店经营与管理

一、汽车美容店基本配套

1. 基本设备设施

基本设备设施包括空压机、气动轮胎扳手、举升机、液压千斤顶、工具小车、气动喷泡机、高压清洗机、全自动电脑洗车机、气动抛光机、吸水吸尘机，及其配套器具、个人维修工具箱等。

2. 汽车美容耗材

汽车美容耗材包括抛光蜡、高级防火水晶蜡、沥青清洁剂、万能防锈润滑剂、研磨剂、抛光剂、精抛羊毛球、多用途浓缩清洗液、皮革维护光亮剂、专用无纺棉、小毛刷、丝绒座椅清洁剂、镀铬抛光剂、玻璃清洁剂、车体防锈保护喷胶、发动机内部清洁剂、发动机油封补漏剂、发动机强力修复剂、水箱清洁剂、自动变速器防漏剂、电子燃油喷射系列清洁剂、轮胎清洁剂、轮胎光亮保护喷剂、发动机外部清洁剂、洗车粉等，按需采购。

3. 汽车美容服务项目

汽车美容服务项目包括专业洗车、美容增亮，汽车打蜡、镀膜、镀晶，车漆抛光、镜面维护，新车开蜡、漆面增艳，仪表台清洁上光，座位坐垫清洁维护，顶篷除污、清洁维护，车门内侧清洁维护，室内除臭、杀菌消毒，外装饰件清洁上光，风窗玻璃洁亮防雾，行李舱清洁、杀菌消毒，地板清洁、防锈、维护，门锁门扣防锈润滑，发动机舱及发动机外部清洁、翻新，水箱清洁、维护，轮辋清洁、镀晶、维护，汽车空调循环系统清洁、维护，以及汽车美容相关的其他作业等。

根据汽车美容店的客户群体以及服务定位，做到项目、工时、单价列表并且上墙公示。

二、汽车美容店功能区间

（一）区间划分

专业汽车美容店通常由操作间（含洗车区和无尘美容区）、办公室、精品屋、接待室等部分组成，如图 7-23 所示，基本要求如下。

图 7-23　汽车美容店功能区间

（1）结合区域服务需求，确定经营规模和目标。

（2）洗车场应该注意环境，造型要美观大方，场地适应发展需要。

（3）施工场址要符合城市卫生标准，力求清洁、整齐、美观。

（4）洗车用品应采用正规厂家生产的、合格的环保型产品。

（5）洗车美容店的设计和投资最好咨询专业的公司，并由其提供设计方案，进行店面施工工程监理。

（6）用水、用电、用气的管路应离地面 1m 以上，以确保施工安全。

（7）具有一定规模店址最好有独立卫生间。

（二）操作区

操作区是汽车美容店的主要设施，汽车的美容工作都在此完成。

（1）墙面。操作间墙面装修时，在材料选择上应高度重视，一是要先选择防水材料，二是要选择防腐材料。墙壁以白色为基调，若是连锁店，各分店墙面色调应基本一致。另外，墙面上还应预留公示栏，用于悬挂《汽车美容项目牌》《标准收费牌》及各职能人员的岗位职责等。

（2）地板。营业店面的地板不能太光滑，地板防滑是店内装修的首要条件。新铺的地板磁块应考虑排水问题，有排水沟的一边可低一点，以便排水。操作间进出的台阶应做好防滑，其宽度、高低应该确保车辆进出的方便和安全。

（3）房顶。房顶以环保、舒适为宜，无尘操作间需要吊顶。

（三）办公区

办公室是店铺管理及财务人员工作的场所，除按照一般办公场所装修外，宜设经理办公桌椅及办公用品，设财务人员办公柜台用作收银和开票，安全方面需要引起高度重视。

（四）接待室

接待室是接待客户和客户休息的场所。由于汽车价值昂贵，部分车主往往不愿汽车在美容作业时离开自己的视线。因此，接待室与操作间应用玻璃隔开。这样，既能让车主放心，又能增加操作的透明度，让车主了解自己的汽车是怎样由旧变新的。接待室应设置沙发、茶几及茶饮等。

（五）精品角

精品角主要是提供一些汽车用品和车迷用品。如汽车清洁维护液、汽车装饰品及各种汽车模型，以满足不同爱车人士的要求，其设置包括：

（1）橱窗。主要用于摆放产品及其他商品，也用于摆放促销用品及其他展示。

（2）壁橱。用于展品展示，用玻璃门为宜。

（3）柜台。柜台与壁橱多为靠边摆放，一般是连为一体的，柜台最好有平台可放置作业时用过的瓶、罐及其他用具。

（六）给排水设施安装

（1）供水。汽车美容对供水的水质要求不高，但要求有足够的水压和供水量。

（2）排水。店内边线应挖有排水沟，以保证店内不积污水。污水应集中归入三级沉淀池，以便过滤后重复使用。

（3）水龙头的安装。安装的位置应靠墙角，店内面积较大时，可在不同的方位多装 1~2 个，要注意操作时方便。还应安排一个放洗衣机专用的水龙头，因为每天要用许多毛巾、浴巾之类的擦抹布具，所以店内需配有洗衣机，以保证此类用具的清洁和及时循环使用。

（七）电力设施安装

（1）照明。首先应考虑采光充足，有时会遇到夜间作业或采光效果较差的场合，建议使用 LED 灯照明。

（2）供电插座。供电插座一定要使用质量较好的防水型插座，一般来说，插座的高度离地面在 30~50cm，每一处独立取电的插座必须装配漏电保护开关，以确保操作人员安全。

（3）供电量。总开关的负载量应考虑照明、抛光机、清洗机、空压机等其他电气同时作业的功率需求。

三、汽车美容店管理

（一）工作流程

1. 营业前准备

（1）人员到店，打卡、更换工作服、整理仪容、仪表。

（2）人员出勤、列队、早会、店长训话，清洁店内卫生。

（3）检查货品是否完好，整理货品、货架。

（4）检查汽车美容设备，如有损坏及时修复或者作出相应处理。

（5）检查店内公共设施，如有损坏全体员工都有义务修理或上报店领导处理。

（6）备好当日所需各类工单、票据。

（7）预备所需零钱，所需金额及面值依据实际情况而定。

（8）了解当天新上汽车美容产品及其价格。

2. 营业中

（1）了解当天汽车美容产品或项目调价及促销活动，对新品、特卖品要熟知易放置位置。

（2）巡视负责区域内的美容用品和设备情况，是否需要补充美容用品。

（3）施工场地中是否有污染品、废弃物、破损品等，如有发现应及时清理。

（4）协助做好顾客服务，如回答顾客询问，接受顾客的建议等。

（5）主动而有礼貌地为顾客介绍自己、公司和产品，并进行促销。

（6）注意施工现场或店内顾客的行为，有礼貌的制止顾客的不良行为。

（7）随时随地保持施工现场的整洁，并做好相关的施工记录。

（8）主动为顾客做好结账各项准备工作。

3. 工间闲时

所谓工间闲时，指的是店面已经营业，但暂时没有顾客光临之前，员工边做销售准备，边等待顾客来店的机会。

（1）举止大方，站有站姿、坐有坐相，不要让人感觉疲劳、萎靡不振的样子。

（2）站在能够照顾到各自负责的区域，以容易与顾客作初步接触的位置为宜。

（3）工间闲时，也可以检查展区的产品或项目、整理与补充产品或项目、擦拭维护设备等其他准备工作。

（4）以顾客为重，一旦有顾客上门，应有“欢迎光临”等招呼。

4. 下班

（1）现场是否仍有顾客滞留。

（2）检查施工现场灯、招牌灯、施工设备和空调等是否关闭。

（3）各司其职整理工具、物品或各类票据。

（4）进行当日盘点，填写产品或项目明细表、未完工车辆项目明细及进度报表等。

（5）清理现场，整理工具、用品，打扫卫生。

（6）关店：由店长开晚会，总结当天工作，交代明天工作简要，做好关店安全工作。

（二）规范服务

汽车美容店是服务型企业，服务礼仪尤为重要。

礼仪是指人们在社会交往活动中形成的行为规则。具体表现为礼貌、仪表、仪式等。对于个人来说，礼仪可以建立自尊、增强自重、自信、自爱，为人际交往铺平道路，处理好各种关系。在现代社会中，不管是在公共场所，还是在私人聚会，只要与人进行交往，着装打扮、言谈举止等外在形象均会留下深刻印象。可以说，一个人的外在形象的好坏，直接关系到其社交活动的成功与失败。

汽车美容店应把员工的服务礼仪建设作为发展汽车美容事业、打造品牌的一项重要任务。

1. 接待礼仪

迎送客户是美容店中最基本的活动，也是日常经营中重要的一个环节，是表达美容店情谊、体现礼貌素养的重要方面。尤其是迎接客户时候，一定要给客户留下好的第一印象，为下一步深入接触打下基础。

（1）主动迎接。主动趋前迎接顾客，热情地问候“欢迎您光临”等话语，然后将客户领进接待室。

单一洗车的客户明白收费标准后可以直接进入洗车环节，但需要现场办理交接车手续、交代取车注意事项等。

（2）热情接待。接待客户时应主动、热情、大方、微笑服务，客户进入接待室后要请客户入座，倒水或泡茶，并说“请用茶”。

然后了解客户的需要，并将美容店名片、优惠卡等送给客户。如来客较多，应以先后顺序进行，不能先接待熟悉客户。如顾客要找的员工不在，要明确告诉对方该员工到何处去了，以及何时回店，并请顾客留下电话、地址，明确是由顾客再次来美容店，还是员工去找顾客。当客户在美容店等待时，可为客户提供消遣的书报等。也可以请客户观赏陈列在店里的美容用品，并认真地向客户介绍各种用品的特点，但切忌不要一厢情愿地向客户推销用品。

（3）积极引见。当客户需要汽车美容综合服务时，接待员应立即告知相关的负责人。

如果需要引领客户到其他办公室应注意，一是在走廊的引领时，接待人员应在顾客二三步之前，配合步调，让顾客走在内侧；二是在楼梯上引领时，当引领顾客上楼时，应该让顾客走在前面，接待人员走在后面；若是下楼时，应该由接待人员走在前面，顾客在后面。上下楼梯时，接待人员应该注意顾客的安全；三是在电梯的引领时，接待人员应先进入电梯并用手护住电梯门；四是客厅里引领时，当顾客走入客厅，接待人员应用手掌指示，请顾客坐下，看到顾客坐下，才能行点头礼后离开。如顾客坐在下座，需请顾客改座上座（一般靠近门的一方为下座）。

2. 接、交车礼仪

（1）接车礼仪

①车主来临时，接车人员应主动迎接，并用规范的手势将其导入停车位置。

②车停稳后，可为车主打开车门，详细询问美容的项目，并熟练报出价格，也可根据实际情况，向顾客推荐其他服务项目，当顾客表示不接受时，不得强求。

③谈好服务项目后，当顾客表示不接受时，不得强求。

④清点好车内物品，并建议车主将贵重物品取出。

⑤将顾客引入休息室。

（2）交车礼仪

①首先必须确认 2 点：提车人与该车的从属关系，是否已经结算完毕允许放行。

②交车时，主动向车主介绍汽车美容的效果以及下次汽车美容服务的时间间隔。

③向车主介绍日常维护知识。

④送客时，应端立在车后的适当位置，用手势导出，当车经过身旁时，挥手致意。

3. 操作服务礼仪

（1）在操作过程中，如车主在一旁观看，工作人员应向其介绍产品功能和维护常识。

（2）进行车内清洁时，不可随意玩弄车内饰物，更不可打开音响，严禁偷窃、隐匿车主物件。

4. 电话礼仪

接、打电话是一门学问，接好一个电话可能赢得一位客户，接不好可能失去一位客户。

接电话程序与技巧包括但不仅限于以下几点。

（1）听到电话铃响，应尽快拿起电话；拿电话应用左手，以便右手记录；通话时，先说“您好”，并自报店名；如电话铃声响了一段时间，拿起电话后应说“对不起”。

（2）若因周围噪声或电话线路异常，听不清对方讲话，应说明原因，请求对方大声说话，并重复对方讲话要点，请求确认；如仍然听不清，可以询问对方电话号码，约定换电话或改时间再回打。

（3）找指定人的电话，如指定人在现场，可通知指定人来本机接听，也可转给指定人所在或就近的电话接；如指定人不在现场，应询问对方是否有事需要转达，或是否需要指定人回电话。不能立即转给指定人时，应该告诉对方指定人在忙重要事情，询问对方是否需要转告，必要时告诉对方过 5min 后再打过来。

（4）电话结束时应说：“谢谢，再见”，等对方先放下电话。

5. 节约原则

厉行节约，兹事体大。“跑冒滴漏”是汽车美容店费用居高不下的重要原因之一，特别是洗车区域，因此节约管理在整个店面管理体系中起着至关重要的作用。

（1）节约用水

①洗车场所应安装循环用水装置。

②洗车喷枪及其他水龙头，应在使用后及时关闭。

③发现有跑冒滴漏处，应该进行处理或告知店内的水电工及时维修。

（2）节约用电

①在室外光线良好的情况下，可以酌情关闭部分室内照明设施。

②施工作业用电，在施工设备使用完毕后，应及时关闭设备。

③在室内温度适宜时，应该根据情况调整空调的温度，避免在夏季时温度过低、冬季时温度过高，造成不必要的耗电。

④不得使用个人自带的电气设备。

⑤办公用电，在下班后应关闭电源总开关。

（3）其他低值易耗品的节约管理

全体员工有义务对分配给个人使用或保管的工具、办公用品等妥善保管及合理使用，避免浪费，鼓励节约。

（三）人力资源管理

1. 员工管理

（1）安排新员工入职，介绍店面日常运作、安全事项、服务标准及店面各项注意事项，在入职前，美容店主管需对新员工进行岗位培训。

（2）店长负责督导鼓励员工工作中全心全意为顾客服务，以确保所有员工达到要求。

（3）店长安排员工值班表，确保每天均有适量员工上班。倘若下午顾客数较上午多，编排值班表时，可安排较多员工下午上班。另一方面，店员的假期尽量安排在平日，在星期六、日及假期，则安排较多员工上班。

（4）不断对在职员工进行各种岗位适应性培训，以提高员工整体素质。

（5）定期考核员工工作表现，作为员工晋升的依据之一。

（6）在考核员工时，既要对其工艺技术理论知识方面进行考核，还要在整体素质及专业操作水平方面做直观的、量化的评估。

2. 员工基本守则

（1）工作态度

①做到顾客至上，热情礼貌。对顾客要面带笑容，使用敬语，“请”字当头，“谢”字随后，给顾客以亲切和轻松愉快的感觉。

②努力赢得顾客的满意和对店铺的服务质量认可，提高服务效率，关注工作上的技术细节，急顾客所急，为顾客排忧解难。

③给顾客以效率快和服务好的印象，恪尽职守。

④员工之间应团结友爱、真诚协作，不得弄虚作假、阳奉阴违。

（2）服从领导

①员工应切实服从领导的工作安排和调度，按时完成各项任务，不得无故拖延、拒绝或终止工作。

②遇疑难问题，应从速向主管领导汇报，请示解决办法。

（3）仪容仪表

①身着统一制服，服装须保持整洁，其领子与袖口不得有污秽。

②头发整齐，保持清洁，男性职员头发不宜太长。

③面容和手部清洁，不留长指甲，指甲缝无污垢。

④鞋子保持清洁，不得穿带钉子的鞋。

（4）严守机密

①未经批准，员工不得向外界传播或提供有关店内的资料。

②店内的有关文件及资料不得交给无关人员，如有查询，可让查询者找有关领导处理。

③员工应保守业务上的一切机密。

（5）提高素养

①养成讲卫生的美德，不随地吐痰，乱丢纸屑、果皮、烟头和杂物。如在店内发现有纸屑、杂物等，应随手捡起来，以保持店内清洁优美的环境。

②爱护店内的一切工作器具，注意设备的定期维护，节约用水、用电和易耗品，不乱拿、乱用公物，不得把有用的公物扔入垃圾桶。

（四）设备设施管理

1. 汽车美容设备使用

（1）新设备在运行前，要组织操作人员培训，学习有关结构、性能、操作规程等方面知识，并建立岗位责任制，经考核合格后方可操作。

（2）所有设备都要严格实行定人、定机和定岗的制度，多人操作的设备，要确定专人负责。

（3）设备操作要务：

①管好。自用设备及附件要保管好，不准非本机人员操作，不得擅离职守，操作人员有事短暂离岗，须停机断电，确保安全。

②用好。严格执行设备操作规程，禁止超负荷使用。

③护好。注意设备的日常维护，定期做好检查，配合维修工人对设备进行检修。

2. 汽车美容设备维护

（1）设备操作者要做好日常维护工作，认真细致地做好整洁、润滑、安全、高效、保持完好率，检查设备接地和漏电保护器是否完好。

（2）设备管理人员要定期对设备进行检查，其项目包括检查使用的工具、设施、安全装置、仪表、仪器是否性能完好、灵敏有效，检查设备运行的原始资料是否齐全、记录是否准确。

（3）根据原始资料和设备实际使用状况对设备进行定期维护，或者交由生产厂家实施。

3. 建立汽车美容设备档案

对所有设备要建立档案，其内容包括以下两方面。

（1）设备的产地、规格、型号、购置及使用时间和主要技术性能。

（2）设备说明书、出厂检验单、装箱单、安装验收移交单、附件工具清单。

（五）货品管理

货品管理的宗旨是确保每件货品保持在最良好的情况，以备销售。良好的产品可吸引顾客继续光临店面；良好的货品管理，能减少不必要的货品损伤，保持产品最高价值。货品管理主要包括：采购、存货、验货、退换货处理等几方面。

1. 货品采购原则

（1）适销原则。采购的产品或项目必须适合美容店销售或服务需求。

（2）适质原则。确保产品质量，对“三无产品”和假冒伪劣产品严格把关，不予购进。

（3）适时原则。产品或项目供应及时，采购人员要做好协调与监督职能，促使供货商按时交货。

（4）适量原则。采购量多，单品价格就便宜，但会造成资金占用、库存成本增加；采购量小，则采购次数增加，采购成本提高。因此，采购人员一定要控制适当的采购量。

（5）适地原则。供货商离公司越近，运费越低，机动性越高，协调沟通越方便，也有助于紧急订购的时间安排，因此供货商选择在同等条件下要优先选择距离较近的供货商。

2. 货品库存管理

货品储备是店面营运基础，其重要性不可忽视。有效的库存与物流管理不仅能满足顾客的需求，对美容店来说，也有助于控制费用，提升利润空间。为增加货品销售机会，可以根据实际的销售情况，保持合理的库存量。

（1）盘点流程。盘点日期一般为每月26日。店长、主管为总负责人，采取分区负责，初盘加复盘规则。

①初盘时，按品种、规格等分类清点，并填写盘点表。

②初盘后，交叉对产品进行复盘（抽查）。

③复盘如发现差错，对所有产品进行重盘。

④实物盘点完成后，拿实物盘点表和财务部门的库存产品或项目账簿进行对比，如发现差错，再由销售主管和财务主管分别核对。财务人员可查对日销售报表、当月进货单和库存台账是否登记有误。

⑤盘点结束后，形成盘点报告并且存档。

（2）库存管理。

①每日检查库存，及时补货，确保每天有足够的产品供应。

②每天填写日出库货品报表，方便定期整理。

③美容店销售主管应每日作缺货检查，定期对滞销货，破损、丢失货做分析与汇报，并及时采取相应措施。

3. 残次品管理

任何一件产品，因质量上出现问题或因人为原因导致污损，称为次货，不能销售给顾客。

（1）若发现残次品，应立即移离货架，以免影响店面整体形象。

（2）移离货架后的次品，尝试予以修复原状。

（3）写明次品原因，标注说明，交由美容店负责人处理。

4. 货品退换

（1）向供货商退换货，按照采供双方协议进行退换货。

（2）处理顾客退换货品，注意以下几点。

①售出的货品如型号不对或有质量问题，可在三包期限内办理退换。

②超过质保期后不予办理。

③如所调换货品价格低于原产品或项目价格，通常挑选其他货品或项目补充，以等值为原则。

④如所调换货品价格超出原产品价格，顾客需支付超出金额。

⑤因人为使用不当造成货品破损，不在退换货范围内。

（3）退换货注意以下事项。

①接待顾客过程中保持微笑，有礼貌、有耐性。

②查询及聆听对方退换货原因。

③礼貌地请顾客出示收据并检查顾客带回的货品状况。

④如符合要求，按照退换货处理原则办理手续。

⑤对新换取的货品，应请顾客检查质量，确认后再离店。

⑥应填写相应的单据，以便财务人员做账务处理。

（六）客户车辆返修与抱怨处理

《机动车维修服务规定》规定了客户车辆返修与抱怨处理的方法。

1. 车辆返修

（1）车辆返修是指车辆维修竣工并交付客户使用后，在质量保证期内，由于维修质量原因造成无法正常使用，返回企业进行维修的作业。

汽车美容经营者应执行车辆返修制度，建立车辆返修记录，对返修项目进行技术分析。

为了全面和持久地提高作业质量，经营者应围绕车辆返工做好三方面工作：一是制定并严格执行车辆返修制度，建立车辆返修记录；二是组织车辆返修原因专题分析，举一反三，汲取经验教训，避免类似事件发生；三是实行质量检验工作定期报告，不断改进质量管理工作。

（2）在质量保证期内，因质量原因造成车辆无法正常使用，且经营者在 3 日内不能或无法提供因非维修原因而造成车辆无法使用的相关证据的，经营者应当优先安排，无偿返修；不应故意拖延或无理拒绝。

2. 抱怨处理

抱怨是指客户对服务的不满与异议，包括维修质量、费用、服务人员态度、企业服务设施等。

为了规范服务行为，提升服务质量，营造客户满意的机动车服务环境，汽车美容店应制定并执行客户抱怨处理制度，具体明确客户抱怨受理范围、受理部门或人员，以及客户抱怨受理时限与处理时限。对于客户抱怨，汽车美容店首先要从自身查找不足，及时纠正；对于客户的异议，应耐心地做出令人信服的解释，保证客户抱怨能够快速并圆满地得到解决。

经营者应从规范服务着眼，解决客户抱怨的长效办法，从改善管理人手，留存客户抱怨事件办理记录，定期开展分析，认真进行总结，扎实改进工作。

（七）安全与卫生环保管理

1. 安全管理

安全管理要贯彻“安全第一、预防为主、综合治理”的方针，明确企业的安全生产主体责任。从广义上讲，汽车美容的安全既有人身安全，也有财产安全；既有经营者的安全，又有从业人员的安全；既有美容店安全，还包括客户甚至社会安全。

（1）汽车美容店应建立安全生产组织机构和安全生产责任制度，明确各岗位人员安全职责。

汽车美容专业技术性强，工作中使用电力、接触易燃、腐蚀、粉尘等物品，并且与车辆直接打交道，存在安全隐患，容易发生人身伤害与财产损失方面的事故，应当引起广大从业人员的警觉和重视。汽车美容店要建立安全生产组织机构，制定并认真落实包括动用车辆、用电、用火、吸烟，以及着装、清洁、工具与机件摆放等内容的安全生产责任制度，明确各岗位人员的安全职责，切实保障有关人员的生命安全和身体健康。

（2）制定安全生产应急预案，内容包括应急机构组成、责任人及分工、应急预案启动程序、应急救援工作程序等。

制定企业安全生产应急工作，要坚持以人为本、全面落实科学发展观，以提高安全应急能力为重点，构建组织健全、职责明确、反应快捷、运转高效的安全生产应急体系。应急预案的内容应包括应急机构组成、人员分工与职责，以及应急预案启动程序、应急救援工作程序等，同时，日常工作中要加强应急演练，确保突发事件发生时有备无患，把灾害降到最低，损失降到最小。

（3）开展安全生产教育与督促检查，为员工提供国家规定的劳动安全卫生条件和必要的劳动防护用品。

经营者应认真开展安全生产教育与企业内部的安全生产督促检查，保持措施到位，警钟长鸣，杜绝事故的发生。经营者应当依法为员工提供符合国家有关规定的劳动安全卫生条件和劳动安全防护用品，保证全体店员的安全健康。

（4）经营者应确保生产设施、设备安全防护装置完好，按照规定配置消防设施和器材，设置消防、安全标志。有毒、易燃、易爆物品，腐蚀剂，压力容器的使用与存放应符合国家有关规定的要求。

（5）作为保证安全的必要措施，经营者应将各个生产岗位和主要设备的安全操作规程与安全注意事项张贴在相应位置，保证操作者在操作时能够方便地看到。

2. 环保管理

环境是国家的重要资源，也是提高人民生活质量的基本条件。环境保护越来越引起全社会的高度重视，汽车美容经营者应当为绿色维修、节能环保做出应有贡献。

2014 年交通运输部《关于促进汽车维修业转型升级提升服务质量的指导意见（征求意见稿）》提出，通过 5 年左右的努力，汽车维修业基本完成从规模扩张型向质量效益型的转变，市场布局和层次结构更趋合理优化，市场秩序更加公平有序，资源配置更加优质高效；基本完成从服务粗放型向服务品质型的转变，为人民群众提供更加诚信透明、经济优质、便捷周到的维修服务。要按照《绿色汽车维修指南》要求，建立健全行业绿色汽修生产管理体系。企业要制定落实环境保护和资源节约的规章制度。要鼓励企业进行绿色汽修设施设备及工艺的升级改造，推广使用符合节能环保要求的新设备、新工艺和新材料，形成维修废弃物和有害排放少、资源利用率高的成套工艺规范。维修企业要做好废机油、制动液、制冷剂等废弃物的回收处置，力争 3 年内实现全国一、二类维修企业维修危险废物规范处置率达到 100%。要不断拓展绿色汽修作业的深度和广度，促进绿色汽修常态化、长效化发展。

（1）绿色维修是指以节能减排为核心，以转变发展方式、实现转型升级为动力，以打造资源节约型、环境友好型和谐行业为目的的机动车维修活动。

近年来，各地开展了轰轰烈烈的“绿色汽修”创建工作，推选并培育“绿色汽修”示范企业，引导企业实施技术改造，调整优化企业结构，推广应用节能环保新技术、新设备、新工艺，鼓励企业加快淘汰技术落后、污染严重、效能低下的维修设备，及时更新技术先进、经济安全、环保节能的维修设备，加速企业转型升级，产生了明显的经济效益和社会效益，促进了资源节约与环境保护型行业建设。

（2）汽车美容经营者应对维修产生的废弃物进行分类收集，及时对有害物质进行隔离、控制，委托有合法资质的机构定期回收，并留存废弃物处置记录。

环境保护越来越引起人们的高度重视，国家的相关规定也越来越严格。出于对社会、对人民负责，汽车美容经营者应当对维修过程中产生的废弃物，应予以分类收集，妥善处理，防止造成二次污染；对于有害物质存储区域应界定清楚，及时对废蓄电池等有害物质进行隔离、控制，委托具有合法资质的机构定期回收，并留存处置记录。

保护环境，人人有责。汽车美容经营者应当积极创造条件，主动做好自身的环保工作，减少对环境的污染和危害。

（3）汽车美容应按环境保护标准的有关规定配置用于处理废气、废水的通风、吸尘、消声、净化等设施，建立有效处理废气、废水的各项管理制度，采取必要的环境保护措施，配置处理废气、废水的设施，区别不同情况，进行回收、净化、再利用。比如，对于废油、废液、废轮胎及垃圾等废物应集中存放、统一处理，有效降低维修废物存在的排污风险；车身清洁车间应采用废水处理装置与循环水再利用系统。

3. 安全员管理制度

（1）店内设专门负责安全管理的安全员，可由主管兼任。安全员与汽车美容店签订《安全责任书》。

（2）安全员会同各作业组长坚持每天对自己工作责任区域进行安全检查，发现安全隐患及时处理、及时报告。

（3）安全员负责安排危险品、易燃易爆品的存放，存放地点应符合消防安全准则。

（4）店员必须服从安全员督导，听从指挥，接受安全检查，对指出的问题积极整改。

下班前各部门员工必须检查自己所管辖区域的设备，关掉所有设备电源，安全员在结业后对门店进行安全巡视。

对在安全管理工作中有突出成绩的员工进行表扬或奖励，对违反店内安全规章制度的员工，由管理者照章处罚，情节严重者追究法律责任。

4. 员工安全管理制度

（1）员工应自觉遵守消防法规及汽车汽车美容店各项安全制度，严格遵守安全操作规程，不发生火灾、工伤等责任事故，确保公共财产和员工生命的安全。

（2）各部门确保本区域内的消防器材符合要求，确保消防通道畅通，灭火器能正常工作。

（3）安全用电，店内工作区域严禁使用明火，不乱扔可燃物，店内工作区域严禁抽烟。

（4）不准安装、拆改店内各种电气设备、电源线路、开关，不准在电源线路上乱加负载，不准使用未经批准的各种电气设备。

（5）未经过上岗培训的人员或非本岗位操作人员，不得擅自操作专业电气设备。

（6）认真参加消防培训，熟悉基本的防火知识、逃生知识，会报火警，会使用灭火器材，能做到扑救初级火灾。产品或项目及工具设备等物品不得堆放在通道中阻碍交通。

（7）设备在使用时，除操作人员外，严禁其他人员进入操作施工区域。

（8）店内工作区域不得堆积废纸、脏棉织品及其他易燃物品，以杜绝易燃源。

四、汽车美容店经营

（一）汽车美容行业竞争

汽车美容作为服务行业，充满形形色色的竞争。经营者应该充分发挥自身优势，在竞争中盈利并求得发展。

1. 环境竞争

环境是现代社会服务必须注重的一个主要因素，环境包含两个方面的含义，一是店面环境，是否让顾客产生好感是店面装潢装饰的重要基础；二是地段环境，这是消费群体的距离感应，也是汽车美容店竞争的要素之一。

2. 价格竞争

消费者追求的是高质量的服务与较低的服务价格之间的平衡点，在保证相同服务质量的前提下，如何减少管理成本并尽可能降低服务价格，已经成为汽车美容店生存和发展的重要因素。

3. 特色竞争

所谓特色，是指汽车美容店最擅长而其他类似企业所不具备的服务内容或品质保证，这是现代汽车美容店竞争的焦点，也是企业赖以生存的基础，特色的源泉在于创新服务。

4. 服务竞争

汽车美容店的服务不同于一般商业服务，这种服务比较专业，一是与服务对象的感觉息息相关，因为这是一种美的服务；二是与服务程度有关，因为汽车美容店是专业服务，而服务对象是非专业人士，因此，汽车美容店能否提供细致周到、全面体贴的服务成为客户选择的要素之一。

（二）汽车美容店营销

1. 营造以顾客为中心的服务理念

坚持诚信、高效、优质服务，力争充分满足顾客的需求，在满足顾客基本需求的基础上，最大限度地满足顾客的个性化需求，通过规范的汽车美容服务特色流程为顾客及其汽车提供全方位解决方案，让顾客完全抛开用车的烦恼，全身心地享受汽车生活带来的乐趣。

（1）了解消费心理学。消费心理学是研究现代消费者心理活动的基本规律、心理特征、消费需求与动机的基本理论。主要是研究消费者在购买服务产品时对其价格心理、消费者对广告的认知以及广告如何对消费者产生影响等。

作为一名成功的销售人员，除了要了解产品的专业知识外，还必须掌握一定的消费心理学知识，才能适应现代销售观念的需要，了解客户的消费心理及消费行为，在与客户沟通时更加顺畅。

（2）熟悉客户类型。销售人员做的就是与人打交道的工作，在了解客户的实际需求和心理需求之外，还要善于观察对方，学会“察言观色”，并对其性格做出适当的分析，了解客户的性格特点，能有效促进沟通，与客户建立长期良好的关系，令其成为稳定顾客。

（3）客户开发。客户开发是指汽车美容店为吸引和保持客源而进行的一系列公关活动。

稳定的客源是汽车美容店进行正常经营的前提，客户开发是汽车美容店事业发展壮大的一项重要工作。

客户开发形式多种多样，包括以创新与特色服务吸引别家汽车美容店顾客，深入大型住宅区、商城、购物中心的基层，采取上门提供车身清洁服务，定期召集车主到美容店做吸尘和室内维护作业，而对于一般私家车可以通过直接发放优惠卡和邀请函的方式，比如直接到居民住宅小区向居民投放优惠卡、邀请函等。

（4）巩固老客户。巩固老客户对美容店的发展至关重要，因为只要留住全部老客户，汽车美容店的业务量就只会增加不会减少。再次光临的顾客可为企业带来 25% 以上的利润。相反，如果老客户流失严重，一方面汽车美容店为了开发新客户，要投入大量的资金；另一方面，流失老客户很可能把对该汽车美容店不好的影响传递给潜在消费者，从而增加了汽车美容店开发新客户的难度。

巩固老客户需要首先建立客户档案，做好客户管理，加强联络与宣传，确保服务质量，提供VIP服务等。

2. 汽车美容营销

（1）会员营销。会员模式是汽车美容店常用也是必用的一种营销模式，也就是争取做“预收款生意”。凭借会员卡可在店内洗车、做汽车美容、维护、装饰，购买汽车精品等，并享受购物折扣优惠、积分返利优惠等优惠待遇，享受快捷完善的汽车快保、维修、救援等增值服务支持，及各类车务手续的代办支付等别具一格的服务。

办次卡的利润比办年卡要高。虽然说年卡收费高于次卡，但是按实际的单项收费来说，次卡还是较年卡要好许多，顾客更认可办理次卡，虽然年卡送的项目多，但是许多店面在办理年卡后要么关张，要么就转让，的确造成了不小的负面影响。消费者是精明的，在几十块和几百块的损失之间他们很清楚自己想要的。

办次卡，送的项目少，也就意味着顾客要做其他的项目时是需要另行付费的。当他们觉得该项目你做得好时，日后自然会定期来店消费。而办年卡，虽说是送了较多的服务项目，但是顾客多会怕送的东西，一般都是草草了事，不会认真做好，得不到顾客的认可也是很自然的。

诚然，如果把服务做到位了，那么办理次卡与年卡两者的客户忠诚率应该是一样的。

（2）文化营销。把企业文化和本店形象贯穿于每个日常服务中，可以通过举办汽车评鉴、赛事、自驾游、车友聚会等活动，突出本企业的文化魅力。还可以在此基础上组建以本店为服务基地的车友俱乐部，把汽车服务做到全方位服务，市场开发与营销变成了一种水到渠成的行为。

（3）服务营销。服务作为企业经营内容的一部分，不仅要做好，还要创新。对于大、中型汽车美容店，可以针对一辆车提供从拥有到报废的全程优质服务，贴身、贴心的个性化服务，这种保姆级高层次的车主服务，也就把竞争引入无争的境界。这不一定要求必须做到，至少可以去尝试努力做到。

（4）网络营销。随着上网人数的逐年增加，互联网也已经成为一种营销渠道，且是有别于其他传统媒体的新型传播模式。通常，买得起车的就肯定上得起网，因为电脑和网络的普及率，在车主人群中是一个更高的比例。作为汽车美容店的经营者，要学会合理地利用网络去为自己的营销服务。在力所能及的前提下，建立一个本企业或本汽车美容店的网站或者微信平台，提供网络购物、商品查询、车友论坛、供求委托等服务，充分利用网络的便捷优势，实现及时的互动支持，加强自己与老顾客的联络和感情沟通，从而有效推广本店的服务产品和服务品牌。

（5）其他营销。除了以上介绍的4种之外，市场开发与营销还可以通过价格折扣、发放优惠券、附送礼品、免费送货、积分促销等方式进行。当然，这些策略对于新开业的小型汽车美容店来说或者成本太高而难以实现，还可能过于复杂而不便操作。因此，在实际的日常营销工作中，需要根据自己的实力采取有效的措施，做到既要少花钱，又能多办事。

3. 注重日常经营

许多汽车美容店在开张的初期车流量都是非常的低，有些店基本上是守着一间空店过日子。许多老板都弄不明白，为什么一些大排档的生意会那么好，而自己经过豪华装修的新店生意却不如人意。其实，每间店业绩都是需要一个过程，一个积累的过程，一个从无到有的积累过程。但是，如果你想把这个过程缩短，那就要多动脑筋了。靠什么呢？靠营销宣传。

营销的关键是什么呢？重要一环就是抓住顾客的消费心理。只有了解了顾客的心理，知道他们需要什么，喜欢什么，那对症下药，一般都能成功。

新的汽车美容店开张后，洗车能维持就不错了，盈利靠的是精品销售和做项目。做生意不能光看眼前的利益，应该从长远发展的角度考虑问题。先让利，赚足了口碑和人气，扎扎实实做好日常经营，再赚钱就不是难事了。

日常经营需要注意以下细节。

（1）比如说，免费是如何免费？哪些项目免费？优惠又是如何优惠？什么项目是有优惠的？收费的项目有哪些？价格是多少？都应该做一份详细的项目收费表，找广告公司喷绘出来，贴在墙上，明码实价醒目一点。这样给顾客看了以后，就会觉得是专业经营，而且不会觉得是乱收费的小店，会放心许多。

（2）如果搞优惠活动，就应该在宣传广告上注明活动时间，别无时限的给予优惠，否则将会给顾客一个错觉，搞不搞活动都是一样有优惠，那就意味着什么时候去都是一样的，从而失去了促销的意义。

（3）对于顾客不要急着为了做成生意而盲目打折扣，要看清楚顾客的行动，了解顾客的心思，当顾客确定要做某些项目时，你可以顺势介绍其他更好一点的业务给他；或者顾客对 2 个项目都有兴趣做时，便可顺势给优惠的折扣给他，让他下定决心，不再犹豫从而达成交易。

（4）在办卡方面，需要考虑周到一些。开设了次卡就尽量不要开设月卡和季卡，避免管理麻烦和有漏洞可循。

（5）在价格的制定上，也应该考虑多方面的因素。比如说汽车美容店环比收入情况、人群消费习惯、同业的收费标准、技工的专业技能水平、美容产品和服务项目的差异化、店面装修和员工的整体形象等，都是与收费密切相关的因素。任何一个环节出错，都有可能导致出现专业店收了大排档的价格。相反，如果你能提供一系列专业的服务，由此提高了整间店面的形象，那么你的收费标准比别人高就成了理所当然的事了。

（6）日常经营，作为经营者还必须学会成本核算。只有清楚掌握店面运营成本之后，才能更好经营。

（三）控制经营成本

1. 学会算账

俗话说“各施各法”，一切以便捷、品质好为至上。当今电商时代，为方便顾客，汽车美容店可能还需要安装银联刷卡系统、网银、支付宝等。

2. 通过采购寻找商机

（1）采购渠道，其实就是选择供货商的问题。目前的汽车用品批发商和厂商为数众多，市场局面庞杂，产品质量参差不齐，款式相似性程度很高，这就给店主选择采购渠道制造了许多障碍。

现在采购渠道基本有两个：直接从厂商采购和从批发市场直接进货。两种渠道对汽车美容店的经营者的要求大不相同，所提供的折扣也有很大差异。不同的方法可以从各种途径获得进货渠道方面的资料，常用方法有以下几种：

①查阅有关行业的杂志、报纸、电视、网络以及其他行业或团体发行的资料，了解汽车美容行业的最新动态。

②前往批发市场调查，从中寻找中意的批发商。

③参观与汽车美容业有关的展示、展览。

（2）采购方式。在了解了汽车美容市场情况后，就可以选择采购的方式了，一般来说，采购的方式不是一成不变的，经营者可以采取以下 3 种方式：

①从批发市场集中采购。和其他商品一样，汽车美容装饰用品也有自己的专业批发市场。现在，各省市都建立了或大或小的汽配或汽车用品批发市场，它们成为中、小型汽车美容店的主要进货渠道。批发市场的主要特点是品种齐全，可以货比三家，价格相对公道，大多数汽车美容装饰用品几乎都可以一站购齐；缺点是产品质量良莠不齐，价格稍微偏高，可能花了高价钱而进到的是假冒伪劣产品。

②直接从厂家联系进货。目前许多汽车美容用品的生产厂家的销售渠道铺设得非常宽，对于用量比较大的产品可以绕过批发商直接和生产厂家联系，这样由于少了中间环节，可以大大降低进货价格，而且质量有保障。缺点是要同时和多个生产厂家联系，运输和交易成本较高。另一点，进货量过小，生产厂家也不会给予太优惠的价格。

③利用网络采购。电子商务、网络采购现在也不是什么新鲜事物，在进货时也完全可以尝试一下。如今许多厂商已经把广告做到了互联网上，可以很轻易地找到他们并联系进货。网上的汽车用品超市也发展得如火如荼、异常火爆，银行结算系统可以使需求者在网上直接下单，而依托完善的物流服务则可以尽快将商品送到自己手中，省去了许多周折。学会利用互联网，会得到很多商品信息和各种便利。

（四）卖场营销

1. 卖场营销

（1）惯常促销

①年度促销活动。由公司制定计划，大多以 1 年为期，决定每 1 季、每 1 月份的促销政策。

②月间促销活动。按照特定的月份，利用纪念性、节假日制订有效的方案等。

③限时促销活动。在 1 个月的上旬、中旬、下旬，决定花 10 天时间来做促销活动的方法。

周间促销活动——当周有效或几个星期内有效等，以周为单位，决定促销期间的方法。

特定日子的促销活动——决定每个特定日子，作 1 天大甩卖的方法（如店庆日等）。

（2）季节性促销

按照春、夏、秋、冬或岁末年初等在 2~3 个月的期限内集中活动的方法。

①春季：可围绕进气道清洁，内饰清洁开展促销活动。

②夏季：可围绕空调加氟，空调管路清洁检修开展促销活动。

③秋季：可围绕汽车镀膜开展促销活动。

④冬季：可围绕更换防冻液开展促销活动。

（3）节日性促销

节日性促销活动安排：1~2 月，新年元旦、春节；3 月，妇女节、3·15 消费者日；5 月，劳动节、母亲节；8~9 月，建军节、中秋节、教师节；10 月，国庆节；12 月，圣诞节等。

2. 卖场环境管理

提供一个舒适、明快的购物环境，不仅能吸引顾客乐意光临本店，同时也能使工作人员保持良好的心情，更大程度的发挥积极性、创造性。

（1）橱窗、门框明亮、整洁，地板、墙壁保持干净。

（2）做好货品卖场、汽车美容作业场地、收银台的卫生清洁，个人物品不得储放于上述场所。

（3）经常抹去货架、工具、设备上的灰尘，保持室内照明灯具效果，发现破损及时维修。

（4）保持证照、标牌、宣传品的整洁，防止其松落。

（5）如有新品上市或促销活动，须充分利用店铺显著位置、橱窗、宣传架、内墙、柱面等来展示海报、条幅等宣传品。

（6）营造舒适气氛，可以适中音量播放音乐或企业宣传片。

3. 产品陈列管理

良好的陈列效果有助提高店面的形象，增加店面生意及给顾客留下良好的印象。

（1）陈列目的

①体现美容店服务产品风格、档次、形象等。

②让顾客容易了解货品的款式、质量、搭配等。

③直接刺激销售，提升业绩。

（2）陈列原则

①分区陈列。店铺显著区——特价品、促销品等；中央区——陈列大众品的角落等；内部区——陈列高级品的角落等。

②保持货品的洁净与整齐是店面管理的基本技巧。

③货品按类别分区系列性陈列，保持排列有序。

④颜色较浅的货品，要勤于清洁替换，以免污损。

⑤重点货品的陈列以 1.3~1.6m 高为宜。

⑥尽量将车主喜欢的货品或项目和本店希望加快销售速度的产品（包含正在促销的）陈列到最佳位置。

⑦采取“先卖后补”的方法，令货品转换快捷，减少存货。

⑧产品尽可能做大量陈列，可以给人一种产品或项目丰富，品种全，给顾客很强的视觉感受，产生购买欲望。

⑨面朝外的立体陈列，可使顾客容易看到产品。同一货架上的标价牌方向应一致，

使顾客一目了然，并且确保所有款式、款号、颜色等产品均能展示。

⑩陈列货品要定期更换，尤其是颜色鲜艳、体积大、明显的货品。

（3）依货品或项目进行陈列的法则

汽车用品陈列常常依产品或项目分类情况而定。在一般的情况下，应放在架式架上陈列，但对于一些贵重的用品，如：镀晶产品等贵重产品，不应采取开架的陈列方式。

①随意性购买品：随意性购买品是指顾客无需事先计划而随意性地进行购买的产品或项目。大多是常用小产品或项目，如汽车香水等，价值不大，顾客购买的动机常是由于看到吸引人的展示品。对于这些产品或项目应放在店面主要通道。

②针对性购买品：针对性购买品是指随着时间、天气、使用率的不同，顾客有针对性的购买，如刮水器刷、脚垫和坐垫等，虽其价值也不大，也要放于显眼的地方以吸引顾客的购买。

③奢侈品：奢侈品又称贵重产品或项目（如汽车音响、汽车镀晶和DVD导航等），顾客一般会认真计划和进行质量、价格比较后才会购买。因此最好陈列在专业的区域中进行销售，并配合一定的实验说明和促销方案来增加顾客的购买欲望。

4. 店面文化营造

提倡创建汽车美容店企业文化，以人为本，团队合作，提升本店品牌与价值，服务于社会。

（五）市场营销

1. 市场分析

汽车美容店要开发市场首先要了解市场，市场分析的内容包括：

（1）对市场范围的分析。每一个汽车美容店都有一个服务区域，这就是市场范围。该范围确定后就必须了解辖区的汽车保有量，还必须细分高、中、低档汽车保有量，以及私家车保有量和公务车保有量。

（2）对消费者的分析。消费者消费水平的高低决定了消费者对汽车美容这种消费方式的接受程度。消费水平较低的欠发达地区相对于发达地区更具有排斥性，那么对前者，必须采取具有亲和力的低价位策略，对于后者，可以采取高价位以体现其高品位。

（3）对社会文化的分析。企业的竞争从表面上看是质量的竞争，深层次看是管理的竞争，更深一层是机制的竞争，最终却是文化的竞争。麦当劳在卖快餐的同时也在出售快餐文化。正是这种具有时代气息的文化魅力，吸引着广大消费者去接受这种观念的冲击，这势必会影响他们的消费行为。受传统观念影响的人，比较节俭，注重维护效果，消费行为也较理智。而迷恋现代汽车文化的消费者，注重实体以外的东西，他们认为汽车是时代的象征，他们对车怀有特殊情结，车是现代生活的标志，车可以表达个性，可以彰显身份和地位。通过汽车美容系列服务，可以转而表达他们对车的感情。

（4）对竞争对手的分析。汽车美容店应及时了解、收集竞争者信息，并进行分析，以避其锋芒，攻其不备。了解和分析的内容包括以下5点。

一是竞争对手的数量：辖区内有多少汽车美容店、有多少竞争品牌。

二是竞争对手服务质量：其他汽车美容店的服务水平如何，是否热情、周到、规范合理。

三是竞争对手工艺水平：其他汽车美容店的工艺水平是否有独到之处，优点在哪里，缺点在哪里。

四是竞争对手广告运作：是否常有促销活动，是否有广告宣传，效果如何及其营销策略等。

五是市场份额调查：市场占有率情况、知名度、信誉度如何都是应当作为调查的要素。

通过以上分析，可以知道消费者是追求美容后的视觉效果，以及由此而产生的心理满足；还是追求美容的维护功能。在进行以上的粗略分析之后，就可以对市场进行细分，哪一部分是自己的汽车美容店可以争取的潜在客源。并将具有战略价值的细分市场确定为目标市场，目标市场就是我们的营销考虑的对象。

2. 市场营销

（1）市场营销以消费者（顾客）为指向，一切营销活动都要以消费者为出发点，又以消费者为终结点。

（2）市场营销的最终目的是要把汽车美容店的产品或劳务，通过市场这个中间环节转移到消费者手中，并获得盈利。

（3）市场营销策略。汽车美容店营销策略主要包括价格策略、服务策略和宣传策略。

①价格策略。价格策略主要体现在降价和各种方式的优惠促销。

传统的定价策略是根据成本加上毛利率，再兼顾竞争因素进行定价。而在现代买方市场环境下，强调消费者角度，因而都采用由外而内的定价，即首先考虑消费者的心理接受能力，当我们的价格高于某一界限时，则显得曲高和寡，消费者难以接受。而低于某一界限时，则显其不够品位，同样得不到消费者的青睐。考虑完消费者的接受能力之后，再考虑竞争因素，最后才考虑成本因素。

②服务策略。由于产品有形部分的属性如品质、性能等方面的差异越来越小，消费者享受服务在很大程度上取决于其无形属性的一面，即企业如何服务顾客。正因为如此，服务营销广受关注，在现代市场营销的地位越来越突出。服务营销要求企业不断改进售前、售中、售后服务，提高服务水平；进行“承诺服务”，让顾客满意；及时传播有关商品和服务信息，公正、诚恳处理顾客投诉；努力使抱怨用户变成满意用户。

服务具有不可储存性，它只存在于特定的时间、特定的地点，一旦错过这个机遇，就没有办法补救。因此，汽车美容店应加强服务意识，细致入微，提高服务品质。

首先，提高员工服务意识，倡导人性化服务。员工直接与客户接触，美容店的形象主要是通过员工传递给客户，因此首先要提高一线人员的服务意识，才能提高汽车美容店的整体服务品质。而提升整体服务品质的有效途径是实施人性化服务，真诚地关心客户，了解他们的实际需要，使整个服务过程富于“人情味”，让每一个汽车美容店员工都清醒地认识到：客户的需求是汽车美容店经营的出发点和落脚点，提升服务品质才能提高客户的满意程度，达到甚至超过客户的期望值，汽车美容店才能发展、壮大。把亲情与友情融入汽车美容店的服务中去，并不断加以创新，超越客户的期望，使整个服务过程充满“人情味”，把服务他人作为自身工作的乐趣，发自内心的多一句问候，多一个微笑，使客户感受到亲人般的关爱，朋友般的温暖，汽车美容店就会赢得客户的尊重，用服务的魅力牢牢地吸引客户，使之成为汽车美容店的忠诚客户。

其次，实施服务质量考核与激励机制，树立服务典型，引导员工实现人性化服务。采取物质奖励与精神奖励两手抓的方式，促进提高员工的服务意识，变被动为主动，变消极为积极，树立服务典型，使广大员工有强烈的责任感与荣誉感，形成一个积极向上的氛围，激励先进，鞭策落后。同时，在汽车美容店范围内开展向标兵学习的活动，请服务标兵讲述自己的成长历程、传授服务经验、交流服务技能，从而带动整体服务水平的提高，逐步实现汽车美容店的良好形象和服务品牌。

再次，从细微处入手，完善服务项目。服务无小事，从与客户接触的每个环节都会反映出汽车美容店的服务水平，汽车美容店必须注重服务过程中每一个细节，尽可能达到甚至超越客户的期望。如及时接听客户咨询电话；耐心解答客户的咨询；对常见客户点下头、给予一个微笑、多一声问候；雨雪天及时提醒客户注意等，都能反映出汽车美容店员工对客户的关心程度，获得客户的赞誉。

总之，服务质量是汽车美容店生存与发展的根本，在市场竞争中，谁在服务上先迈出第一步，谁就会取得竞争优势；谁始终领先竞争对手一步，谁就会成为市场的主宰，同时形成吃掉竞争对手的强大实力。因此，每一个汽车美容店要在初期实现与竞争对手在服务上差异，突出个性化，逐步达到人性化服务目标。通过客户感知后的口碑宣传，以及美容店采取的各种服务营销措施，最终建立属于自己的汽车美容品牌。

③宣传策略。汽车美容店对外宣传既是一种公共关系，也是一种有效的营销手段。经验证明，运用好对外宣传，可以起到事半功倍的效果。随着汽车美容行业的逐渐壮大，汽车美容市场的竞争越来越激烈，汽车美容店要在竞争中取胜，不但要有先进的技术，可靠的质量保证，而且还要有高人一筹的宣传策略。

晚报、广告传单、网络宣传的内容以介绍美容店服务项目、服务价格、服务特色与优势、优惠活动、联系方式等为主，可以适当加入一些技术性资料和服务标识方面的图片。

户外广告牌则主要适合于规模较大的汽车美容店，广告的内容主要是汽车美容店的服务标识及联系方式等。

汽车美容店在进行广告投放前应作简单的成本效益分析，广告的成本效益一般用为每一位潜在消费者投入的广告费用来衡量，根据这个指标确定广告的形式、具体的发布时间、版面位置等。

（六）员工激励

员工的工作态度、工作责任心及工作能力直接影响到汽车美容店的业绩，为此，应建立有效的激励机制，最大限度地调动员工的积极性。

1. 奖惩制度

对于业绩突出的员工要进行奖励，对于工作中出现差错的员工要进行处罚，做到奖惩分明。汽车美容店对员工奖励的形式有奖金奖励、荣誉奖励等。

奖金奖励分为定期奖励和临时奖励，定期奖励一般在月末、年终进行。进行月度考核或年度考核时，员工达到优秀级别、良好级别的评定结果时，应根据美容店的盈利状况给予奖金奖励，并在员工会议上点名表扬，年终奖励同时颁发荣誉证书。这一方面是给予员工与其劳动付出相对等的报酬，另一方面，可以大大提升被奖励员工的忠诚度，同时激励后进员工努力工作。

2. 工资制度

汽车美容店根据员工的职位、岗位、工作资历、工作能力等情况制定工资标准，为激励员工，汽车美容店每年对工资都要有一定幅度的上调。当员工在汽车美容店连续工作满一定年限后，应该按月在其原有工资的基数上增长一定的数额，工作年限一般定为1年为宜，具体的增长数额可以根据汽车美容店的经营业绩、员工的工作时间长短、员工的工作岗位、职位高低以及以往工作表现等确定。一般技术类岗位的员工增长数额，在工作时间相同的情况下应比其他岗位的员工高一些，诸如职位高、作业难度大、费事而且作业见效慢等岗位的员工，其增长数额应高于职位低的员工。

3. 晋升机制

为培养懂技术、会管理的人才，激励员工积极向上的意识，汽车美容店应建立晋升激励制度。这项制度旨在通过给员工设定一个目标，只要员工努力工作，经年终考核达到晋升的条件，即可晋升到更高一级的职位上，从而既实现了汽车美容店的经营目标，也实现了员工的个人理想。通常做法是将每一个岗位分成1~3个职级，只要员工在较低的职级上工作满1年，经年终考核获得优秀，就可直接升任高一级的职级，年终考核评定为良好的员工可以晋升半级，累计两次评定为良好可升任一级。连续3年晋升一级的员工则可以升任该部门的副职，如果在部门副职的岗位上连续3年晋升一级，则任命为该部门的主管。

4. 股份机制

为保留人才，将员工利益和汽车美容店利益有效地结合在一起，有条件的汽车美容店可以建立股份机制。该制度通过把员工的劳动和积累转化为汽车美容店资产的方式，使有贡献的员工成为汽车美容店的合伙人。具体实施方案是：员工在汽车美容店连续工作满1年后的年度中，只要员工在年终考核时取得优秀或良好的评价，就可以获得投资人赠予的汽车美容店的股份。如果员工不离开本店，就可以以股东的身份参与汽车美容店的利益分配；如果职工离开本店，那么该股份就由汽车美容店无偿收回并在汽车美容店的全体股东中按持股比例分配。当一名员工持有汽车美容店股份达到一定比例后，该计划终止；此时如果该股东离开汽车美容店，无疑将失去一笔财富，而留下继续为汽车美容店效力，则可继续享受汽车美容店的利益分配；这也是留住人才的一个方法之一，值得经营者参考。

（七）谨慎敬业

1. 追求成长

汽车美容服务就像做生意，如果不追求成长或不向更高的目标挑战的话，就只能不进则退。业务的成长通常都是以营业额来衡量，要想扩大营业额就必须加强与之有关的一切活动，例如商品的筹集、现场销售、增加汽车美容服务项目等。想要把生意做大做好的店铺才会有足够的动力提高店铺的经营水准，才能应对同行的竞争以及市场的挑战，生意才能长盛不衰。

2. 确保合理利润

大家都知道亏本生意不能做，汽车美容店生意还要更进一步，即没有合理利润的生意也不能做。所谓合理利润是指除了不赔本之外，还必须赚到一定水平的利润。店铺生意中通常有一定量的存货，需知现代市场已经是典型的买方市场，特定商品的生命周期越来越短，“囤积居奇”只能是自杀，过季存货的价值随着时间的推移，只能是越来越低，店铺生意的利润必须分担存货的损失。

3. 以服务顾客为中心

做生意要以顾客的眼光为出发点，才能让他买到所需要的价值。顾客的价值观念不见得跟我们的相同，我们应该去设法了解顾客的需要，然后去满足他。经营店铺必须把自己当作是替顾客采购商品，这样才能设法去了解顾客的需要，因此，了解顾客是开店的第一步。

4. 倾听顾客意见

如果只顾推销商品而听不进顾客的意见就不会受到大众的欢迎，在经营过程中，以谦虚的态度去倾听顾客的看法，只要持之以恒，生意必定会日益兴隆。

5. 掌握良机

事业成功的关键在于掌握良机，所有的店铺生意都有销售周期，淡季旺季的经营业绩相差很大。平时就要选择适当的时机，调查顾客预定购买的货品和服务以及购买的时间，这样在销售上就方便多了。

6. 童叟无欺，品质吸引固定顾客

在产品销售上要尽量推广行业内的新产品、高品质产品，避开同质化竞争。因为高品质产品会塑造顾客对汽车美容店的经营品牌印象，持续销售低档产品或伪劣产品会使得自己店铺慢慢在行业里沉沦。在产品结构上应做到点面俱全，突出重点。如镀晶、太阳膜、汽车音响及精品等都是消费者最为关心的内容，应着重去发展；而脚垫、座套之类的产品只要维持一定品种和数量就可以了。

（1）新车头两年，许多顾客都会很爱惜，定期打蜡、镀膜大有人在，但不是每个顾客都肯下本钱去维护车辆，特别是一些认识不清的客户，多数是说得多做得少，就算要做也是会把价格压得很低。而对于优质顾客来说，通常是哪种效果好就做哪种，价格从不多说半句。须知，动员不想花钱的顾客去做汽车美容项目无异于对牛弹琴，就无谓给他们优惠价格。至于是优质顾客要做，就要推介性价比最好的项目，他们看中的是店家的品牌和信誉，不会因为价格问题而放弃。

（2）汽车开了两年以后，许多顾客对汽车的热衷、关注程度逐渐降低，定期维护率也大大降低，长此以往生意必定大打折扣。其实，要保证生意的稳定，必须要靠平时多点和顾客讲解做美容的作用和好处，使其养成定期维护车辆的习惯。另外，还应该定期推出新的服务项目，吸引新老顾客。

（3）对比新车和老旧车辆，在选择同一个美容项目时，价格和相应的施工无疑有所不同。许多老旧车辆因长年缺乏维护，车漆多数哑光失色，如采用平常新车的漆面维护方式，效果必定不佳，车主也自然不会满意。同时，许多车主也不愿意在旧车身上花费过多的金钱。此时，合理的报价，对应的施工是非常关键的，切忌新车选用了适合旧车的项目，而应该抛光处理的旧车却没有抛光。这样的差错，势必失去生意而且流失顾客的。对于旧车在接车前，就必须检查好漆面情况，替顾客选择针对性的美容项目，例如旧车多数只有抛光才能增加车漆的亮度，而新车则尽可能地不要用机器施工，避免产生光晕和细痕。

（4）平时可以和顾客讲解一些汽车维护的方法，使顾客感到汽车美容师傅是个行家，愿意和这样的行家做朋友，自然也愿意听其建议和推荐了。个别喜欢贪小便宜的顾客，都喜欢在洗完车后，叫师傅另外找些蜡帮他处理一下，通常这样的工作都比较烦琐而又不会收到服务费，但是如果直接的拒绝就会引起顾客的不满，所谓做也难，不做也难。如果他需要这里弄一块那里擦一点时，应该直接明说，干脆全车打蜡算了，完后给打个折，当顾客成为朋友的时候，自然不好意思经常贪小便宜了。

（5）有些时候，车身上有些细长的划痕和创伤，通常这样会令车主很头疼。喷漆的话，为了那么点儿划痕多花几百块，的确划不来。如果是撞伤、撞凹了车主感觉还划算些。但是不喷漆的话，车身上那么几条痕又会觉得很难看。通常这些可做可不做的决定，顾客会问店长、经理的意见，此时，如果业务人员说那就喷漆吧，顾客多半是不同意。如果你会办事，说这样吧，我帮你抛光一下、补一点漆试试，如果能处理好的话就最好，如果处理不了的话，我也不建议你马上喷漆修补，因为现在还不算太影响美观，还不如等到多些划痕的时候再做还合算些。此时，你站在了顾客的角度替他考虑了问题，日后这样的顾客会自动送生意上门的。

（6）有时因为员工没有仔细观察车况，就对顾客报了价。结果到施工的时候，师傅才发现按原计划的施工是无法达到效果的，此时需要对顾客重新报价以便增加多几道工序。但顾客势必不愿意接受新的价格，多数都是选择不做走人。因为他们觉得既然第一次开出的价格是双方认可的，那么作为店家无论如何都应该做好为止，不应该认为难做了而重新估价。既然误报价是由员工的失误造成的，就不能和顾客计较得失。应该按原来开出的价格，兑现承诺，完成协议工作事项。当然，在顾客来提车的时候，需要和顾客解释清楚，避免以后犯同样的错误。当顾客了解到店面不计成本的为他施工，并没有因为价格的问题而偷工减料时，他日后自然会成为店面的活广告。一间店面的口碑是靠长时间积累出来的，因此不要计较一时的利益得失，凡事要看长远。凡事站在顾客的角度去考虑问题，服务态度就应该要诚诚恳恳。如果是店家错了，那就要及时地去和顾客道歉认错，做好沟通工作和补救措施。如果是顾客错了，给其台阶下台，凡事都要留有余地，日后好相见。

（八）跨界营销

跨界营销——打造车人生活和谐新境界。汽车代表的是一种个人的理智生存文化，而茶更多是公共的诗意生活符号。汽车美容店接待室辟一隅品茶区间，“文雅”、“品味”之感油然而生，“请坐”、“请品茶”，“拿起”、“放下”，品茶是人生的感悟，喝茶能静心养怡。茶道是通过品茶活动来表现一定的礼节、人品、意境、美学观点和精神思想的一种行为艺术，茶道就是品赏茶的美感之道。茶道亦被视为一种烹茶饮茶的生活艺术，一种以茶为媒的生活礼仪，一种以茶修身的生活方式。

言谈之中，店家与顾客的距离近了、话题多了、沟通顺了，事情搞定了，顾客就稳定了。更进一步，汽车美容店跨界兼做茶生意，这会是一个好主意。顾客在洗车等待时，往往很无聊，整个人状态是放空的，坐下来喝喝茶，更加能使他们放松，能够接受新鲜事物。在汽车美容门店中辟出一块地方做小型茶室，能够充分体现不同的行业相互交融，相辅相成。正如星巴克主营咖啡，其实它收入大头并不来自咖啡，而是来自作为附属品的杯子、玩偶等，如果它只把眼光局限在咖啡，不一定有今天的成绩。茶品生意只不过是一种形式，往茶室里边填充什么都可以，不仅可以展示茶品，还可以展示别的东西，比如健康与养生产品、文玩字画、古籍、沉香、崖柏名木精品等，突出品味、小而精，但有一点需要格外引起重视，卖与汽车不相关的物品，顾客可能会反感，觉得自己在被推销。

让顾客在等候汽车美容时和车友聚会，一边观赏洗车过程，一边评茶论道、畅叙衷情，一举多得。顾客来往多了，自然会建立一种特殊的情感，营造别样氛围和交流平台，拓展另一番事业。

俗话说，实践是检验真理的唯一标准，好与不好，试了才知道。未来的趋势，就是人性化、个性化、网络化、智能化等适合大众特别是年轻人消费的汽车美容产品，针对人、围绕车、连着家，实现全场景连接，满足人的办公、娱乐、运动、健康生活之需。